코칭에 살어리랏다

코칭에 살어리랏다

코칭으로 삶의 지혜를 얻은
열다섯 코치들의 선언!

코치가 되니 비로소
성장과 변화의 길이 보였다!

강혜옥 김재윤 신혜숙 안재홍 윤세라 이명정
이석구 이주형 이형배 장정은 최규철
한준희 허승호 황보종현 황인원

넌 참 예뻐

추천사
고현숙(국민대교수 · 코칭경영원 대표코치)

이 책에 흠뻑 빠져들어 읽었다. 재미있기 때문이다. 솔직한 글은 재미있고 공감을 불러 일으킨다. 이 책에는 코치가 되기를 결심하고 코칭하며 성장해 간 여정의 감탄과 희망이 담겨 있다. 끝이 없어 보이는 교육과 훈련 걱정, 고객을 앞에 두고 느꼈던 생생한 감동과 불안, 그리고 마침내 도달한 깨달음의 순간까지 눈앞에 펼쳐지듯이 와닿았다. 분명 환희에 찬 깨달음도, 미래에 대한 고민도 저자들만의 것이 아니라, 코칭계 전체의 것이리라.

코치들의 기준은 다른 어느 전문가들보다 높다. 개인과 조직의 성장을 돕는다는 코칭의 사명은 거룩한 느낌마저 준다. 하지만 코치는 동시에 매우 인간적이다. 코치의 진실성은 취약함을 드러내는 데서 나온다. 대화 단절된 자녀와의 관계가 가장 중요한 인생의 과업이었던 아버지, 생판 모르는 고객과 코칭 대화를 하면서 당황하는 초보 코치, 코칭 고객에서 전문 코치로 전환한 사람, 비즈니스 세계를 전혀 모르던 목사 등 필자들 모두 코칭의 수련 속에서 자기만의 코칭 스타일을 완성해 갔다. 갤럽의 강점 코칭을 공자의 제자 자공의 절차탁마(切磋琢磨)로 해석한 수준 높은 글도 보인다. 무대에 선 스탠드업 코미디언 같은 마음이었던 코칭의 현장이 소환되고, 모든 것에서 하나님만 찾는 고객과의 재미난 코칭 일화도 펼쳐져 있다. 시인, 목사, 기업 임원, 강사, 기자 등 각자의 분야에서 훌륭한 경력을 쌓은 전문가들이 어떻게 코치로 성장해 왔는지, 생생하고 재미있는 이야기를 읽다 보면 코칭 교육을 받는 느낌이 들 것이다. 인간 개발에 관심이 있는 모든 이들의 일독을 권한다.

BCM 7기 동기 코치의 추천사

이 책은 서로 다른 길을 걸어온 열다섯 명이 각자 다른 이유로, 그러나 어쩌면 운명처럼 코칭과 마주하게 된 경험을 담고 있다.
처음에는 낯설고 서먹했다. 무엇보다 코칭이 무엇인지, 자신에게 어떤 의미가 될지 잘 알 수 없었다. 하지만 시간이 흐르면서, 삶의 중요한 질문에 귀 기울이게 했다. 서서히 자신과 화해를 돕는 든든한 동반자가 되어 주기도 했다.
어떤 이는 직장 생활 끝자락에서, 어떤 이는 새로운 출발점에서, 또 어떤 이는 한참 바쁜 일상의 한가운데에서 코칭을 만나 깊은 변화를 경험했다. 이 책은 그렇게 시작된 진솔한 고백과 성장의 기록이다. 그러면서 쌓은 소중한 인연의 기록이다. 마치 사랑에 빠지듯, 서로 다른 삶에 큰 울림과 변화가 가슴 뭉클하게 한다.

강상훈 코치

코칭은 제 인생의 터닝 포인트였다. 단순한 기술이나 상담을 넘어, 한 사람의 삶을 깊이 있게 바라보고 그 가능성을 함께 발견해 주는 여정이 바로 코칭이라고 생각한다.
이번에 함께한 열다섯 명 코치의 이야기에는 각자 진정성과 따뜻한 시선이 담겨 있었고, 그 안에서 저 역시 큰 울림과 깨달음을 얻었다.
이 책은 단순한 에세이가 아니다. 삶을 깊이 들여다보고, 사람을 사랑하고, 변화를 가능하게 만드는 코칭의 철학과 따뜻한 경험이 담긴 이야기이다.

다양한 삶의 경험과 따뜻한 통찰을 나누어주신 모든 코치님께 감사드리며, 이 책을 통해 더 많은 분이 자신만의 전환점을 만나게 되기를 진심으로 바란다.

강인희 코치, (주) 다름인터내셔널 대표이사

삶의 큰 변곡점에서 만난 코칭! 그래서, 이야기들이 더 마음으로 다가온다. 또 다른 나를 찾아 떠나는 코치로서 새로운 여정에 응원의 박수를 보낸다.

고영호 코치

코칭을 배우는 여정에서 가장 크게 성장한 건 언제나 '나'였다. 코칭 공부를 함께하며 느꼈던 설렘과 두려움, 그리고 서로에게 보내던 따뜻한 응원이 이 책 속에 담겨 있다. 그 여정을 나눌 수 있어 감사했고, 지금도 서로를 응원할 수 있음에 기쁘다.
이 책은 새로운 세상을 마주한 코치들의 기쁨과 고민, 그리고 배움의 순간들을 담아 한 편의 진솔한 여정으로 완성했다. 읽는 내내 내 마음도 다시 한번 단단해졌다. 모든 직장인과 부모, 그리고 성장하고자 하는 이들에게 꼭 권하고 싶은 책이다.

김미혜 코치

코칭이라는 놀랍고 새로운 세상에 함께 발을 들인 동기 코치들의 진솔한 마음을 나눌 수 있는 멋진 기회! 반갑고 고맙다.

박선경 코치

사람을 성장하게 하는 힘, 그것은 '진심으로 묻고 들어주는 것'에서 시작된다. 이 책은 그런 진심과 산 경험을 모아 만들어졌다. 진짜 코칭이 무엇인지, 어떻게 사람의 마음에 다가가는지를 삶 속에서 부딪히며 발견한 진실을 전한다.

삶의 현장에서 누군가의 길잡이가 되고자 하는 분, 자기 자신과 깊이 만나고자 하는 분께 이 책을 꼭 권하고 싶다. 저자 코치들의 성실함과 깊은 통찰이 독자의 삶에도 밝은 등불이 되길 바란다.

박임경 코치

너무나 다양한 경력과 성장 역사를 가졌던 30명의 코칭 교육 동기 중 15명이 코치로 성장해 나가는 각자의 여정을 담아 책으로 펴내게 된 것을 진심으로 축하한다. 교육과 실전 코칭을 통해 성찰과 실천을 거듭하며 코치로 성장해 나가는 이들의 이야기는 같은 길을 걷는 이에게 깊은 울림과 영감을 줄 것이다. 다양하고 생생한, 진심 어린 경험의 기록이 독자에게 따뜻한 용기와 방향을 제시하리라 믿는다.

**박천섭 코치, (주)코칭과 사람들 대표 코치 및
한경협 중소기업 경영자문위원**

이 책의 글을 따라가다 보면, 변화의 갈림길에서 무엇을 붙잡아야 할지 고민하는 이들에게 코칭이란 길이 어떻게 등불이 될 수 있는지 알게 해준다. 코치들이 가진 솔직하고 명료한 언어, 타인을 향한 진심 어린 응원, 그리고 고요하지만 강한 존재감 표현이 그것을 뒷받침해 주고 있다. 특히 20년간 광고인으로 일하던 어느 코치가 커리어 전환을 결심하고, 코칭이라는 새로운 세계로 한 걸음 내딛기까지의 여정에 눈길이 간다. 그 코치가 '리더를 키우는 리더'로 거듭나기까지의 성장과 통찰을 혼자 간직하지 않고 "잘 배워 남 줘야겠다"는 다짐은 대단한 감동으로 와 닿는다. 사람의 변화와 성장을 이끄는 힘에 대해 알고 싶은 사람이라면 이 글을 꼭 한번 읽어보길 권한다.

안병철 코치

세상에는 그 집단만의 성과를 기념하고 그 소용을 다하는 학급 문집 같은 책이 많다. 이 책도 코칭을 함께 공부한 동기들의 경험을 담은 책이다. 하지만 그 효용성에서는 범위를 달리한다. 작가, CEO, 대기업 임원, 커피점 매니저 등 30~60대의 다양한 인생의 경로를 살아온 이들이 각자 인생의 문제와 고민, 그리고 답과 방향을 찾아가는 진솔한 여정을 볼 수 있는 기회를 제공한다. 지금 인생의 문제를 놓고 고민 중이거나 진지하게 길을 찾고 있다면 이 책에서 해답의 실마리를 찾는 행운을 누릴 수 있을지도 모르겠다. 15인 작가의 흥미진진한 여정뿐 아니라 이들이 코칭한 고객들의 고민과 해결 과정은 좀 더 넓은 선택지를 제공할 것이다.

이정식 코치

이 책은 단순한 코칭 사례집이 아닙니다. 기업의 중심에서 탁월한 성과를 만들어내던 리더들이, 인생의 전환점에서 '코치'라는 새로운 이름으로 다시 길을 걷기 시작하며 마주한 내면의 질문들. 그에 대한 진솔한 응답이 고스란히 담겨 있다.

서로 다른 경력과 배경을 지닌 15인의 코치가 '코칭'이라는 공통의 언어로 모여, 자신만의 시선으로 풀어낸 삶의 전환과 성장의 기록. 그 여정은 코칭의 기법을 넘어, 인간에 대한 깊은 이해와 자기 성찰의 본질로 독자를 이끈다.

화려한 말보다 묵직한 경험이, 이론보다 진심 어린 고백이 마음을 움직인다. 코칭이란 결국, 누군가를 돕는 일이기 전에 스스로를 돌아보는 일이라는 메시지가 이 책 전체를 관통한다.

지금, 삶의 다음 챕터를 고민하고 있다면, 혹은 진정한 코치의 길을 묻고 있다면 이 책은 지침서가 아닌 동행자로서, 조용하지만 확고한 울림으로 당신 곁에 남을 것이다.

정다운 코치

프롤로그

'나도 코치가 될 수 있을까?'

　코치가 되겠다는 결심은 이전하고는 다른 인생을 살아보겠다는 선언입니다. 코치가 되기로 결심한 순간은 더욱 가치 있는 인생을 살고 싶은 꿈에 불을 지피는 티핑 포인트가 됩니다. 평생 최선을 다해 앞만 보고 성실하게 달려왔지만, 코치로서 발걸음을 내딛는 순간 시선은 지금까지와는 매우 다른 방향으로 향하게 됩니다. 모두 다른 인생을 살아온 사람들이지만 코치들의 시선 끝에는 모두 '사람'이 있습니다.

　코칭을 통해 경험한 놀라운 감동과 경이로움, 그리고 아픔과 눈물의 순간들은 귀한 보석처럼 반짝반짝 빛납니다. 그 소중한 순간을 놓치기 싫어서, 그냥 흘려보내기 아까워서 글로 담았습니다.
　이 책에는 동학동락(同學同樂)하며 코치로서의 커리어를 함께 시작하고 서로 격려하며 그 길을 가고 있는 15명의 인생이 담겨 있습니다. 코치란 호칭이 부끄럽지 않기를 바라는 초보 코치들의 소중한 마음이 담긴 글들입니다.

　이 글 모음으로 코칭의 세계가 궁금한 사람들은 코치란 어떤 사람들이고 어떻게 시작할 수 있는지 여러 정보를 얻고, 코치로서 새로운 시작을 결심할 수 있을 것입니다. 저자들과 비슷한 시기나 상황에서 코칭의 세계에 발을 들여놓은 사람들은 동질감을 느끼며 더욱 용기를 얻고 그 발걸음에 조금은 더 힘이 실릴 것입니다, 오래전부터 코치로 활동한 분에게는 코치로 발을 들여놓았을 때의 첫 마음을 다시 되새기며 코치로서의 자신을 돌아보는 시간을 가질 수 있을 것입니다.

귀한 학습 과정을 만들어 우리를 만나게 하고 코치로 성장할 수 있게 지도와 후원을 아끼지 않는 코칭경영원의 고현숙 대표님께 깊은 감사의 말씀을 전합니다. 이번에도 특별히 추천의 글로 응원을 해 주셨습니다. 그리고 직접 글로 참여하지는 못했지만, 추천의 글로 응원해 주신 BCM 7기 동기 여러분에게도 감사를 드립니다.

갈수록 코치로서 부족함을 더 많이 알아가는 중이지만 '내가 과연 좋은 코치가 될 수 있을까?'라는 두려움과 떨림이 '나도 좋은 코치가 되고 싶다'는 소망으로 바뀌고 있는 코치들의 진솔한 글입니다. 이 글로 세상이 조금은 더 아름다워질 수 있다면 더할 나위 없겠습니다.

15인의 코치를 대신해서 이주형·이명정 코치 씀

차례

추천사   4 … 9
고현숙(국민대교수 · 코칭경영원 대표코치)
BCM 7기 동기 코치

프롤로그   10 … 11

강혜옥 코치   17 … 41
코칭으로 배우고 성장하다 | 기회는 불현듯 찾아온다
코칭과 좋은 부모는 연결고리가 있다
코치에게도 좋은 코치가 필요하다 | 오늘도 코칭 다녀오겠습니다

김재윤 코치   43 … 63
코칭을 만나러 가는 길 | 답은 정해져 있다. 너는 대답만 해
코치가 리더면 뭐가 다른가요? | 들리는 것과 듣는 것은 다르다
코칭을 한다는 것과 코치가 된다는 것

신혜숙 코치   65 … 86
"잘 배워 남 줘야겠다" | 나는 오늘도 컬트니가 그립다
새내기 코치의 복면 코치왕 도전기 | 브라보 마이 라이프

안재홍 코치　　87 … 111
좌충우돌, 나의 코칭 성장통을 말한다 | 보라 : 그 우울함의 코칭
노랑 : 우쭐해진 코칭 | 빨강 : 참담했던 코칭, 생각의 키 자라다
남색 : 무언가 부족한 듯한 코칭 | 파랑 : 코끝이 찡한, 별빛 찬란한 코칭

윤세라 코치　　113 … 138
시작 : 혼자 걷던 길, 그들이 보였다
초심 : 무대 위의 10분, 내 안의 리더를 만나다
배움 : 천천히 그러나 꾸준히 가리라 | 변화 : 코칭의 힘을 느끼다
정체성 : 나는 어떤 코치가 되고 싶은가

이명정 코치　　139 … 165
비즈니스 코치가 되려고 한 까닭 | 지식·네트워크, 그리고 사랑의 BCM!
코치로 가장 큰 행복은 '인간 이해' | 그래서 좋은 코치가 필요한 거야
역동적 조직 문화? 코칭이면 가능!

이석구 코치　　167 … 186
코칭이 바꾼 내 인생! | 코칭 공부는 엄청난 용기다
전문성을 키우는 것이 코치의 힘이다 | 군에서의 코칭, 무엇보다 필수다
해외 지사장과 임원을 위한 코칭

이주형 코치　　187 … 209
인생의 길모퉁이에서 만난 코칭 | 문제가 아니라 사람에게 집중한다는 것
코칭 리더십을 발휘한다는 것 | 코칭은 결국 사람을 돕는 일
내 인생의 마지막 커리어 '코칭'

이형배 코치　　211 … 238
인생에서 가장 기억에 남는 한마디 | 강점 역량과 절차탁마 비교
강점 코칭, 대학원 정규과목 되다 | 이상한 회사, 당신은 몇 차원인가
전문 코치의 생업 영위 방안 필요하다

장정은 코치　　239 … 257
우리 엄마가 달라졌어요! | 내 생애 최고의 선물 '코칭'
다름을 인정하는 힘 | 질문, 나를 발견하는 첫걸음
내가 정의한 코칭의 가치 '더(The) 다름'

최규철 코치　　259 … 279
코칭, 과거보다 미래에 시선을 둔다
AI 시대, 코치는 무엇이 달라져야 하나
면접은 서로 알아가는 시간이다 | 셀프 코칭, '현재 나 vs 미래 나'의 대화
어느 화가의 외침, "나 좀 코칭해 줘요"

한준희 코치　　281 ··· 304
이제 나의 코칭 여정이 시작되었다 | 리더의 지혜, 비로소 알게 되다
나는 내 인생 소설의 히어로다 | 내가 보았던 꽃, 풀, 나무
나의 삶은 야곱과 같았다

허승호 코치　　305 ··· 330
기자의 언어, 코치의 언어 | 15년 만에 이뤄진 아들과의 대화 복원
"코칭 주제가 고갈됐어요" | 영문도 모르고 입문했는데
변함없는 사람의 마음 생김새를 보다 | 참으로 이상한 '코칭역량해설'

황보종현 코치　　331 ··· 362
갈등과 절망에서 피어난 코치 자격
엉성한 리얼 코칭 또 다른 기회 만들다
나를 알고 너를 아니 '좋다, 좋아!' | 진짜 피드백이란 무엇일까
"자신을 아는 게 성과를 내는 방법이다"

황인원 코치　　363 ··· 383
변화의 시작은 코칭이었다 | 코칭에서 '본다는 것'의 의미
경청, 진짜를 들어라 | 질문, 핵폭탄급 파괴력의 성과
코칭, 실상은 나누는 것이었다

강혜옥 코치

·
·
·

교육학 박사로 한국코치협회 인증 코치(KPC), NLP 전문 코치와 조직 에자일(Agile) 코치로 활동하고 있다. '진짜 어른의 삶'을 사명으로 삼아 함께 성장의 길을 걷는 이들에게 '사람과 삶', '성장 철학과 지식'을 전하고 있다.

한화생명에서 강사와 사내 교수로 오랜 세월을 보냈으며, 20년간 다양한 기업 현장에서 리더십과 커뮤니케이션, 조직문화 중심의 강의와 코칭 활동을 이어 오고 있다. 현재는 MAP LND 대표이자 마음경영연구소장으로 사람과 조직이 건강한 변화와 성장이 있도록 실질적 도움을 주고 있다. '사람을 살리는 교육과 코칭'이라는 신념 아래 조직과 개인의 성숙한 인품(Being)과 실질적 성과(Doing)의 균형을 추구한다.

저서 『아주 보통의 하루노트(정서지능훈련)』를 집필, 일상 속 코칭 대화로 좋은 습관 형성 노하우를 공유하고 있고, 또 다른 저서 『멘토코칭』과 『평생교육프로그램 개발론』을 통해 코칭·평생교육 분야의 실천적 지식을 전하고 있다.

코칭으로 배우고 성장하다

'1년, 정확히는 48주 동안 코칭 고객으로 살았다. 그땐 몰랐다. 그 시간이 내 삶을 완전히 바꿔놓을 줄은.'

나는 고객으로 시작했지만, 그 경험은 나를 코치로 성장하게 만든 가장 중요한 출발점이다. 흥미로웠던 점은 코칭을 받으면서 점차 코치처럼 사고하고 행동하기 시작했다는 것이다.

코칭은 내 삶에 두 가지 강력한 변화를 선물했다. 첫째, 나를 더 깊이 이해하게 되었고, 삶의 방향성을 새롭게 설정할 수 있었다. 둘째, 내가 타인에게 긍정적인 영향을 줄 수 있다는 가능성을 발견하게 해주었다.

고객으로서의 경험은 코치로서 귀한 자산이자 강력한 무기이다. 마치 영화 〈슬럼독 밀리어네어〉에서 주인공 자말이 자신이 겪은 삶의 경험으로 모든 문제의 해답을 찾아내듯, 나 역시 코칭으로 변화와 사람의 본질에 깊은 통찰을 얻은 셈이기 때문이다.

솔직히 말해, 처음에는 코칭에 대해 회의적인 시각을 갖고 있었다. '정말 효과가 있을까? 내가 투자한 만큼의 가치를 얻을 수 있을까?' 하는 의심이 끊임없이 맴돌았다.

그러던 중 돌파구가 절실했던 2016년 봄 어느 날, 나는 코치 한 사람을 우연히 만나게 되었다. 당시 나는 일과 가정을 병행하는 것만으로도 벅찬 상태에서 대학원 진학이라는 큰 결단을 내린 상태였다. 체력에는 자신 있었지만, 정신적으로 버텨낼 수 있을지는 확신이 없었다. 두려움이 컸다. 바로 그때, 마치 유튜브 알고리즘처럼 예기치 않게 등장한 코치와의 만남이 내 인생의 방향을 바꾸는 전환점이 되었다.

그는 밝고 맑은 에너지 넘치는 사람이었다. 마치 애니메이션 〈들장미 소녀 캔디〉의 남자 버전 같았다. '저렇게 행복하게 살 수 있구나!' 하는 호기심과 기대가 생겼다.

하지만 결심을 방해하는 가장 큰 장애물은 비용이었다. 투자 가치에 대한 확신은 없었다. 그럼에도 불구하고, '나 자신을 위한 투자라면 이 정도는 감수할 수 있어'라는 내면의 목소리에 따라 계약서에 서명했다. 고민하느라 에너지를 소모하느니, 차라리 실행하자는 마음이었다. 그 선택은 결과적으로 내 삶에서 가장 대담한 도전이자 뜻깊은 성공 사례가 되었다.

잘 듣는다는 건 엄청난 위로와 치유법
그 코치는 '효과적인 코칭은 주기적으로 꾸준히 만나는 것이 중요하다'고 조언했다. 이에 따라 48주라는 장기적인 목표를 설정했고, 모든 과정을 마친 지금 그 의견에 전적으로 동의한다.

코칭의 첫 3주는 삶의 균형을 점검하고 목표를 수립하는 데 집중했다. 이 기간에 나는 코칭의 기본 규칙을 익히고, 성공적인 세션을 위해 코치와 함께 지켜야 할 그라운드 룰을 제안하고 설정했다. 특히 코치가 강조한 두 가지 중요한 조건이 있었다. 첫째, 코칭에서는 부정적인 단어를 사용하지 않는다. 모든 표현은 긍정적으로 해야 한다. 둘째, 코칭 세션이 끝난 후 24시간 이내에 코칭 일지를 작성한다. 이 조건들은 코칭 효과를 극대화하기 위한 필수 요소로 작용했다.

전체 과정에서 가장 기억에 남는 순간은 4주 차 라이프 코칭이었다. 내 코칭 여정에서 가장 큰 전환점이 된 날로, 코칭에 대한 내 인식을 완전히 바꾸어 놓았다. 그날은 내가 좋아하는 산책로를 선택해, 이른 점심을 먹고 해질녘까지 코치와 대화를 나누며 걸었다.

"강혜옥 님은 어떤 삶을 살아왔어요?"
순간 멈칫했다. 무슨 말을 가장 먼저 꺼내야 할지 몰랐기 때문이다. '그러게…, 난 어떤 삶을 살아왔고, 어디를 향해 가고 있는 것일까?'
하지만 코치의 진심 어린 눈빛에 이끌려 내 이야기를 조금씩 풀어 나가기 시작했다.

"저는 항상 주어진 일들을 해치우느라 아등바등 쫓기듯 살았어요. 일과 가정을 병행하느라 숨 돌릴 틈이 없었지요. 제 선택들이 맞는지 생각할 여유조차 없었어요. 잘 살고 있는 건지, 내가 뭘 원하는지도 모르겠고요."
코치는 조용히 고개를 끄덕이며 나를 바라보았다. 마치 꽁꽁 얼어붙은 강 위로 따스한 햇살이 내려앉아 얼음이 천천히 녹아내리듯, 오랜 시간 마음속에 쌓아 두었던 감정이 흘러나왔다. 시간이 한참 흐른 후엔 결국 참아왔던 눈물이 터져 펑펑 울기까지 했다. 눈물을 쏟아낸 후, 오랜 짐을 내려놓은 듯 온몸이 가벼워지며 묘한 개운함이 밀려왔다.

그 순간을 떠올리면, 내 격한 감정 변화에도 코치는 여전히 평온하고 차분한 표정으로 나를 바라보고 있었다. 감정에 흔들리지 않고 한결같은 평정심을 유지하며 나를 지켜봐 준 게 나에게는 더욱 깊은 위로와 편안함을 주었다. 그날 나는 중요한 깨달음을 얻었다. 누군가가 내 이야기를 끝까지 정성을 다해 들어주는 경험이 얼마나 큰 위로와 치유가 될 수 있는지. '대화를 잘하는 것은 곧 잘 듣는 것'이라는 말은 단순한 진리가 아니라, 내가 직접 체감한 소중한 경험으로 각인되었다.

이 일을 계기로 코치와의 어색함은 완전히 사라졌고, 코칭을 지속해야 할 이유가 더욱 분명해졌다.

삶을 리셋·재발견 돕는 코치될 것

일주일에 한 번씩 이어진 코칭은 내 삶에 크고 작은 변화로 이어졌다. 긍정적인 언어 사용은 일상이 되었고, 다른 사람의 이야기를 진심으로 듣는 재미를 알게 되었다. 자신을 더 잘 이해하고 성장하는 방법을 익혔다. 언제나 나의 가능성을 발견하고 인정하며, 내가 원하는 삶을 살 수 있도록 지지해 준 코치라는 존재가 내 삶의 방향 정립과 나아갈 동력이 되어 주었다. 특히 매회 차 기록을 남기는 습관은 나중에 책 『멘토 코칭』을 집필하는 데 귀중한 자료로 활용되었다.

물론, 온전한 홀로서기가 될 때까지 포기하고 싶을 때도 있었다.

때때로 지치거나 귀찮아지는 순간이 찾아왔기 때문이다. 그럴 때마다 코치는 완급을 조절하며 나를 다시 궤도로 올려놓았다. 나중에 코칭 공부를 본격적으로 시작하면서 알게 된 사실인데, 고객이 나처럼 휴지기를 원하거나 동기를 잃는 시점이 종종 발생한다는 것이다. 그럼에도 불구하고 추진력과 열정이 사그라들지 않도록 이끌어주는 리더십도 코치에게 반드시 필요한 역량이었다는 것을 훗날 알아차렸고, 코치로서 역할모델의 귀감이 되어주었다.

나는 코칭으로 배우고 성장한 사람이다. 내가 경험한 코칭은 단순한 기술이 아니었다. 삶을 리셋하고, 자신을 재발견하며, 더 나아가 다른 사람의 가능성을 열어주는 강력한 힘이었다. 뿐만 아니라 한 인간을 자립적이고 자기 주도적인 존재로 변화시키는 과정이기도 했다. 고객이 자신만의 코치가 되어가는 것, 이것이 내가 생각하는 코칭의 본질이다.

앞으로 남은 인생은 코치로서 다른 사람들의 성장을 돕는 다정한 동반자로 기억되고 싶다. 그들이 스스로 코치가 되어 자신의 가능성을 발견하고, 주도적으로 삶의 방향을 설계할 수 있도록 따뜻한 지지와 실질적인 도움을 아끼지 않을 것이다. 이는 내가 코칭에서 배운 모든 것을 되돌려줄 수 있는 가장 의미 있는 길이며, 내 삶의 소중한 사명이 될 것이다.

기회는 불현듯 찾아온다

우리는 흔히 '기회는 스스로 찾아야 한다'고 말한다. 그러나 때로는 기회가 아주 예상치 못한 순간에 자연스럽게 찾아오기도 한다. 최근 나에게 그런 순간이 있었다. 내가 주도적으로 나선 것이 아니라, 그들이 나를 필요로 했던 순간이었다.

나는 현재 기업교육 전문 강사로 일하고 있다. 대기업에서 20년간 재직하며 그중 절반 이상을 사내 교수로 일했고, 퇴사 후에도 강의를 이어왔다. 강의 경력 19년 동안 리더십, 조직문화, 심리 등을 주제로 수많은 기업과 사람을 만나왔다. 이 모든 경험이 내 경력과 전문성의 근간이 됐다. 강의가 지식을 전달하고 영향력을 미치는 과정이라면, 코칭은 상대방이 스스로 답을 찾도록 돕는 대화의 과정이다. 처음에는 강의와 코칭이 별개의 영역처럼 느껴졌지만, 결국 사람, 성장이라는 공통된 목표를 추구한다는 점에서 그 경계는 흐릿하다.

일터에서 시작된 그룹 코칭

불교 용어에 '수파리(守破離)'라는 말이 있다. 가르치는 대로 배우고 익혀(지킬 守), 버릴 것과 취할 것을 가려 자기 것으로 만든 다음(깨트릴 破), 모든 것에서 초월하여 경지에 이른다는 뜻(떠날 離)이다. 나에게 강의는 '파(破)'의 단계이고, 코칭은 아직 '수(守)'의 단계에 머물러 있다. 이제 코칭 9년 차가 되었지만, 여전히 새로운 것을 배우고 익히며 성장해 가는 과정에 있다. 나는 코칭을 단순히 수익 창출의 도구로 삼기보다는, 배우고 성장하며 사람들과 진솔하게 소통하는 데 더 큰 의미를 둔다. 이런 태도 덕분인지, 내 진심과 노력을 보고 먼저 다가와 주는 사람들이 있다.

어느 날 K컨설팅 업체로부터 H사의 중간관리자급 교육 요청을 받았다. 조직문화 개선과 리더십 향상을 주제로 한 8시간짜리 강의였다. 코칭 리더십 이론과 사례를 중심으로 강의를 진행한 결과, 고객사로부터 긍정적인 반응을 얻었다.

얼마 지나지 않아, 이 고객사의 C레벨 임원을 대상으로 그룹 코칭 요청을 받았다. 이전 강의에 함께 참석했던 인사팀장이 내 강의와 코칭 방식에서 영감을 받았고, 이를 임원진들과 공유하고 싶어했다. 5회차에 걸쳐서 진행된 그룹 코칭은 준비에 많은 노력을 필요로 했다. 코칭을 마치던 날, 한 여성 임원이 말했다.

"나의 힐링데이가 끝나는 게 너무 아쉬워요. 우리 내년에도 또 코칭해 주시면 안 될까요? 다른 회사 다니는 친구들한테 이야기했더니 너무 부러워해요."

그 말을 들으며 내가 맡은 역할을 무사히 해냈다는 안도감과 함께 감사한 마음이 들었다. 강의에서 시작된 인연이 그룹 코칭으로 이어진 것은, 내가 오랜 시간 준비하고 쌓아온 노력이 하나의 결실로 나타난 순간이라고 생각한다.

기회는 일터뿐 아니라 일상에서도 찾아왔다. 연로하신 부모님의 요양보호사 신청 건으로 한 기관을 방문했던 날이다. 상담을 맡아주셨던 센터장과 이야기를 나누던 중, 예상치 못한 질문을 받았다.

"혹시 어떤 일을 하시는지 여쭤봐도 될까요? 궁금해서요." 내가 강의와 코칭을 한다고 답하자, 대화는 내가 하는 일에 대한 질의응답으로 바뀌었다. 상담받으러 간 자리에서 오히려 상담하게 된 다소 이상한 상황이었다. 대화 말미에 센터장은 이렇게 말했다.

"제 딸이 선생님처럼 살았으면 좋겠어요."

그 말이 나를 잠시 멈추게 했다. 정확한 뜻을 묻지는 않았지만, 좋은 의도로 한 말이라는 것은 분명히 느낄 수 있었다. 이후 센터장의 딸과 8회의 코칭 세션을 진행했다.

일상에서 이어진 개인 코칭

대학 초년생이던 그녀는 불의의 사고로 장애를 입었고, 자신과 가족에게 죄책감을 안고 있었다. 코칭으로 그녀의 삶을 돌아보았고, 그 과정에서 스스로에게 너무 엄격했던 자신을 발견할 수 있었다. 본인의 강점과 재능을 바탕으로 자신과 부모님이 진정으로 바라는 미래의 모습을 함께 탐색했다.

얼마 전, 그녀의 엄마로부터 딸이 원하던 회사에 합격했다는 소식을 들었다. 그녀에게 축하 인사를 건넸을 때 그녀는 감사와 함께 이렇게 답신을 보내왔다.

"코치님, 제가 첫 월급 타면 꼭 밥 사드릴게요. 바쁘시겠지만 꼭 시간 내주세요."

그녀와 함께 식사를 하며 이야기 나누는 날이 기다려진다. 이런 순간들은 내가 코칭으로 꿈꾸던 미래의 모습과 닮아있다.

강의장이든 일상이든, 기회는 언제 어디서나 찾아올 수 있다. 이를 잡기 위해서는 꾸준한 준비가 필요하다. 묵묵히 내 길을 걸으며 성장하려는 노력, 타인과 진솔히 소통하려는 태도, 매 순간 최선을 다하는 마음가짐이 기회를 잡을 수 있는 열쇠가 된다.

나는 앞으로도 진인사대천명(盡人事待天命)의 마음으로 나아가려 한다. 준비된 사람이 되어, 찾아오는 기회를 따뜻하게 맞이하고 싶다.

코칭과 좋은 부모는 연결고리가 있다

몇 해 전, 탤런트 김지석 씨와 그의 아버지가 대화하는 방송을 본 적이 있다. 화면 속 김지석 씨의 아버지는 품위와 따뜻함이 느껴지는 분이었다. 아버지가 아들의 이야기를 진심으로 들어주고, 차분히 자신 생각을 전하는 모습은 대화의 이상적인 사례였다. 김지석 씨 역시 아버지를 얼마나 존경하는지가 자연스럽게 드러났다. 그들의 대화는 보는 이들마저 빠져들게 했다.

그 방송을 보며 문득 '좋은 부모의 모습은 코치다움과 참 비슷하구나'라는 생각이 떠올랐다. 아니나 다를까. 김지석 씨의 아버지는 국제코치연맹(ICF)의 인증을 받은 전문 코치였다. 이 사실은 내 생각에 확신을 더해 주었다. 코칭에서 강조하는 경청과 공감의 태도가 바로 훌륭한 부모의 핵심이라는 것을 다시금 깨닫게 된 순간이었다.

코칭을 배우고 실천하는 삶은 모든 인간관계에서 중요한 연결고리가 된다. 부모와 자녀 사이에서도 깊은 신뢰를 형성하고 긍정적인 변화를 만들어낸다.

부모가 어떤 사람인지에 따라 자녀의 운명이 바뀐다고들 한다. 내가 살아온 반평생을 돌아보면, 이는 참으로 맞는 말이다. 사주팔자 이론에서도 타고난 운명조차 삶의 변수로 바뀔 수 있다고 한다. 여기에는 네 가지 주요 요인이 있다. 환경, 지리적 요건, 개인의 노력, 그리고 생김새. 이 중에서도 환경 요인은 특히 부모와 배우자라는 강력한 변수로 결정된다. 내가 어떤 사람인가에 따라 나의 자녀뿐만 아니라 배우자의 삶까지도 영향을 미칠 수 있다는 사실은 나에게 큰 책임감을 안겨준다.

깜짝 놀란 아들과의 대화
이와 같은 생각은 예전에 읽었던 『엄마 반성문』이라는 책에서 본 한 구절과도 맞닿아 있다. 정확한 문장은 아니지만, 내가 기억하는 대로 적어 보면 다음과 같다.

"우리는 자랑스러운 자녀가 되기를 바라면서, 정작 자랑스러운 부모가 되려 하지 않는다."

이 문장은 마치 내 마음속에 돌을 던진 듯 잔잔한 파동을 일으켰다. 부모는 자녀의 첫 번째 롤 모델이다. 하지만 우리는 자녀가 훌륭한 사람으로 성장하기를 바랄 뿐, 자신이 존경받을 만한 부모가 되기 위해 노력하는 것을 자주 잊는다. 나는 과연 자랑스러운 부모일까? 나의 말과 행동이 자녀에게 긍정적인 영향을 주고 있을까? 이런 질문을 스스로에게 던지며, 부모로서의 책임감과 방향성을 다시금 깊이 고민하게 되었다.

이 시기의 나는 초보 코치로서 열정과 호기심이 샘솟던 시절이었고, 가족과 지인들을 주요 훈련 대상으로 삼아 코칭의 기본기를 다지던 때였다.

어느 날, 고등학생이었던 아들과 단둘이 차를 타고 가는 길. 나는 마치 갓 태어난 병아리를 다루듯 조심스럽게 물었다.

"너는 엄마를 존경하니?"

아들은 아주 무심하지만, 당연하다는 듯 대답했다.

"응."

순간, 세상이 멈춘 것 같았다. 농담 섞인 답변이나 핀잔을 들을 각오를 했던 나로서는 예상 밖의 대답이었기 때문이다. 용기를 내어 다시 물어봤다.

"내가 네 엄마여서 좋은 건 뭐야?"

아들은 잠시 생각하더니 웃으며 답했다.

"글쎄…, 너무 많은데."

"아, 고마워. 그럼 세 가지만 말해 줄래?"라는 내 말에, 아들은 진지하게 생각한 뒤 대답했다.

"맛있는 음식을 해줘서, 나한테 잘해주니까, 나를 많이 응원해 줘서."

그날의 대화는 나에게 평생 간직할 소중한 추억으로 남아있다. 존경한다는 것은 거창한 업적이나 특별한 행동에서 오는 것이 아니라, 부모와 자녀가 나누는 따뜻한 일상에서 만들어진다는 것을 깨달았다. 아이들은 부모의 진심 어린 칭찬과 응원, 따뜻한 밥 한 끼에서 사랑을 느끼고, 그것을 오래도록 기억한다는 사실을 마음 깊이 새기게 되었다.

자랑스러운 부모가 되는 게 먼저다

부모로서의 사랑은 '아이가 잘 성장할 수 있도록 돕는 일'이라고 생각한다. 코칭을 배우면서 변화가 내면의 신념과 가치 탐구에서 시작된다는 점을 나는 분명히 배웠다. 행동의 수정에서 끝나지 않는 것이다. 이러한 깨달음은 나를 더 나은 부모로 만들어주었다.

아들이 진로를 고민할 때, 나는 단순히 내 경험을 말하지 않았다. 대신 "너는 어떤 일을 할 때 가장 즐거워?"라는 질문을 던지고 스스로 답을 찾도록 돕는 데 집중했다. 아들이 자신의 재능과 강점을 발견하도록 돕는 과정은 나에게도 큰 배움의 시간이 되었다. 부모로서, 그리고 코치로서 나 자신을 돌아보고 성장할 수 있었던 소중한 경험이었다.

부모가 된다는 것은 단순히 아이를 키우는 일이 아니라, 함께 성장하는 여정이다. 나는 완벽한 부모는 아니지만, 자랑스러운 부모가 되기 위해 노력한다. 그 마음가짐이야말로 가장 중요한 출발점이라고 믿는다. 자녀에게 자랑스러운 부모가 되기 위해 내가 실천하는 세 가지는 단순하다. 하지만 깊은 의미를 지닌다.

첫째, 자녀의 이야기를 끝까지 들어주는 것. 둘째, 자녀가 원하는 길을 존중하고 지지하는 것. 셋째, 부모 자신도 배우고 성장하는 모습을 보여주는 것이다.

이 모든 것은 코치로서의 성장과 자연스럽게 연결된다. 나는 자녀가 언제든 찾아와 쉴 수 있는 큰 나무 같은 든든한 부모가 되고 싶다. 자랑스러운 자녀를 기대하기 전에, 내가 먼저 자랑스러운 부모가 되는 것, 그것이 자녀에게 줄 수 있는 가장 큰 선물이라고 믿는다.

코치에게도 좋은 코치가 필요하다

가끔 이런 생각을 해본다. '코치 중에 나쁜 사람이 있을까?' 지금까지 내가 만난 코치 중에는 어딘가 이상하다 싶은 사람은 있었어도, 진정으로 나쁘다고 느낀 이는 없었다. 물론 '나쁜 사람'의 정의는 사람마다 다르다. 내 기준에서 나쁜 사람이란 '남에게 해를 끼치거나, 자신의 이익만을 추구하며 이기적으로 행동하는 사람'을 뜻한다.

코치도 생계를 위한 직업일 수 있다. 하지만 코치로 살아가려면 반드시 통과해야 하는 보이지 않는 필터가 있다. 바로 '사람을 좋아하는 마음'이다. 이 필터는 의외로 강력하다. 처음엔 그런 마음 없이 코칭을 시작했더라도, 사람에 대한 진심 없이는 이 일을 지속하기가 쉽지 않다. 그래서 오랜 시간 코칭 현장에서 터를 닦아온 사람이라면 분명 '사람 덕후'일 것이라는 게 내 추측이다.

그중에서도 좋은 코치란 어떤 사람일까? 내 나름의 정의를 내려보자면, '긍휼의 마음을 가지고 행동하는 사람'이다. 더 구체적으로는, '사람의 배경이나 신분에 따라 차별하지 않고, 상대의 마음에 진심으로 공감하며, 성장을 돕는 사람'이다.

스스로에게 종종 묻는다. '과연 나는 그에 부합하는 코치일까?', '나는 나에 대해 정말 잘 알고 있을까?', '어떻게 하면 더 잘 알 수 있을까?'

특히나 어떤 일로 삶에 브레이크가 걸렸을 때 이런 질문들은 꼬리에 꼬리를 물며 머릿속을 둥둥 떠다닌다.

얼마 전, 가까운 지인의 소개로 소리꾼의 판소리 무대에 초대받았다. 마침 소리꾼을 주인공으로 다룬 인기 드라마 〈정년이〉의 열혈 시청자였던 나는 초대 소식을 듣자마자 설렘과 호기심이 가득했다. 오랜만에 느껴보는 새로운 자극이었다.

오페라나 뮤지컬에선 관객의 작은 소음도 실례로 여겨지지만, 판소리 무대는 달랐다. 소리꾼과 관객이 하나가 되어 '얼쑤!', '좋다!'를 외치며 제2의 무대를 만든다. 처음의 어색함도 시간이 지나며 자연스럽게 익숙해졌다. 다만 책이나 드라마로만 판소리를 접했던 나는 언제, 어디서 장단을 맞춰야 하는지 몰라 그저 무대에만 집중했다.

고마운 내 삶의 고수들

그런 내 시선을 사로잡은 건 소리꾼 곁의 고수다. 고수는 소리꾼의 소리를 단 한 순간도 놓치지 않고 북을 치며 추임새를 넣었다. '어떻게 저렇게 두 시간 내내 소리꾼을 바라보며 적절한 순간에 추임새를 넣을까?' 그 모습이 마치 대화에 집중하는 코치와 닮아 있었다.

그날 소리꾼은 장장 여섯 시간 소리를 했다. 고수의 북소리와 추임새는 소리꾼의 고단함을 덜어주는 쉼표이자 격려였다. 고수는 공연이 끝난 후 소리꾼의 단점을 날카롭게 짚어주는 귀명창의 역할도 한다.

공연을 보고 돌아오는 길에 남편에게 물었다.

"자기 주변에 쓴소리해 주는 사람이 있어요?"

잠시 생각하던 남편이 말했다.
"글쎄…, 없는 것 같은데?"
나이를 먹고 사회적 지위가 높아질수록 쓴소리를 해주는 사람은 줄어들고, 아첨꾼들은 늘어난다. 그래서 진심 어린 쓴소리를 들을 기회는 더욱 귀하다.

다행히도 내 삶에는 고수가 여럿 있다. 먼저, 귀명창의 역할을 해주는 두 사람이 있다. 그들은 다 큰 나를 호되게 꾸짖기도 하고, 아낌없는 조언을 건네기도 한다. 인생에서 중요한 선택의 기로에 설 때마다 그들은 항상 내 곁에 있었다. 때로는 따끔한 말로, 때로는 따뜻한 말로 나를 바로잡아 주었다. 그들은 시간이 돈이 되는 사람들인 만큼 잦은 교류를 요청하기에 눈치가 보인다. 그래서 정말 중요한 순간에만 손을 내밀게 된다.

다음은 코칭 선배들이다. 살다 보면 무언가 막힌 것 같은 답답함을 느낄 때가 종종 있다. '내가 잘 살고 있나?', '내가 코칭은 과연 잘하고 있는 걸까?', '선배 코치들은 이런 상황에서 어떻게 코칭을 했을까?' 이런 질문들이 쌓일 때마다 나는 주변을 돌아본다. 누구에게 물으면 답을 얻을 수 있을까? 마치 백과사전의 색인을 찾듯 내 주변 사람들을 떠올려본다. 그런 나를 보며 문득 생각한다. 참 감사한 일이라는 것을.

코치로서 가장 큰 축복은 훌륭한 코치를 만날 기회가 많다는 점이다. 전문 코치들에게 직접 코칭을 받을 기회는 물론이고, 선배들의 경험담은 길을 잃었을 때마다 나침반처럼 방향을 제시해 준다.

때로는 따뜻한 한마디가 가슴에 남아 앞으로 나아갈 동력이 되기도 한다.

"괜찮아요. 잘하고 있어요. 앞으로도 잘할 겁니다."

이 단순한 말 한마디가 그토록 간절했음을 그때 깨달았다.

초보 코치 시절, 나는 스스로 언제나 단단하고 흔들림 없는 사람이어야 한다는 강박에 사로잡혔다. 사람들의 문제를 들어주고 해결의 실마리를 찾아야 하는 내가 휘청거리는 건 모순이라 여겼기 때문이다. 그러나 그 생각은 오만이었다. 코치도 흔들릴 때가 있다. 혼자 모든 걸 감당할 필요는 없다.

코치들의 코치로 불리는 빌 켐벨조차도 그의 고객이자 친구였던 스티브 잡스, 에릭 슈미트, 제프 베조스 등 세계적인 리더에게 많은 조언을 구한 것으로도 유명하지 않은가. 그 누구도 그를 약하다고 여기지 않는다. 오히려 늘 자신의 성장에 열린 사람이기 때문에 가능한 일이었다.

우리는 모두 좋은 코치가 필요하다

마지막으로 내 삶에는 버디 코치가 있다. 어느 날 남편과 다툰 후 쉽게 화가 풀리지 않아, 친한 동기 코치에게 버디 코칭을 요청했다. 남편의 갱년기 관리를 주제로 시작된 대화는 예상치 못한 방향으로 흘러 내 삶의 깊은 진실들을 끄집어냈다. '큰일이다. 어디까지 말해야 할까?' '아뿔싸! 생각하는 속도보다 말하는 속도가 더 빠르다.' 순간 당황스러웠다. 있는 그대로의, 날것의 나를 보여주는 일은 내게 여전히 낯선 일이기 때문이다.

머릿속이 혼란스러워 어찌할 바를 모르던 그때, 버디 코치의 붉어진 눈시울이 눈에 들어왔다. 그제야 코끝이 찡해지며 참아 왔던 눈물이 뚝뚝 떨어졌다. 우리는 몇 분간 아무 말 없이 서로의 감정에 머물렀다. 그 순간의 표정과 분위기, 그리고 내 안에 있던 미안함과 고마움은 지금도 생생하다. 언젠가 이 고마움을 더 큰 보답으로 갚을 수 있기를 소망한다.

최근 호기심에 나의 페르소나를 AI 프로그램에 입혀 코칭 프로세스를 학습시켰다. 이름하여 'AI 강혜옥 코치'. 이 AI는 비밀 보장에 대한 심리적 안전감을 주어 무엇이든 털어놓기 편했고, 문제 해결 방법도 기가 막히게 제안했다. 겉보기에는 완벽한 코치처럼 보였다.

하지만, 이 AI 코치에게는 결정적인 결점이 있다. 바로 '공감의 결여'이다. 사람의 대화는 90% 이상 비언어적인 신호로 전달된다. 표정의 미세한 변화, 말의 어조, 잠시 머뭇거리는 공백, 목소리의 떨림 같은 것들이다. 사람과 사람의 대화에서는 이 미묘한 신호들이 중요한 역할을 한다. 아직까지 AI는 이 신호들을 온전히 이해하지 못한다.

기술이 아무리 발전해도 인간만이 할 수 있는 영역이 있다. 그것은 바로 '인간다움'이다. 2023년 세계경제포럼에서는 향후 10년간 약 8만 개의 직업이 사라지고, 6만 개의 새로운 직업이 탄생할 것이라고 발표했다. 이런 변화 속에서 우리는 자연스럽게 자문한다. '내 직업은 과연 살아남을 수 있을까?'

미래학자들은 '반복적이고 단순한 일은 기계가 대체하더라도, 인간다움이 필요한 직업은 더 큰 경쟁력을 가질 것'이라고 전망한다.

감정을 읽고 공감하며, 사람의 마음을 돌보는 일은 여전히 인간만이 할 수 있는 고유한 역할로 남을 것이다. 코치라는 직업도 그중 하나다. 단순히 역할만 하는 코치가 아니라, 진정성 있고 깊은 공감을 나눌 줄 아는 '좋은 코치'가 되어야 한다. 지금도, 그리고 미래에도 우리는 누구나 좋은 코치를 필요로 한다. 코치인 나조차도.

오늘도 코칭 다녀오겠습니다

시어머니가 절여진 배추 잎 한쪽을 떼어 맛을 보시며 한 말씀하셨다.
"나이든 배추라 더 맛이 좋으네."
늦가을에 수확한 배추는 유난히 달고 맛이 깊다. 추위를 이기기 위해 당분을 끌어올리기 때문이다. 배추도 그것이 자신을 지키는 방법임을 아는 것이다.

자연의 섭리는 사람 사는 세상에서도 엿볼 수 있다. 삶이 매일 봄날이었던 이는 아주 작은 추위가 찾아와도 움츠러든다. 하지만 추운 겨울을 지내본 사람은 그 안에서 새로운 힘을 길러낸다. 마치 단단한 뿌리를 내린 나무처럼, 혹독한 계절을 지나온 사람의 내면에는 쉽게 흔들리지 않는 강인함이 자란다.

나에겐 작은 철학이 하나 있다. 하루라도 젊을 때 꽃도 피우고, 열매도 맺고, 추위 속에서도 싹이 움트는 고통과 희망을 겪어봐야 한다는 것이다. 하루라도 젊다는 건 모든 시작을 의미한다. 쉽게 얻은 것보다 힘겹게 얻은 것이 더 오래 기억에 남고, 더 값지게 여겨진다. 우리가 겪는 추위와 시련은 단지 견뎌야 할 고통이 아니라, 그 안에 숨겨진 단맛을 깨닫기 위한 과정일지 모른다.

돌이켜 보건대, 나를 성장시킨 것은 9할이 '실패'다. 썰물 이후에 드러나는 모랫바닥처럼 시간이 지나야 명확해지는 일들이 있다. 내게는 실패에 대한 감정과 의미가 그렇다. 언젠가 아는 동생에게 들었던 말 한마디가 가슴에 오래 박힌 적이 있다.

"언니는 자꾸 문제를 해결해 주려고 해."

순간, 머릿속이 멍해졌다. 나는 그저 내 의견을 말했을 뿐이라고 생각했지만 얼마 후, 아주 사소한 일상 속 대화에서 깨달음이 왔다.

역지사지(易地思之). 내가 같은 상황을 경험해 보니 확연해졌다. 상대가 원하지 않는 도움은 무례함일 수 있다는 것. 코치로서도 이런 실수를 몇 번이고 반복했다. 서툰 코치 시절, 고객과의 대화는 종종 겉돌았고 고객의 진심을 듣기보다는 내 생각을 앞세우곤 했다.

세 번의 실패로부터 배운 교훈들

숱한 실수와 실패 속에서 나는 무엇을 얻었을까. 첫 번째 교훈은 '에고에 관한 것'이다. 카리스마 넘치는 법대생 고객과의 대화가 그 계기다.

"여자 친구랑 자주 다퉈요. 제 별명이 '너티지'거든요. MBTI에서 사고형(T)이라 공감을 잘하지 못한다고 하더라고요." 그 나이를 지난 사람이라면 누구나 해봤을 법한 풋풋한 연애 고민이 내게도 익숙하게 다가왔다. 게다가 의사소통 주제로 오랜 시간 강의를 해 온 터라 해줄 말이 많아 내 안의 에고가 들썩였다. 마치 아이가 손을 번쩍 들고 '저요! 저요!'를 외치며 이건 꼭 말해줘야 한다고 속삭였다. 코칭 중간에 '제 생각을 잠깐 말씀드려도 될까요?'라며 조심스럽게 운을 띄웠다. 말을 끝마치고 나서야 후회가 밀려왔다. 고객의 얼굴이 살짝 굳어졌던 것도 같았다. 적당히 말할 자신이 없으면 그냥 듣는 편이 낫다는 걸 그제야 깨달았다. 지금은 고객의 문제에 의견을 말하고 싶은 충동이 일 때마다 속으로 외친다.

'정신 차려! 작정하고 듣자! 끝까지 듣자! 인간은 누구나 스스로 답을 창조한다고!'

두 번째 교훈은 '준비의 중요성'이다.

한때 바쁜 일정 속 무리한 코칭을 감행한 적이 있다. 급하게 시간을 맞추느라 첫 세션을 시작했지만, 이미 종일 이어진 일정 속에서 에너지는 바닥나 있었다. 머릿속이 엉킨 실타래처럼 느껴졌고, 온전하게 집중하는 것이 쉽지 않았다.

준비 부족과 자아 고갈이 겹친 그날의 코칭 대화는 그저 얕은 물위를 떠다니는 듯했다. 고객의 진정한 목표에 깊이 다가가지 못한 채, 첫 세션은 금방 끝났다. 그리고 그 뒤로 두 번째 기회는 찾아오지 않았다. 지금 돌이켜보면 너무도 당연한 결과이다. 준비가 부족한 사람에게 누가 다시 손을 내밀겠는가.

그날 이후로 나는 코칭 일정에 원칙을 세웠다. 하루에 한 건의 코칭만 잡고, 그 시작 30분 전부터는 조용히 앉아 마음을 정리하는 시간을 갖는다. 그 30분은 내가 고객에게 드리는 예의이자, 나 자신에게 주는 배려다. 따뜻한 차 한 잔을 손에 쥐고, 고객의 상황과 목표를 천천히 떠올리며 준비하는 그 시간이 나에게는 작은 의식이 되었다.

그날의 실패가 없었다면, 이런 교훈도 없었을 것이다. 가끔 그날의 고객이 생각난다. 만약 다시 만날 기회가 생긴다면, 이번에는 더 따뜻하고 깊은 대화를 나눌 수 있을 것이라는 자신이 있다. 이제는 준비의 가치를 알고 있으니까.

세 번째 교훈은 '객관적 관점을 유지하는 것'이다.

나는 고객의 끊임없는 비관적이고 무기력한 태도에 휘청거린 적이 있다. 부정적인 자신을 알아차리지 못하는 고객이 원망스러웠고, 공감 대신 긍정을 강요했다. 그날의 코칭은 엉망진창으로 끝났다. 얼굴은 화끈거렸고, 뒤돌아 나오는 발걸음은 무거웠다. 며칠 동안 새우잠을 자며 줄곧 생각했다. 과연, 뭐가 문제였을까? 처음엔 '고객의 문제'라고 결론지었다.

'고객도 가려 만나야겠군!' 하며 얄팍한 변명으로 스스로를 위로했다. 마음 한구석엔 찝찝함이 남아있었다. 과연 그게 진짜 문제였을까?

답답한 마음에 선배 코치에게 이상한 고객을 만난 무용담을 늘어놓으며 신세 한탄했다. 한참 듣기만 하던 선배 코치는 다정하게 물었다.

"강 코치님, 동료 코치가 비슷한 상황에 처했다면 어떤 조언을 해주고 싶으세요?"

"음…, 글쎄요…. 우선 충분히 들어주라고 했을 것 같아요. 그리고 관점 전환을 할 수 있는 질문을 해서 자신을 객관화하거나, 부정적인 것들이 모두 제거된다면 무엇을 해보고 싶은지, 진정 원하는 것은 무엇인지를 물어보라고 했을 것 같아요."

머릿속에 섬광이 스쳐갔다. 아뿔싸! 나부터 객관적 관점을 잃고 있었던 것이다. 고객의 태도에 휘둘린 건 바로 나였다. 그 순간, 고객에 대한 원망과 수치심이 가능성으로 바뀌었다. '고객을 탓할 게 아니라, 좋은 질문을 던졌다면 상황이 달라졌을지도 모르겠다'라는 생각이 들었다. 만약 선배의 다정한 질문이 없었다면 나는 여전히 고객 탓하며 신세 한탄을 하고 있었을지도 모른다. 좋은 질문은 사람의 마음을 바꾼다. 이제는 고객의 부정적인 태도를 마주할 때마다 오히려 기대가 생긴다.

'이번에는 어떤 질문으로 이 마음의 문을 열 수 있을까?'라는 설렘 말이다. 질문 하나가 만들어내는 변화의 힘을 믿기 시작했으니까.

나는 아직도 멀었다

가끔 머릿속에 떠오르는 드라마 〈미생〉의 한 대사가 있다. "네가 이루고 싶은 것이 있다면 체력을 먼저 길러라." 이 말은 단순히 몸의 힘을 기르라는 뜻만이 아니다. 실패에도 다시 일어서는 정신력, 흔들리지 않는 내적 강인함을 말한다.

강인한 코치가 되기까지 나는 아직 갈 길이 멀다. 여전히 고객의 말에 쉽게 흔들리고, 작은 실수에도 마음이 조급해질 때가 많다. 이 모든 과정은 서리를 맞으며 단맛을 품는 배추와 닮아 있는지도 모른다. 배추는 혹독한 추위를 견딜수록 단단해지고, 단맛은 더욱 깊어진다. 나의 코치 인생도 시간이 흐르며 그렇게 무르익을 것이라 믿는다.

그래서 오늘도 조용히 마음을 다잡는다. 신발끈을 고쳐 매고 배움의 터로 향할 준비를 한다. 실패와 성장, 모든 것이 단맛을 품기 위한 과정이라 여기며,

"자, 오늘도 코칭 다녀오겠습니다!"

김재윤 코치

-
-
-

산업 및 조직심리학을 전공(석사)했다. '직장인이 행복하게 회사를 다닐 수 있게 돕고 싶다'는 야심찬 포부를 가지고 현재 대기업 계열사 교육팀 팀장으로 재직 중이다.

상담전문교사(2급)와 직업상담사(2급) 자격과 함께 버크만 강사(FT), 태니지먼트 강사, FIRO-B 전문가, Harrison Assessment 디브리퍼 등 사람의 특성을 보는 다양한 진단 도구를 공부했다. 이를 기반으로 신입사원 교육부터 리더십, 팀빌딩 등 다양한 주제로 사내 강사 활동을 하고 있다.

한국코치협회 인증 코치(KAC)다. '한 명만 손을 내밀어줘도 누군가에겐 살아가는 힘이 된다'는 믿음으로 코칭을 시작하였고, 고객의 행복을 함께 찾아가는 코치가 되고자 '모든 좋은 일이 다 온다'는 뜻의 순우리말인 '다온'을 코치 별칭으로 사용하고 있다.

코칭을 만나러 가는 길

첫 번째 만남, 충격적인 첫인상
"코칭은 행복해지는 방법을 스스로 깨닫도록 함께 해주는 것이다."
 이 문장이 나와 코칭의 첫 만남이었다. 당시 심리학을 전공하며 사람들이 심리적인 어려움을 겪는 원인과 치료 방법을 공부하던 나에게 '행복'이라는 단어는 환상과도 같았다. 동시에 내가 심리학과에 진학하게 된 초심을 떠올리게 해주는 단어였다.
 내가 심리학을 전공하게 된 이유는 '누군가를 온전히 믿어준다는 것만으로도 그 사람의 인생을 바꿀 수 있다는 것을 알게 된 후, 더 많은 사람에게 그런 존재가 되고 싶다'는 생각에서였다. 그래서였을까. '행복해지는 방법을 찾을 수 있도록 함께 해준다'는 말은 오래도록 내 마음속에 박혔고, 그것이 코칭과의 시작이었다.

 하지만 뭐든 첫 만남은 어려운 법이 아니던가. 내가 코칭을 처음 만났을 때만 해도 지금처럼 대중적이지 않았다. 심리학의 분과로 한국코칭심리학회가 생긴 지도 얼마 되지 않았을 때였다. 당시 학회장이었던 학과 교수님의 영향으로 조금 빨리 코칭을 만났다는 것, 단지 그뿐이었다.
 그러나 코칭을 처음 만났을 때의 충격은 컸고 나에게 많은 영향을 미쳤다. 특히 정신적인 고통을 겪고 있는 사람들에게 주로 관심을 가졌던 내가 평범한 사람들의 행복에도 집중하기 시작한 것이다. 그중에서도 직장인들에게 유독 많은 관심을 가지게 되었다.

"저들은 하루 중 대부분의 시간을 회사에서 보내는데 왜 그 시간을 고통으로 보내야만 할까? 그 시간을 행복한 시간으로 바꿔줄 수는 없을까?"

이런 질문 덕분에 나는 대학원에 진학해 산업 및 조직심리학을 공부하게 되었다.

두 번째 만남, 인연인가, 운명인가
코칭에 대한 기억이 희미해져 갈 무렵, 나는 다시 한번 코칭을 만나게 된다. 나의 첫 직장은 HR 컨설팅 회사였다. 거기서 리더십 진단을 개발하고 운영하는 일을 하게 되었다. 그러나 진단이라는 것은 현 상태의 스크린숏에 불과해 그 자체로는 힘이 약하다. 진단 이후 팔로업(Followup) 프로그램이 필요했다. 그중 하나로 코칭을 다시 만나게 된 것이다.

기존에는 비용의 문제로 임원들만 코칭을 진행하고, 팀장들에게는 주로 워크숍을 진행했다. 그런데 코칭의 효과성을 느낀 임원들 지로, 점차 팀장을 대상으로 한 코칭 프로그램도 늘어나게 되었다. 하지만 비용이나 인력의 한계로 수요를 감당하기 어려운 상황들이 발생했다. 그러자 우리 팀의 일부 인원을 코칭이 가능한 인력으로 키우기 시작했다. 그 덕분에 나도 3회기로 구성된 짧은 진단 기반 코칭을 진행해 볼 기회를 가졌다. 주로 1회기에는 진단 디브리핑, 2회기에는 액션 플랜 도출, 3회기에는 실행 후 점검 세션으로 진행했다.
　이렇게 코칭을 진행할수록 좀 더 제대로 배우고 싶다는 열망이 들었다. '내가 좀 더 전문성이 생기면 상대방에게 더 도움을 줄 수 있지 않을까?' '내가 정말 제대로 하고 있는 건가?' 그리고 '일반 기업에서 일해보지 않은 내가 그들의 고충을 얼마나 이해하고 공감할 수 있을까'하는 생각이 들었다. 물론 지금은 꼭 상대의 입장을 경험해야만 코칭을 할 수 있는 것이 아니라는 것을 알지만, 그때는 경험도 지식도 부족한 내가 하는 코칭 대화가 마냥 여리게만 느껴졌다. 한계를 느낀 나는 일반 기업에서 경험을 쌓고 돌아오겠다는 결심을 하며 이직을 하게 되었다.

세 번째 만남, 이제 때가 왔다
하지만 세상일이 어디 마음대로 되던가. 인사팀으로 입사한 내가 처음 맡은 일은 채용 업무였다. 게다가 우리 회사는 코칭을 진행하고 있지도 않았기에 코칭을 접할 일은 전혀 없었다. 그렇게 코칭은 잊히고 있었다. 시간이 흐르고 교육 담당자로 직무 전환 기회가 생겼다. 이때 나는 코칭 교육을 받게 해달라고 팀장을 설득했다. 그렇게 해서 코칭에 제대로 입문하는 계기가 되었던 것이다.
　나는 '우리 회사에 꼭 코칭 문화를 도입하겠다'고 다짐했다. 그러기 위해서는 나부터 제대로 코칭을 알아야 누군가를 설득할 수 있겠다는 생각에 열심히 배우기 시작했다.
　그러나 아직 사내에 코칭에 대한 필요성이 합의되지 않은 상황이었기에 당장 누군가를 코칭하는 것은 쉬운 일이 아니었다.

그러던 어느 날 신입사원들이 눈에 들어왔다. 나는 신입사원 교육 중에 버크만 진단을 이용한 셀프 리더십 강의를 진행하고 있었는데, 여기에 코칭을 녹여보자는 생각이 들었다. 그래서 강의를 진행하고 나서 원하는 사람에 한해 1대1 코칭을 간단히 진행해 보았다. 긴 시간은 아니었지만, 진로에 대한 고민이나 첫 사회생활에서 조직에 적응하는 방법을 이야기 나누었다. 그 결과 시간이 지나서도 고민이 있거나 힘든 일이 있을 때 나를 찾아오기도 했고, 그렇게 성장해서 또 누군가의 선배가 되어가는 과정을 지켜보며 보람을 느꼈다.

• **코칭 노트 : 나는 이렇게 코치가 되었다.**

답은 정해져 있다. 너는 대답만 해

코칭하면 가장 먼저 떠오르는 것이 질문이다. 코칭을 배우는 것은 질문하는 법을 배우는 것이라고 할 수 있을 정도다.

실제 팀장들이 가장 취약한 부분 중 하나가 바로 질문이다. 코칭에서 만난 이들은 '질문을 잘하려고 하면 뭐하나요? 요즘 애들은 무슨 질문을 해도 대답을 잘 안 하는 걸요'라고 말한다.

하지만 정말 놀라운 것은 '요즘 애들'끼리 모아놓으면 통제가 안 될 정도로 시끄럽다는 점이다. 그만큼 그들끼리는 대화가 많다. 대화는 곧 질문과 대답을 잘한다는 얘기다. 그렇다고 '요즘 애들'이 팀장 앞에서만 그렇다고 말해 줄 수도 없으니 참 난감하다.

그들은 왜 팀장의 질문에 시큰둥하거나 단답으로 끝내 버릴까? 요즘 애들이 버릇이 없어서? (팀장들도 과거의 요즘 애들이었다.) 답은 간단하다. 질문이 잘못되었기 때문이다. 언젠가 예능 프로그램에서 동문서답 질문 게임을 본 적이 있다. 상대의 질문에 말이 안 되는 답을 해야 이기는 게임이었는데, 생각보다 쉽지 않았다. 이유는 우리는 질문을 받으면 자연스럽게 그 질문의 답을 생각해 보게 되기 때문이다. 즉 질문이 제대로 되었다면 원하는 대답을 들을 수 있다는 것이다. 그렇기에 질문은 코칭에서 아주 강력한 도구로 불린다.

어떤 질문을 해야 하나요?

팀장 리더십 교육에 빠지지 않는 것이 바로 질문하는 방법이다. 짧고 간결하게 직접적으로 질문하기, 열린 질문하기, 긍정적으로 질문하기, 유도 질문하지 않기, 책임 추궁 질문하지 않기. 이렇게 다섯 가지만 지켜도 팀원들에게 진짜 대답을 들을 수 있을 것이다.

가장 많이 실수하는 것이 유도 질문과 책임 추궁 질문이다. 유도 질문은 질문의 탈을 썼을 뿐, 동의를 얻기 위한 강요와 다름없다. '그렇지 않나요?' '그런 것 아닌가요?' 이런 질문은 팀원에게 '네, 죄송합니다'라는 말밖에 얻어내지 못한다. 책임을 추궁하는 질문은 상대를 침묵하게 한다.

예전 한 드라마에서 유행했던 '이게 최선인가요'라는 대사는 사실 잘못된 질문이다. 그렇다고 대답하기엔 내 역량이 부족하다는 것을 인정하는 것 같고, 아니라고 대답하기엔 최선을 다하지 않았다는 것 같아서 결국 아무 말도 하지 못하고 입을 다물게 된다.

기업에서 발생하는 문제의 약 60% 정도는 잘못된 커뮤니케이션에서 비롯된다고 한다. 잘못된 커뮤니케이션의 90%는 리더와의 관계에서 발생하는 문제가 아닐까 싶다. 그만큼 소통이 중요하다. 예전에 한 팀장을 코칭할 때 팀원들끼리는 제법 대화도 잘하고 분위기가 좋은 것 같은데, 자신이 있으면 다들 입을 다물어서 어떻게 해야 할지 모르겠다는 고민을 들은 적이 있다. 가뜩이나 팀장은 외로운 자리라고 하는데 팀원들이 대화를 안 해준다면 얼마나 더 외롭겠는가.

내 이야기 대신 상대 이야기 듣기

무엇이 문제일까? 바로 본인이 하고 싶은 말만 한다는 것이다. 팀장님이 이기적이어서였을까? 아니다. 본인은 그저 누군가 자신의 이야기를 귀 기울여 들어준다는 느낌이 좋았고, 팀원들이 하는 호응을 진짜 '자신의 이야기가 재미있어서'라고 생각했다고 한다. 그렇게 팀장은 점점 자신의 이야기를 쏟아내기만 했고, 점차 흥미를 잃은 팀원들은 입을 닫기 시작한 것이다. 결국 자신이 모르는 주제가 나오면 재빨리 화제를 전환하고, 자신이 주도권을 잡지 못하면 티 나게 딴짓하거나, 심지어는 트집을 잡아서라도 대화를 마무리하는 지경에 이르게 되었다.

나는 팀장에게 이렇게 물었다.
"팀장님은 팀원들을 얼마나 아시나요?"
팀장은 섣불리 대답하지 못했다. 늘 자신만 이야기하다 보니 팀원들은 자신을 잘 알지만 막상 팀원의 생각을 들을 기회가 없었기 때문이다. 그래서 우리가 선택한 방법은 '팀원들 알아가기'였다.

한 번에 대화의 주도권을 바로 넘겨주는 것은 쉽지 않기 때문에 대화의 주제부터 바꿔보기로 했다. 처음에는 가벼운 질문도 '정말 어렵다'고 했다. 질문하는 팀장도 쭈뼛쭈뼛 물어보고, 대답하는 팀원도 우물쭈물 답하며 대화가 금방 끝났다. 그러나 질문하면서 팀원들을 알아갈수록 질문은 더 쉬워졌고, 그렇게 아는 것이 많아질수록 상대가 좋아하는 주제도 금방 찾아낼 수 있었다. 대화는 어느새 자연스럽게 이루어지게 됐다. '리더가 칭찬을 아끼면 직원은 능력을 아낀다'

는 말이 있듯이, 리더가 관심을 아끼면 직원은 말을 아끼게 된다.

• **코칭 노트** : 상대에게 듣고 싶은 말이 있다면 질문을 고민해라.

코치가 리더면 뭐가 다른가요?

요즘 세대의 '리더 포비아'는 더 이상 놀라운 현상이 아니다. 리더 포비아란, 리더와 포비아의 합성어로 '리더가 되어 책임과 희생을 떠안는 것에 공포심을 느껴 거부하고 기피하는 현상'을 말한다. 이 때문에 최근 HR에서는 리더 육성에 어려움을 겪고 있다. 예전에는 누구를 선발할지를 고민했다면, 이제는 어떻게 리더를 하도록 설득할 수 있을지를 고민하고 있다.

이렇게 남의 이야기인 줄만 알았던 팀장이 하루아침에 내 이야기가 되었다. 조직개편을 앞둔 어느 날, 우리 팀장이 조용히 나를 불러 "이번 조직개편 때 네가 팀장이 될지도 모른다"고 귀띔해 주었다. 처음 들었을 때 잘못 들은 것인가 귀를 의심했다. 기쁨보다 당황스러움과 막막함이 먼저 밀려왔다. 당시 팀을 옮긴 지도 얼마 되지 않았고, 그 사이에 팀원 변동까지 있었던 터라 이제 겨우 팀이 안정화하고 있던 시기였다. 그런데 갑작스럽게 팀장이 바뀐다니, 심지어 그게 나라니. 갑자기 많은 생각이 한 번에 밀려와 도무지 정리되지 않았다.

내가 만들고 싶은 팀의 모습
갑작스럽고 당황스러운 건 팀원들도 마찬가지일 터였다. 입사한 지 일 년도 채 되지 않은 팀원들이 동요할 수 있다고 생각했다. 이럴 때일수록 내가 흔들리지 않아야 했다. 나에게 주어진 시간은 일주일. 어차피 팀장이 될 것이라면 대책이 필요했다. 마음을 다잡기 위해 책상에 앉아 펜을 들었다. 내가 만들고 싶은 팀의 모습부터 앞으로의 팀의 방향, 내가 당장 해야 하는 일들을 종이에 적어 내려갔다.

내가 만들고 싶은 팀의 모습은 '몰입해서 효율적으로 일하는 팀', '심리적 안전감이 있는 팀', '서로의 강점으로 서로의 약점을 보완해 주는 팀'이다. 이런 팀을 만들기 위해 먼저 '내가 어떤 리더가 되고 싶은지' 고민했다. 리더는 구성원에게 영향력을 미치는 사람이기 때문이다. 나의 결론은 '믿을 수 있는 리더'가 되자는 것이었다. 진정한 팀이 되기 위해서는 '신뢰'가 가장 중요하다. 내가 나의 일을 제 시간에 열심히 해내는 만큼 다른 팀원도 그럴 것이라는 '업무에 대한 신뢰', 서로가 서로의 편이 되어 준다는 '관계에 대한 신뢰', 내가 하는 만큼 인정과 보상을 받을 것이라는 '평가와 보상에 대한 신뢰'까지. 어느 하나라도 깨지는 순간 구성원은 그 팀에 소속감을 느끼지 못하게 된다.

이런 신뢰 관계를 구축하기 위해서 리더는 어떻게 해야 하는가. 나의 답은 '일관성'과 '정보 제공'이었다. 신뢰 관계는 예측 가능성에서 나온다고 생각하기 때문이다. 이를 위해 나는 세 가지 액션 플랜을 세웠다. 팀원들과 함께 팀의 그라운드 룰 만들기, 나만의 의사결정 기준을 세워 업무 피드백할 때 이 기준을 근거로 사용하기, 업무를 지시할 때 배경이나 참고해야 할 다른 정보들도 충분히 설명하기.

팀을 만들어 가는 건 우리 모두다.
그렇게 일주일이 지나고 나는 팀장으로 첫 팀 회의를 소집했다. 내가 생각하는 팀의 방향성과 업무 계획을 간단하게 설명하고 개별 면담을 진행했다. 나는 팀원들에게 두 가지 질문을 했다.
"3년 뒤 어떤 모습으로 성장하고 싶은가요?"
"본인이 원하는 팀의 모습은 어떤 모습인가요?"
첫 번째 질문으로 대략적인 커리어 개발 방향을 설정했고, 두 번째 질문은 팀의 그라운드 룰을 정하는데 기초자료로 삼았다. 코칭을 배운 리더로서 무언가 다른 점을 보여줘야 하지 않을까 하는 마음으로 준비한 질문이었지만 실제로 코칭 대화가 잘 이루어질 수 있을지는 의문이었다. 그런데 막상 면담을 진행해 보니 생각보다 효과적이었다.

내가 직접 주제를 정하지 않고 팀원들과의 대화에서 자연스럽게 코칭 주제를 정하게 되니 팀원들이 스스로 더 많은 이야기를 해주었고, 액션 플랜에 대해서도 자발적으로 실천하려는 의지가 높아졌다. 예를 들어, 한 팀원은 '나만 일 잘하면 되지'라고 생각하는 줄 알았는데 의외로 중간관리자로서 후배가 잘 성장할 수 있도록 어떻게 지원해 주면 좋을지 고민하고 있었다. 이런 대화로 팀원들에 대해 더 잘 알게 되었고, 팀원들도 이런 질문을 처음 받아봐서 어색했지만 '너무 좋았다'는 반응을 보여주었다.

물론 아직 나도 '어떤 리더가 좋은 리더인지', '좋은 리더가 되려면 어떻게 해야 하는지' 잘 모른다. 아마 끝까지 모를 수도 있다. 다만 처음 리더가 되었을 때 어떤 리더가 되고 싶었는지를 잊지 말아야겠다고 다짐해 본다.

- **코칭 노트 : 리더는 구성원이 자신의 역량을 최대로 발휘할 수 있는 환경을 만들어주는 사람이다.**

들리는 것과 듣는 것은 다르다

심리학을 전공했다고 하면 상대의 반응은 둘 중 하나이다. 하나는 '내가 지금 무슨 생각하는지 맞춰 봐.' 혹은 '눈 마주치면 내 속마음을 읽는 거 아니야?'와 같은 독심술사 유형이고, 하나는 '그럼 얘기 잘 들어주겠다'며 갑자기 하소연을 시작하는 무료 상담 서비스 유형이다. 그러나 안타깝게도 둘 다 틀렸다. 심리학을 6년이나 공부했지만 아쉽게도 상대의 속마음이 들리는 초능력은 배우지 못했다. 또 심리학 전공자는 다른 사람 얘기를 잘 들어줄 것이라고 생각하지만 내가 살면서 속한 모든 모임 중에 가장 자기 말을 많이 하는 모임을 꼽자면 심리학 전공자들 모임이다.

진정한 경청이란?
인간은 본능적으로 남의 이야기를 듣는 것보다 자신의 이야기하는 것을 더 좋아한다. 이 때문에 우리는 의식적으로 듣는 법을 연습해야 한다. 다음 다섯 개의 항목 중 몇 개에 해당하는지 체크하면서 현재 자신이 얼마나 경청을 잘하는지 알아보자.

1. 나는 대화를 할 때 상대방보다 말을 많이 하는 편이다.
2. 나는 상대방의 이야기를 듣다가 내용을 놓칠 때가 있다.

3. 나는 겉으로는 상대방 이야기를 잘 듣는 것처럼 하지만 속으로 다른 생각을 할 때가 있다.
4. 나는 상대의 이야기가 길어지면 집중력이 흐려져 딴짓하거나 지루한 티를 낸다.
5. 나는 상대방의 이야기가 끝나기 전에 끼어드는 일이 자주 있다.

아마 대부분의 사람이 적어도 2개 이상의 항목에 '그렇다'고 대답했을 것이다. 부끄럽지만 나 역시 5개 모두 경험한 적이 있다. 이렇게 경청은 자연스럽게 되는 부분이 아니다. 경청은 단순히 귀로 듣는 것이 아니기 때문이다. 상대가 말하는 내용과 사실에만 집중하는 것이 아니라, 감정과 비언어적 표현, 행동의 변화도 함께 고려해야 한다. 동시에 자신이 잘 듣고 있다는 것도 표현해야 한다. 몸을 기울이거나 눈을 맞추고 고개를 끄덕이는 등 다양한 리액션으로 관심을 표현해야 한다. '아, 그렇구나' '정말?' 이런 간단한 추임새만으로도 상대를 신나게 하고, 내가 이야기를 잘 들어주는 태도가 될 수 있다.

하지만 코치들이라면 여기서 더 나아가야 한다. 질문으로 한 단계 높은 경청을 해야 하는 것이다. 질문은 코치가 말하는 것이기에 오히려 경청을 방해하는 게 아닌가 생각할 수도 있다. 하지만 질문은 상대의 이야기를 더 끌어내고 잘 듣기 위한 수단이다. 고객이 스스로 말하는 것 이외에 그 안에 깔린 삶의 의미나 욕구·가치·의도를 물어야 진정으로 고객의 이야기를 들을 수 있다.

이때 주의할 것은 코치 개인이 궁금한 것이 아니라 고객을 이해하기 위한 질문이어야 한다는 점이다. 처음 코치로서 고객의 이야기를 듣다 보면 구체적 상황 질문을 많이 하게 된다.

"그때 상황이 어땠는지 더 구체적으로 말해 주실 수 있을까요?"
"그래서 그분은 어떻게 되었나요?"
이런 질문은 보통 코치의 궁금증을 해결하기 위한 질문이다.

"그때 어떤 감정이 드셨나요?" "그렇게 행동하게 된 이유가 무엇인가요?"와 같이 그 상황에서 고객 혹은 그렇게 행동한 고객의 내면을 질문해야 고객을 더 잘 이해할 수 있다. 이것이 진정한 경청이라고 할 수 있다.

잘 듣기 위해서는 노력이 필요하다
우리는 하루 종일 소리와 함께한다. 우리는 그 소리를 들리는 대로 듣는다. 어떤 의도를 가지고 듣지는 않는다. 그냥 무의식적으로 들을 뿐이다.
　진짜 듣는 것은 많은 노력과 에너지를 쏟아야 가능하다. 예전에 한 임원과 이야기하며 '팀장 중 한 명과 소통이 안 된다'는 하소연을 들은 적이 있다. 분명 알아들었다고 했는데 가져온 결과물은 전혀 다른 방향이거나, 대화 중에 갑자기 다른 이야기를 하기도 하고, 이야기가 조금만 길어져도 주변 정리를 하거나 책상을 닦는 등 다른 행동을 한다는 것이다. 아무래도 '자신에게 반항하고 있는 것 같다'고 했다. 그렇지만 반항으로 치부하기엔 '평소에 관계가 나쁘지 않고, 항상 그러는 것은 아니라서 더 헷갈린다'고도 했다.
　궁금증을 해결하기 위해 그 팀장과 코칭을 진행했다. 팀장은 그 임원의 이야기를 너무나도 잘 경청하고 있다며 억울하다는 반응을 보였다. 자신은 늘 두 손을 공손하게 모으고 아무 말도 하지 않은 채 열심히 경청한다고 했다.

그렇다면 왜 이런 오해가 생겼을까? 나는 이렇게 질문을 던졌다.
"두 손을 모으고 열심히 경청하실 때 어떤 생각이 드시나요?"
그러자 이렇게 답했다.
"아무 생각이 안 들어요. 얘기를 하자고 하니 앞에 앉아 있는 것이고, 얘기를 하니 듣고 있었습니다."

지금껏 이 팀장은 임원의 이야기를 들은 것이 아니라 들리는 채로 방치한 것이다. 그러다 보니 자신도 모르게 딴생각하고, 눈앞에 보이는 것이 거슬려 정리도 한 것이다. 나아가 이야기의 내용도 머리에 남지 않고, 흐름도 따라가지 못해 엉뚱한 대답을 한 것이다.

앞서 말했듯 진정한 경청은 상대의 의도나 맥락을 이해하고, 감정이나 비언어적 표현까지 이해해야 한다.

그래서 우리는 '상대의 말을 요약하는 것'부터 시작해 보기로 했다. 임원의 업무 지시를 정확히 이해했는지 확인하기 위해 대화가 끝날 때 내용을 요약해서 다시 말해 보기로 했다. 그 결과 '처음에는 어색하고 이해를 잘못하는 경우도 있었지만, 그 자리에서 정정하고 서로 합의가 된 상태에서 일을 진행하다 보니 훨씬 효율적으로 일할 수 있게 되었다'는 피드백을 받았다.

• 코칭 노트 : 진정한 경청은 눈으로, 귀로, 마음으로 듣는 것이다.

코칭을 한다는 것과 코치가 된다는 것

코칭을 배우고 나서 처음 실습할 때는 코칭이 참 쉽다고 생각했다. 프로세스가 어느 정도 정해져 있고, 그 프로세스를 그대로 따라가면 되니 어려울 게 없었다. 게다가 함께 코칭을 공부하는 사람들끼리 대화를 하니 그 어렵다는 질문도 술술, 답변도 술술이었다. 이렇게 쉬운데 왜 그렇게 실습은 많이 하라고 하는지 이해가 안 될 정도였다.

그런데 막상 일반 고객을 대상으로 코칭을 하려고 하니 선뜻 시작하기가 꺼려졌다. 원인 모를 막연한 두려움이 자리했다. 그래서 여러 코칭 교육을 다시 들었지만, 여전히 두려움은 사라지지 않았다.

그러던 어느 날 코칭 시연을 하고 난 뒤 피드백을 받으면서 머리를 한 대 맞은 것 같았다. 나는 지금껏 코칭을 하는 사람이었을 뿐 진짜 코치가 되지 못했다는 것을 깨달았기 때문이다.

코칭을 하는 것과 코치가 되는 것이 뭐가 다를까. 코칭을 한다는 것은 단순히 코칭이라는 행위를 하는 것이다. 그렇게 되면 단순히 고객의 문제를 해결해 줘야 한다는 것에 매몰된다. 고객에 대한 호기심도 없이 그저 코칭 프로세스에 맞춰 표면적인 해결책만 추구하기 쉽다.

나에게 코칭이란?
여기서 주목해야 할 부분은 고객에 대한 '호기심'이다. 호기심이 없는 코칭은 진짜 고객이 느끼는 어려움을 해결하지 못한다. 그저 그 자리에서 허울 좋은 답을 나눌 뿐 실제 변화가 일어나기 어렵다.

'나에게 코치로서 가장 중요한 역량이 뭐냐?'고 묻는다면, 나는 '호기심'이라고 답할 것이다. 이때 주의할 점은 고객을 잘 이해하기 위한 호기심과 코치 본인이 개인적으로 궁금한 호기심은 구분해야 한다.

예를 들어, "그래서 그 다음은 어떻게 되었나요?"라는 질문은 코치를 위한 호기심이라면, "그때 어떤 감정을 느꼈나요?" 같은 질문은 고객을 위한 호기심으로 볼 수 있다.

나에게 코칭은 '다정한 어른이 되어가는 과정'이다. 여기서 말하는 어른은 단순히 나이 들어가는 것이 아니라 더 성숙해지는 것이다. 상대를 돕고자 하는 다정한 마음으로 그를 온전히 담아낼 수 있는 여유를 가진 사람. 그것이 바로 내가 생각하는 코치의 모습이다. 나는 어린 시절부터 행복이라는 단어를 참 좋아했다. 진로를 고민할 때도 나로 인해 누군가가, 나아가 세상이 조금이나마 행복해질 수 있다면 좋겠다는 마음은 흔들리지 않았다. 코칭은 내가 그 마음을 실현하는 방법 중 하나이다.

코칭을 하면서 가장 좋은 점은 스스로 좋은 사람이 되고자 노력한다는 것이다. 내 마음이 복잡하면 신경이 다른 곳에 가 있기 때문에 온전히 고객에게 집중하기 어렵고, 고객의 말을 왜곡해서 받아들일 가능성도 있다.

좋은 코치가 되기 위해서는 먼저 내 삶을 잘 정돈해 나갈 줄 알아야 한다고 생각했다. 이를 실현하는 방법으로 나는 나의 전담 코치가 되기로 마음먹었다. 고민이 있을 때 스스로 질문을 던져 해답을 찾아보기도 하고, 진짜 나의 근본적인 욕구나 가치는 무엇인지 생각해 보기도 하면서, 나에 대해 하나씩 알아갔다.

그러자 생각보다 나에 대해 모르고 있는 것이 많다는 것을 깨닫게 되었다. 나에 대해 아는 것이 많아지자, 나에 대한 신뢰가 생겼다. '나는 왜 이렇게 여러 가지 일을 벌여놓을까'라는 생각 대신 '나는 다양한 분야에 흥미가 있구나'라고 생각하게 되었고, 어떤 일을 시작할 때 불안한 마음이 들더라도 '나는 어떻게든 해내는 책임감 있는 사람이니까 이번에도 잘 해낼 거야'라는 믿음으로 불안을 잠재웠다. 이것이 내가 경험한 코칭의 또 다른 힘이다.

코치를 꿈꾸는 사람들에게 해주고 싶은 말

아직도 나는 코칭을 한참 더 알아가야 하는 단계이다. 하지만 코칭을 공부하고자 하는 사람에게 조금 먼저 코칭의 세계에 입문한 사람으로서 이것 하나만은 자신 있게 말할 수 있다. 코칭을 알기 전과 후는 전혀 다른 세상이 펼쳐질 것이라고.

다만 그 세상은 저절로 나타나는 것이 아니다. 스스로 만들어 나가야 한다. 끊임없이 노력해야 하는 까닭이다. 스스로 질문을 던지고, 도전하고 깨지면서 조금씩 더 나은 코치가 되어가야 한다. 그 과정을 포기하지 않기 위해 본인이 되고 싶은 코치의 모습을 구체적으로 그려보는 것을 추천한다.

나는 고객이 스스로 행복해지는 방법을 찾을 수 있다는 믿음으로 그 여정을 함께 하는 코치가 되고 싶다. 그 마음을 잊지 않기 위해 코칭하기 전에 그 모습을 이미지로 그려본다. 그러면 마음이 따뜻해지면서 슬며시 웃음이 새어 나온다. 그것이 바로 내가 코칭을 계속할 수 있는 원동력이다. 그리고 고객의 행복을 비는 마음을 담아 '모든 좋은 일이 다 온다'는 뜻의 순우리말인 '다온'을 코치명으로 정했다.

• **코칭 노트 : "안녕하세요. 고객의 행복 여정을 함께하는 다온 코치 김재윤입니다."**

신혜숙 코치

-
-
-

광고대행사에서 20년을 일하다, 커리어 전환과 직장인도 안식년이 필요하다는 생각에 40대 중반 사표를 내고 미국으로 가 MBA를 마쳤다.
이후 스타트업에서 마케팅 총괄 이사(CMO)를 거쳐, 병·의원 전문 광고 마케팅 회사인 메디비전 대표를 역임했다.
인생 제2막에 코칭을 만나, 현재 스타트업 고문이자 사내 비즈니스 코치로 '리더를 키우는 리더' 역할을 하고 있다. 코칭을 활용해 개인의 성장과 조직의 성과를 내는 일에 큰 사명감을 느끼며 즐겁게 일하고 있다.
한국코치협회 인증 코치(KPC), 버크만 시그니처 디브리퍼이다. 기업 여성 임원 모임인 WIN 멤버로 활동하며 비즈니스 코칭 및 팀 코칭 전문 코치로 활동하고 있다.

"잘 배워 남 줘야겠다"

임원의 끝은 늘 느닷없이 찾아온다. 일방적인 통보일 경우가 많기 때문이다. 그리고 당사자들은 대체로 '내가 왜? 지금?'이라는 물음의 뫼비우스 띠에 빠진다. 아무리 생각해 봐도 납득시킬 수 없어서다.

타인으로부터 강제 종료된 삶의 루틴. 그동안의 위치를 바꾸고 스스로 새로운 스위치를 다시 켜야 한다. 사람과의 관계, 일과 호칭, 일상생활과 생각 등 삶 자체가 몽땅 리셋된다. 누구에게나 그 시간은 힘겨울 수밖에 없다. 언젠가는 그 자리에서 내려올 것을 알고 있었지만, 그 순간은 예상보다 빨랐고 현실은 당황스럽다.

30년 넘는 직장 생활 끝에 다가온 코칭

이런 일이 있으면 일과 회사에 꽁꽁 묶여있던 끈이 느슨해지면서 마음은 방황하기 시작한다. 해야 할 일들로 치이던 일상에서, 이제는 무엇을 하며 하루를 보내야 할지 막막하다. 너무 많은 자유가 부담스럽기까지하다. 그 자유로움과 여유가 좋으면서도, 때때로 먹구름처럼 막막함과 불안감이 덮치곤 한다.

어쩌면 이때가 바쁘다는 핑계로 미뤄왔던 인생의 질문들과 정면으로 마주해야 하는 시점이다.

'나에게 중요한 것은 무엇인가?'

'앞으로 어떻게 살아가고 싶은가?'
'나는 무엇을 좋아하고 잘하는가?'

다행이었다. 작은 계열사지만 대표 생활 3년이 넘는 기간에, 나는 내가 잘하는 일과 하고 싶은 일을 막연하게나마 찾을 수 있었다. 이후 시작된 회사 고문으로서의 시간은 그 막연한 듯 보이던 새로 찾은 길을 더듬으며 찾아나가는 시간이었다. 그때 나는 코칭을 만났다.

고문이 되고, 오랜 친구인 A를 만났다. 당시 친구는 임원 대상 사내 코칭 도입을 하면서 당시 대형 코칭펌의 코치로부터 코칭을 받고 있었는데 무척 만족스럽다고 했다. 그리고 말했다.
"근데 혜숙아, 너도 잘할 거 같아."
친구에게 물었다. "코칭이 뭐야? 코칭받으니까 어때? 뭐가 좋은 거야?" 경험해 본 적이 없으니 나는 호기심 가득 궁금한 게 많았다. 그런데 이야기를 듣다 보니 전문 코치의 코칭을 받으며 직장 생활을 하는 친구가 무척 부러웠다. 돌이켜보면, 나도 임원 생활을 하며 고민과 힘들었던 시간이 많았는데, '그때 내 옆에도 코치가 있었다면 어땠을까'라는 생각이 들었다. 이미 지난 일인데 상상만으로도 괜히 마음이 짠해졌다. 순간, 머릿속에 한 줄기 바람이 불듯 생각이 스쳤다. '그 좋다는 코칭을 회사 대표를 하면서도 경험하지 못했지만, 내가 코칭을 배워 코칭이 필요한 사람들에게 해주면 어떨까? 힘들고 고민되는 일이 있을 때, 아니면 미래를 계획할 때 생각과 관점을 넓혀주는 코치가 옆에 있으면 상당히 든든하고 위로가 클 텐데.'

돌이켜보면 30년 넘는 직장 생활이었다. 신입 사원부터 대표가 되기까지, 결혼하고 두 아이를 낳아 키우며 일하는 동안 크고 작은 힘듦은 늘 있었다. 물론 보람과 성취도 많았다. 하지만 일과 사람과 상황 때문에 자주 힘들었고, 길을 잃고 방황하기도 했었다. 당시 코칭이라는 말은 들어봤지만, 대기업이나 큰 글로벌기업 임원들이나 받는 특혜 같은 비싼 복지라는 이미지가 있었다. 작은 회사 대표였던 나와는 관련 없는 일이었다. 그런데 점차 생각이 바뀌었다. 코칭이 더 확대되어 직급에 상관없이 일과 커리어 고민이 많은 누구에게나 열려있으면 좋겠다는 마음이 커져 갔다.

일하며 살아온 삶을 돌아보니 특별히 마음이 더 가는 사람들이 있었다. 일하는 젊은 여성 후배들, 일과 육아 사이에서 고민하고 힘들어하는 워킹맘들, 그리고 약하고 부족함이 많은 중소기업과 스타트업의 대표들과 직원들. 이들에게 작은 힘이라도 되어주는 삶이 참 보람있고 의미 있겠다 싶었다. 내가 코칭을 배워 이런 사람들에게 도움이 되는 코칭을 해줄 수 있다면, 나 역시 '꼭 필요한 복지를 제공하는 사람'이 될 수 있겠다고 생각했다. 적어도 '나는 그렇게 해야겠다'고 다짐했다.

나의 일하는 인생을 돌이켜보면 늘 이런 생각이 마음 중심에 있었다. 시대적으로나 상황적으로 나는 그 혜택을 받지 못했어도, 내 후배들이나 우리 아이들 세상은 달라지면 좋겠다는 바람. 이런 바람은 개인적 아쉬움을 넘어 더 나은 세상 만들기에 일조하고 싶다는 일종의 내 일에 '의미 부여하기'였다. 내 커리어 인생 후반기, 코칭이 바로 그 꿈을 펼치게 해줄 꼭 필요한 퍼즐 조각처럼 보였다.

인생의 보물을 드디어 발견한 기분
그러자 코칭을 자세히 알아봐야겠다는 생각이 들불처럼 밀려들었다. 친구 A가 코칭과 교육 사업을 한다는 친구를 소개해 만났다. 도대체 코치는 어떤 일을 어떻게 하는 건지 궁금했다. 한참 이야기를 나누고도 긴가민가하던 나에게, 나를 처음 만난 친구의 친구도 '잘할 것 같다'며 코칭을 추천했다.
 '도대체 코칭이 무엇이길래, 나는 모르는데 나와 코칭을 아는 사람들이 다 같이 나에게 권하는 걸까?'

얼마 뒤 나는 추천 받았던 코칭펌의 대표님을 만났고, 한 달 뒤 6개월간의 비즈니스 코칭 과정에 등록해 코칭을 제대로 배우기 시작했다. 그리고 내 인생이 바뀌기 시작했다. 내가 현업에서 임원으로 계속 바쁘게 일만 하며 살았다면 아마도 코칭을 만나지 못했을 거 같았다. 그때 처음으로 '지금 고문이 돼서 다행'이라는 생각이 들었다. 그제야 처음으로 불만이던 내 상황이 온전히 감사하게 느껴졌다. 코칭을 배움이 너무 좋았고, 그곳에서 만난 다양하면서도 뭔가 결이 비슷한 사람들과의 폭넓은 만남 또한 너무 좋았다. 인생의 보물을 발견한 기분이었다.
 코칭을 배우며 나는 고문으로서 회사 내에서 나의 역할을 제대로 찾아나갈 수 있었다. 모기업이던 큰 병원 조직에 부족했던 '리더를 키우는 리더'로서의 역할을 해야겠다고 마음먹었다. 현업에서 한 발 떨어져 조직과 사람들의 성장과 정서적 케어를 돕는 그 일은 꼭 필요했고, 무척 보람된 일이었다. 나에게 맡겨진 새롭고 작은 일들에 정성과 진심을 다했다. 고문이 무슨 일을 그렇게 열심히 하냐는 소리까지 들으며….

그렇게 나는 코치가 되어갔다.

나는 오늘도 컬트니가 그립다

오래전부터 꿈꾸던 미국 유학. 급기야 그 꿈을 접어야 했다. 결혼하고 두 자녀가 생긴 것이다. 이번 생에서는 이룰 수 없는 꿈이라 여겼다.

내 나이 40대 중반의 어느 날. 무모한 꿈을 꾸기 시작했다. 유학의 꿈을 다시 일으킨 것이다. 그해 말, 나는 과감하게 큰 가방 2개와 두 아이들을 데리고 미국으로 떠났다. 여행자가 아닌 생활자로 살아가기 위해서다.

그렇게 미국 땅에 플러그인했음에도 기대와 달리 유창한 영어는 바로 충전되지 않았다. 나는 일상에서 말하고, 듣고, 이해하는 모든 일들에 마치 버그 많은 프로그램마냥 답답하게 버벅대기 일쑤였다. 나는 한순간에 당당한 전문직 여성에서 당황스러울 정도로 초라한 아웃사이더 외국인이 되어버렸다. 그렇게 낯선 땅, 낯선 언어와 문화 속에서 잔뜩 위축된 채로 살아가고 있었을 때, 컬트니를 만났다.

긴장 속에 MBA 첫 학기, 첫 수업이 시작됐다. 그날 나는 수업보다 다른 일에 온통 정신을 쏟아야 했다. 내가 이해 못하는 수업 내용과 숙제를 앞으로 누구에게 마음 편히 물을 것인지 '친절한 금자씨'를 찾는 일이었다. 세심히 같은 수업을 듣는 사람들의 관상을 분석하고 분위기를 살폈다. 인종과 피부색이 달라도 사람의 인상이란 그들이 살아온 삶과 성격을 대변해 준다는 면에서는 별반 다르지 않은 것 같았다. 왼쪽에 착하게 생긴 20대 미국 청년과 건너편 나이가 지긋해 보이는 한 여성 사이에서 나는 그들과 눈을 마주치기 위해 애썼다. 그리고 마침내 그녀와 눈이 마주쳤다. 쉬는 시간에 그녀는 '혹시 도움이 필요하냐'고 내게 물었다. 나는 냉큼 고개를 끄덕였다.

그녀는 같은 대학에서 대학원생들에게 교육학을 가르치는 선생님이었다. 나야 해외 학위 욕심이라도 있었다지만, 그녀는 왜 Human Capital이라는 MBA 대학원 수업에 들어왔을까? 정말 모를 일이었다. 컬트니는 공부뿐 아니라, 사람에 대한 애정과 호기심도 많은 사람이었다. 그녀는 그날 수업에서 나의 눈빛만 보고도 '도움이 절실하다'는 것을 바로 알았던 유일한 사람이었다.

실타래 풀리게 하는 그녀의 질문
그날 이후, 그녀와 나는 매주 금요일마다 학교 도서관에서 만났다. 그녀는 내가 대학원을 졸업할 때까지 2년간 미제 빨간 볼펜을 들고 나의 콩글리시 영어 문장들을 지치지 않고 수정해 주었다. 컬트니는 미국 땅에서 내게 필요했던 엄마, 선생님, 둘도 없는 친구, 그리고 나의 코치, 그 모두였다.

그녀의 헌신적 도움에는 상대의 조건을 보지도 묻지도 않는 성숙함이 있었다. 내가 자주 좌절하고 힘들어하며 움츠러들 때마다, 내 손과 마음을 잡아 일으켜 세워주고, '잘하고 있다'고 말과 행동으로 진심 어린 격려를 해주었다.

졸업 전 엄청난 분량의 캡스톤(Capstone) 프로젝트의 마무리가 써지지 않아 '이러다 난 아마 졸업도 못할 거야'하고 걱정만 하고 있을 때, 그녀는 변함없이 내 옆에 와서 조용조용 나의 생각을 물었다. 신기하게도 그녀의 질문에 대답하다 보면 어느새 '아하'하며 엉켜있던 실타래가 풀려나가는 듯 꽉 막혀있던 생각이 풀어졌다. 그렇게 나는 다시 힘을 내 리포트를 마무리해 나갈 수 있었다.

컬트니라는 존재와 그녀의 질문. 그것은 늘 나를 다시 일으켜 세워 뚜벅뚜벅 길을 걷게 해주는 힘이었다. 그녀에게 있는 그 힘은 무엇이고, 어디서 나오는 건지 알게 된 것은 세월이 한참 흐른 뒤, 내가 코칭을 배우고 나서였다.

미국에 가기 전, 나는 20년 가까이 직장 생활을 하고 있었다. 당시 앞으로의 커리어에 고민이 많았다. 글로벌 광고대행사의 유일한 기획팀 여성 수석 국장이었고, 첫 여성 임원 후보라는 이야기가 들려왔다. 하지만, 그 당시 선배 격인 회사 임원 중 나의 롤모델은 없었다.

나는 좋아하는 일을 오랫동안 하고 싶었다. 또 언제까지 일할지 그 주도권을 회사가 아닌 내가 가지고 싶었다. 그러다 보니 그동안의 많은 고생 덕분에 일이 익숙해지고 편하게 되었다고 좋아했던 상황이, 도리어 위기일 수 있다는 생각이 들었다. 내 삶에 변화와 도전이 필요했다.

나는 과연 어떤 일을 하고 싶은지, 어떤 리더가 되고 싶은지, 미래에 임원이 된다면 지금의 나는 무엇을 준비해야 하는지 스스로에게 물었다. 그리고 오랜 세월, 마음속에 고이 접어 두었던 젊은 시절 꿈의 날개를 펼치기 위해 사표를 제출하고 낯선 땅으로 날아갔던 것이다.

그녀는 내 인생의 첫 코치였다
그 당시 나는 기업과 조직에 꼭 필요한 좋은 리더이자 임원이 되기 위해서는 광고와 마케팅만으로는 안 된다고 생각했다. 인사·재무 등 아는 게 더욱 폭넓어져야 하고 더 똑똑해져야 한다고 믿었다.

그런데 미국 땅 포틀랜드에서 컬트니를 만나면서 난 새롭고 중요한 걸 알게 되었다. 일과 삶에서 꼭 필요한 리더의 모습을 갖추기 위해서는 스스로 더 똑똑해지려고 애쓰기 전에 먼저 컬트니와 같은 어른이 돼야겠다는 것. 나에게는 엄청난 깨달음이었다.

돌아보면 내 주변에 똑똑하고 능력 있는 리더는 참 많았다. 안타깝게도 그들이 다 좋은 리더는 아니었다.

컬트니는 달랐다. 당장 보이는 모습이나 조건으로 사람을 판단하지 않았고, 남들이 쉽게 보지 못하는 사람의 마음속 열정과 노력을 알아봐 주었다. 나보다 앞서 나가지 않았고, 내 옆에서 나와 함께 발맞춰 나의 생각과 마음을 늘 물어주었다. 웃고 울고 걱정하며 변함없는 모습으로 나의 모든 이야기를 들어주고, 응원과 격려를 해주었다. 그녀는 나의 생각 파트너였고, 보물 같은 코치였다.

내가 지향하는 리더와 코치의 모습은 컬트니같이 누군가의 '마음의 중심'을 보는 것이다. 그리하여 원석인 누군가가 보석이 되어 스스로 빛날 수 있게 돕는 것이다. 그 모습을 컬트니는 삶으로 보여주었다. 그녀는 이미 오래전에 내게 찾아와준 나의 인생 첫 코치였다.

오늘도 컬트니가 그립다.

새내기 코치의 복면 코치왕 도전기

국내 유일 코칭 오디션이라는 복면 코치왕에 나가게 된 것은 순전히 호기심 때문이었다. TV 장수 프로그램인 복면가왕처럼 이름·얼굴·자격을 모두 가리고 오직 코칭 실력만으로 우승자를 결정한다고 했다. 나갔다 일찍 떨어져도 아무도 모를 테니 부끄러울 일이 없어 더 좋을 거 같아 별 고민 없이 지원했다. 나름 코치로서 의미 있는 도전이자 배움의 시간이 될 것 같아 기대도 되었다.

지원할 당시, 나는 코칭을 배운지 겨우 1년 반쯤의 새내기 코치였고, 한국코치협회 KPC 자격시험에 막 합격한 상태였다. 그러나 여전히 코칭은 어려웠고 내가 코치로서 잘할 수 있을지 자신이 없었다. 마음속에선 여전히 '난 아직 너무 부족해'라는 생각과 '어떻게 하면 코칭을 좀 잘 할 수 있을까'라는 두 마음이 가득했던 시기였다. 그래서였을까. 낯선 가면 뒤에 숨어서라도 용기를 내 도전해 보고 싶었고, 또한 진심으로 많이 배우고 성장하고 싶었다.

복면 코치왕에 나가기 위해 닉네임이 필요했다. 평소에 잘 웃는 나는 닉네임을 '미소로 코치'로 정했고, 강아지 줌 아바타 가면을 사용했다. 솔직히 아무도 모른다고 해도 나 자신은 아니까, 그래도 나가자마자 바로 떨어지지만 않았으면 좋겠다고 생각했다. 예선이 시작되자 2명의 심사위원과 온라인상의 청중이 들어와 있는 공개 코칭이라는 상황이 엄청난 부담과 긴장을 갖게 했다. 또한 25분이라는 짧은 시간 안에 프로세스와 완성도 있는 코칭을 시연해야 했다. 상호 코칭이 끝나면 심사위원 두 분의 피드백이 이어지고 바로 결과가 발표됐다.

배움과 성장을 위한 축제의 장
의외였다. 예상과 달리 나는 16강을 거쳐 8강에 올라갔다. 복면 코치왕은 이기고 지는 경연이라기보다 코치들이 서로 배우고 성장하는 축제 같은 자리였다. 코치 자격시험 준비 때의 실습과는 차원이 달랐다. 심사위원 코치들이 나의 코칭 스타일과 습관을 입체적이고 체계적으로 분석해 주는 피드백을 받을 수 있었기 때문이다. 그 과정에서 내 강점과 약점을 명확하게 파악할 수 있었다. 자연스럽게 나오는 강점은 더욱 자신감을 주었고, '선물'로 준 부족한 부분은 이번 기회에 확실히 개선하겠다는 의지로 의식적 노력을 쏟아부었다.

'목소리에 에너지가 있고 딕션이 너무 좋다' '경청을 잘한다' '맥락적 키워드 질문을 잘한다' '프로세스나 틀에 매이지 않는 질문들이 좋았다' 등의 감사한 피드백을 들었다. 코치로서의 길이 힘들더라도 포기하지 말고 씩씩하게 잘 걸어가라는 큰 격려였다. 그중 한 심사위원의 피드백이 잊히지 않는다.
"미소로 코치님의 친절한 애티튜드와 목소리에 힘이 있어서 고객과 함께 해주는 것만으로도 고객이 힘을 얻을 것 같아요."

그 순간이었다. 그동안 코칭 스킬 면에서 어떻게 하면 맥락에 맞는 멋진 질문을 제때 잘할 수 있을지만 고민하던 내가, 나다운 코치다움과 코칭다움이 어떠해야 하고 그것이 무엇인지 근본적인 고민을 하게 되었다. '내가 가지고 있던 본래의 특성과 강점을 알고 그 존재 위에 코치로서의 유연한 스킬이 더해져야 하는 거구나'하는 것을 깨달았다. 변화의 모멘텀이었다. 전에는 그렇게 어렵고 막막하게만 느껴지던 코칭의 길이 조금씩 보이기 시작했다.

코칭을 공부하며 수없이 들었던 '댄싱 인 더 모멘트(Dancing in the moment)'의 생생한 순간도 있었다. 고객 이야기를 집중해서 듣기 위해 아바타 가면 뒤로 눈을 감고 줌 너머로 들려오는 고객의 목소리에 온전히 집중하자, 코치로서 내가 하고 싶은 질문이 아닌 고객의 이야기에 몰입해 호기심을 갖고 맥락적 질문을 편안하게 해 나갈 수 있었다. 예전에는 좋은 질문 예시가 잔뜩 적힌 종이를 눈앞에 펼쳐 놓고, 귀로 듣고 눈으로 찾으며 머리로 생각해 질문하는 코칭을 하기도 했었는데, 그 이후로 눈앞에 꺼내 놓았던 질문들이나 작은 메모를 모두 치워도 불안하지 않았다. 그렇게 나는 조금씩 성장해 나갔다.

코치 자격증과 경험을 넘어서 나만의 차별화한 프레즌스가 무엇인지 찾아나갔다. 신기하게도 공개 코칭이 시작되기 전까지 그렇게 떨리던 마음이 코칭이 시작되면 잊히고 평안해졌다.

코치로 경험한 코칭의 힘

4강까지 올랐다. 4강에 오르자 달라진 점이 있었다. 4강전 준비를 위해 나만의 전담 멘토 코치를 매칭해 주었다. 작은 기업에서 대표를 했지만, 나의 문제를 함께 고민해 주고 스스로 길을 찾을 수 있게 도와주는 전문 코치의 코칭을 받아본 적이 없었다. 그동안의 경험 부재를 한 번에 보상받듯, 전담 멘토 코치와의 경연 준비는 잊을 수 없는 압축 성장의 시간이었다.

첫날 코칭이 끝날 때쯤 멘토 코치는 '결승까지 가셔야지요. 미소로 코치님. 충분히 역량이 있으세요'라고 말해 주었다. 그러나 나는 '여기까지 올라온 것만으로도 기적이고 기대 이상의 성과에요. 여기서 떨어져도 엄청 잘한 거예요'라고 말했다. 나 자신을 믿지 못했다. 그래서 더 과감히 꿈꾸지 못하고 적당히 만족하며 링 위에서 내려오려고 했었다. 그런 나를 멘토 코치는 잘하는 부분은 넘치는 칭찬과 격려로, 부족한 부분은 '아니요, 다시 해보시지요'라며 계속 연습시키고, 스스로 성찰하게 했다. 그로 인해 과감히 꿈을 꾸게 도와주었다. 심한 몸살로 링거를 맞고 와서도 나를 위해 열정적으로 4강전 멘토 코칭을 해주었다. 이런 멘토 코치의 말과 행동만으로도 나는 이미 최선을 다해야 할 이유가 되었다.

그때 깨달았다. '코치가 있다는 게 바로 이런 거구나. 이렇게 파워풀한 영향력과 변화까지도 만들어낼 수 있는 거구나. 함께 멋진 춤을 추고 있구나.'

내가 변화하고 있는 걸 확인하고서야 의심 많은 성경 속 도마처럼 코칭의 힘을 순순히 인정할 수 있었다. 결국 결승전까지 올라갔다. 나보다 더 기뻐하는 멘토 코치에게, 나는 코칭을 다시 한번 더 받을 수 있었다. 그리고 2주 뒤, 미소로 코치는 드디어 멋진 황금빛 가면을 쓰고 결승에 나갔다. 결과는 최종 우승이었다. 25년 제9대 복면 코치왕은 이렇게 만들어졌다. 코치가 경험한 코칭의 힘이었다.

브라보 마이 라이프

임원 생활이 끝나고 고문이 되었다. 이후 반년 동안 비즈니스 코칭 전문가 과정 BCM(business coaching mastery) 수업을 들었다. 코칭 공부에 열심인 와이프를 보며 어느 날, 퇴근 한 남편이 밖에서 마치 중요한 이야기라도 듣고 온 듯 말을 전했다.

"이야기 들었는데 코칭 그거 배우는 돈은 계속 엄청 드는데, 정작 코칭으로 돈 벌며 사는 사람들은 별로 없대."

표정을 보니 마치 '당신 그런 줄 몰랐지?'라는 얼굴이다. 남편 지인 중 누군가가 임원 이후 코칭과 코치로서의 커리어에 관심을 가지고 알아보다 이런 현실적 이야기를 듣고 발도 제대로 담가보지도 않은 채 그만둔 사람이 전한 이야기 같았다. 솔직히 100% 맞는 말도 아니고, 그렇다고 100% 틀린 말도 아니다. 그 말에 나는 별 반응을 하지 않았다. 이유는 그 말을 한 사람이 코칭에 제대로 풍덩 빠져 모든 걸 걸고 최선을 다해 도전하고, 스스로 길을 찾으려는 노력을 한 사람의 이야기가 아니었기 때문이다.

'사람은 포기하는 순간 안되는 이유를 찾고, 되는 사람은 되는 방법을 찾는다'는 이야기가 떠올랐다. 돌아보면, 나는 앞이 잘 안 보이는 길을 걸으면서, 늘 볼 수 있는 방법을 찾기 위해 애쓰며 살아온 사람이었다.

오래전 일이 떠올랐다. 당시 나는 광고대행사에서 일본 닌텐도 국내 론칭 광고캠페인을 총괄하는 수석 국장이었다. 기획팀과 제작팀 전체를 이끌며 회사 매출의 30% 정도를 책임지는 핵심 부서를 맡고 있었다. 초기 3년간은 매년 300억 원이 넘는 광고비를 쏟아부으며 참 많은 일을 했다. 초기 3년은 정말 힘들었다. 하지만 여러모로 성장도 하고, 보람도 컸다.

익숙하고 편안하면 위기다
5년 차에 접어들 때쯤, 나는 여러 이유로 더 이상 회사에서 일을 통한 성장이나 만족을 느끼지 못했다. 정체되고 있다고 생각했다. '그렇게 몇 년간 고생하며 좋은 성과를 냈으니 이제 좀 편하게 다녀도 되지 않나?' 싶기도 했다.

그러나 당장의 달콤한 월급보다 열정도 없이 다녀야 하는 나의 40대 시간이 너무 아깝게 느껴졌다. 마음속에선 '모든 게 익숙하고 편안한 지금이 바로 위기'라며 계속 사이렌이 울렸다. 길을 찾아야 했다.

고민 끝에 40대 중반이라는 무언가를 다시 새로 시작하기 쉽지 않은 나이에, '유학'이라는 인생의 큰 도전을 하기로 마음먹었다. 지금까지 조직과 시스템, 뛰어난 팀원들과 함께 일하며 많은 경험을 쌓고 성장해 왔지만, 조직에서 위로 올라 갈수록 혼자 힘으로 할 수 있는 일이 과연 얼마나 될까 하는 고민이 들기 시작했다. 앞으로 내가 좋아하는 일, 오랫동안 하며 살 수 있는 길을 찾고 싶었다. 빠르게 변해 가는 시대에 맞춰 그동안의 경험을 살려 커리어 전환도 하고 싶었다.

변화와 도전이 필요했다. 사람이 변하기 위해서는 사는 곳을 바꾸고, 만나는 사람도 바꾸고, 시간마저 다르게 쓰라고 했던 말이 생각났다. 낯설고 두려운 모든 것과 맞서며 바닥에서부터 다시 시작하기로 했다. 일본어 능통자였지만 사용하지 않았던 영어는 영 자신 없었다. 더 큰 도전을 위해 미국으로 가기로 했다. 미국에서도 친구와 지인들이 있는 지역을 피해 아무도 아는 사람이 없는 오리건주 포틀랜드를 선택했다. 집을 구할 때도 한국 사람이 모여 사는 동네는 일부러 피했다. 기업에서 보내주는 MBA 유학과는 상황도, 마음가짐도 달랐다. 개인적으로 많은 것을 포기하고 쏟아부은 선택이었고 인생에 다시 없을 마지막 기회였다.

당연히 돌아갈 때, 기업에서 일했을 때처럼 성과가 있어야 했다. 그래서 그 어느 때보다 절실했다. 직장이라는 든든한 울타리를 벗어나서도 살아갈 수 있도록, 일에 최적화한 능력을 이제는 온전히 나 자신을 위해, 내 인생 새로운 프로젝트를 위해 온전히 써야 했다. 돌이켜보면 무모해 보였지만, 인생 2막의 준비를 위해 꼭 필요했던 시간이었다.

"나이만 들어서 오지 않을 거예요"

퇴근 후 미국 지도를 펴놓고 어디로 가야 할지부터 고민하며 길을 찾았다. 지역과 학교와 비자 신청까지 그 누구의, 어떤 기관의 도움도 받지 않았다. 그동안 일하며 단련된 정보 수집 능력과 분석력, 실행력을 동원해 퇴근 후 모든 것을 혼자 힘으로 준비해 나갔다. 드디어 미국 대사관에 가서 인터뷰하고 미국 유학생 비자를 받은 다음 날, 나는 회사에 사직 의사를 밝혔다. 당장 인사 총괄 본부장이 나를 불렀다. 회의실에 마주 앉아 진심으로 나를 생각해 주는 듯 말했다.

"신 수석, 미국에 가서 공부하고 오더라도. 지금보다 나이가 그만큼 더 들어서 올 텐데 기업은 나이 많은 여자 싫어해요. 아예 안 뽑아. 그때 가서 지금보다 더 좋은 곳 다시 들어가는 것도 쉽지 않지 않을 테니 다시 잘 생각해 봐요."

평소 너무나 다른 가치관을 가지고 직장 생활을 한다고 생각했던 사람이었다. '아 저 사람은 저렇게 생각하는구나.' 이 또한 솔직히 100% 틀린 말은 아니었다. 그럴 수도 있겠지…. 그러나 회의실 문을 닫고 나오며 나는 결심하듯 스스로에게 말했다.
'걱정 마세요. 저는 결코 나이만 들어서 돌아오지는 않을 테니까요.'

미국이라는 나라에 새롭게 적응하기 위해서는 과거의 모든 것을 잊고 빨리 새로운 문화와 사람들에게 적응해야 했다. 과거의 그 어떤 조건이나 스펙 따위는 소용없었다. 오로지 그곳 사람들이 직접 마주치며 알게 될 당시 나의 모습과 태도, 역량이 가장 중요했다. 그렇게 남편도 가족도 친구들도, 그저 얼굴 아는 사람조차 없는 낯선 땅에서 잠깐의 즐거운 여행자가 아닌 잔뜩 긴장하며 살아가야 하는 외국인 생활자로 살아야 했다. 하고 싶은 말 다 표현하지 못하는 나의 언어적 한계 때문에 무시도 당해보고 자존심 상할 일도 참 많이 겪었다.

사람을 어떻게 대해야 할지 나의 위치와 상황이 달라지자 매우 잘 보였다. 그런 상황과 경험이 나를 전과 다른 새로운 사람으로 만들고 있었다. 속이 깊고 단단한 사람이 되어갔다. 반드시 성장해서 변화한 모습으로 돌아가야 한다는 그 마음을 3년의 미국 유학 생활에서 단 하루도 잊은 적이 없었다. 나는 신앙, 자녀, 공부와 같은 중요한 일에만 나의 시간과 에너지를 쓰는 단순하고 담백한 삶을 살았다. 그 시간은 앞만 보며 바쁘게 사느라 놓쳤던 내 인생의 아주 중요한 가치, 그리고 내 안의 잠재된 새로운 역량을 회복하고 발견하게 해줬다. 그렇게 나는 달라져 돌아올 수 있었다.

얼마 전, 친한 동기 코치들과 코칭으로 달라진 삶을 이야기했다. 나를 돌아봐도 임원 이후 빛이 바래져 갈 것 같던 인생 후반기에 코칭을 만나 좋아하는 공부를 하며 계속 성장하는 삶을 살고 있다. 또 개인과 조직의 성장과 변화를 돕는 의미 있는 일을 하고 있다.

성장 가능성이 큰 IT 스타트업의 사내 전문 코치로 고문의 역할을 하고 있고, 스타트업 여성 CEO들을 위한 코칭도 계속하고 있다. 동시에 자원봉사로 자립 준비 청년들과 대학생 코칭을 품을 수 있을 만큼 최대한 많은 학생에게 해주며 바쁘게 살고 있다.

누군가 해야 할 가치 있는 일을 내가 지금 하고 있다는 점에서 보람이 크다. 이것만으로도 코칭을 선택한 나의 마음은 흔들림이 없다. 사람도, 일도, 꿈도 계산적으로 생각하며 선택한 적이 없었다. 좋아서, 원해서 선택했다. 막상 뚜껑을 열어보니 힘들고 후회되는 순간도 많았지만, 회피하거나 포기하지 않았다. 변함없이 묵묵히 해야 할 일을 하며 걸어 나갔다.

내 인생 마지막 커리어는 비즈니스 전문 코치로 살아가는 것이다. 그동안 나의 모든 커리어와 역량과 나다운 삶을 바탕으로 기업에서 일하는 사람들이 자신의 일을 하며 성장하고, 조직의 성과에 기여하며 행복하게 살아갈 수 있게 돕는 코치가 되는 것이다.

그때 찾고 싶었던 길, 지금 걷고 있는 길
내가 나를 고용했다. 따뜻한 미소와 지혜로운 할머니 코치가 될 때까지 이 일을 계속할 생각이다. 코칭과 함께 멋지고 풍성하게 나이 들어가는 상상만으로도 트레이드마크인 함박 미소가 얼굴에 가득해진다. 앞으로도 코칭으로 다른 사람들에게 선한 영향력을 끼치며 살 것이고, 그 과정에서 나의 삶이 바뀌고 변화해 가는 걸 내가 가장 먼저 알 것이다. 그 모습을 떠올려보는 것만으로도 나는 여전히 가슴이 설렌다.

익숙하고 안정적인 모든 환경을 내려놓고 광야와 같은 낯선 미국으로 떠났던 그때가 생각난다. '내가 간절히 바랐던 것. 언제까지 일할지 회사가 주도권을 갖는 삶이 아닌 좋아하는 일, 내가 하고 싶을 때까지 하며 살고 싶다'며 '그래서 그 길이, 그 역량이 무엇인지 꼭 찾고 싶다'며 떠난 길이었다.

돌아와서 바로 그 길을 찾지는 못했다. 한참 시간이 지나, 코칭을 만나고 나서야 그때 내가 찾고 싶었던 일과 길이 이것이었다는 걸 깨달았다. 이것만으로도 나는 참 행복한 사람이고, 최고의 부자다. 그럼에도 누군가 '그래서 돈은 언제 벌 거냐고요'라고 묻는다면, '지치지 말고 나를 오래 잘 지켜보라'고 이야기해 주고 싶다. 간절하면 길이 열린다는 걸, 이미 과거 삶의 경험에서 알았으니 기다려보면 알 일이다. 브라보 마이 라이프(Bravo my life).

안재흥 코치

-
-
-

경영학 박사이자 국제 인증 전문 코치(PCC), 한국코치협회 인증 코치(KPC), 갤럽 글로벌 강점 코치다. 네덜란드 지스타 그룹의 아시아 본사(상해) 및 ㈜이랜드와 이랜드 그룹 주 계열사에서 최고경영자를 역임하며, 경영기획 및 전략, 성장과 비전, 리더십과 조직 문화를 이끌었다.
이후 스타트업, 중소기업과 중견기업의 다양한 경영 환경에서 컨설팅과 코칭으로 돕고 있다. 코칭을 통해 가정, 일터, 학교, 교회에 코치형 리더를 세우는데 힘쓰고 있다.
저서로는 『너희는 그러지 말지니 : 크리스천 리더십의 전복성을 말하다』(공저)가 있고 현재 ㈜참케어의 최고 비즈니스 코치로 재임중이다.

좌충우돌, 나의 코칭 성장통을 말한다

정적을 깬 것은 그 카톡 소리였다. 토토토토…. 카톡 연속음이 한 음처럼 뾰족이 주위를 자극했다. 일제히 짜증난 시선이 쏟아졌다. 재빨리 폰을 찾아 서둘러 음소거 버튼을 눌렀다. 고요를 되찾으며 따가운 눈총도 누그러졌다.

함께 코칭을 공부한 동기 단톡방에 〈코치가 되니 보이는 것들〉이라는 가제로 함께 책을 쓰자는 제안이 열띤 호응을 받고 있었다. 벌써 열댓 명의 글이 올라오고 있었다. 나도 질세라, 엄지를 치켜세우며 응했다.

'아, 타이밍이 이렇게 기막힐 수가!' 마침 공저 원고를 탈고한 즈음이었다. '올해 책 한 권 내리라' 작정한 터여서 그것을 끝냈다는 마음에 다소 느긋했고 여유로웠다. 그러면서도 뭔가를 찾기 위해 여기저기 기웃거리고 있었다. 다음 프로젝트로 무엇을 할지 목이 컬컬해지던 때였던 것이다.

초보 코치의 마음 전달하고 싶어

약속돼 있던 코칭이 있었다. 잘됐다 싶었다. 이번 책에 쓰고자 한 글의 내용과 콘셉트를 주제로 코칭 받기로 작정했다. 코칭은 원래 생각했던 것과는 사뭇 다른 결과를 도출했다. 가슴이 먹먹해지다 배를 잡고 구르며, 닭살 돋다 침울해지는, 이런 질펀한 수다를 떨고 싶다는 글의 방향이 나왔다. 이어진 다음 상호 코칭에서 좀 더 구체적으로 글의 얼개와 꼭지를 정하면서 한 걸음 더 나아갔다. 이렇게 해서 이 글의 초안 윤곽을 잡았다.

독자와 감정을 퍼내며 함께 웃고, 찔끔거리고, 가슴 벅차오르고 싶다. 조금 앞서 코칭 레이스를 시작한 이들이 후배들 안경에 낀 안개를 걷히게 해 말갛고, 뚜렷이, 손에 잡힐 듯 코칭으로 다가오게 해주고 싶다.

'이제 코칭 맛을 느끼기 시작한 사람에게 가장 가려운 데는 어디일까?' 질문을 떠올려본다. 또 '더 많은 경험을 하기 전에 진작 알았으면 어땠을까 싶은 부분은 무엇일까?'

이런 질문은 코칭 경험이 1,000시간 이상 쌓이고 상위 코치가 되면 새내기 때 겪던 좌절·희망·실망·환희와 회의가 아스라이 먼발치로 남을 것 같다. 초보 코치의 어려움을 잊기 전인 지금, 이 마음을 알리지 않으면 언제 할 수 있을까. 코칭 공간에서 들리는 숨소리의 미세한 톤과, 드러나지 않고 혹은 드러낼 수도 없는 파란 띠 코치의 속내를 까뒤집어 놓고 이 글을 읽을 사람들과 가슴을 포개고 한마당 '얼쑤'하고 싶다.

코칭 결과의 다섯 색깔

이런 생각을 하며 코칭 결과를 다섯 가지 색으로 구분했다. 각각의 색은 그에 걸맞은 감정 단어로 연결했다.

보라는 우울함을 나타낸다. 코칭이 맴맴 맴돌거나, 폭망하거나, 어렵다고 느끼거나, 말아먹은 느낌이 들 때다. '휴우, 이걸 헤쳐갈 수 있을까'라는 생각이 든다.

노랑은 코칭이 잘 진행되었을 때 우쭐한 감정을 느껴 뭔가 대단한 코치라도 된 듯한 착각과 망상에 사로잡혀 '난 타고난 것 같아'란 자부심이 슬그머니 올라왔을 때이다. 샛노란 속이 빤하게 드러난다.

빨강은 멈춤이다. 위기다. 슬럼프다. 코칭 내용이 계속 재생되며 오래 뒤끝이 남는다. 입맛이 떨어지고 언제 다시 맛이 돌아올지 까마득하다. '레드카드는 아닐 거야'라고 자조하게 된다.

남색은 약간 물 빠진 푸른 빛이다. 올드 네이비(Old Navy)라고 할까. 고객이 분명 알아차림에 이은 성찰로, 관점을 바꾸고 삶의 변화를 꾀하겠다고 다짐했음에도, 동일한 환경에 처하면 결연히 돌파할 수 있을지 불확실할 경우이다. '과연 이 코칭 결과에 만족해야 하는가?' 의구심이 올라온다.

파랑은 '가시오'로 신호가 바뀐 때다. 고객의 변화를 크게 느낀 만큼 코치의 기여가 상대적으로 왜소해 보이기도 한다. 고객이 내면의 풍부한 자원을 잘 끌어내 놀라운 성찰과 방향을 스스로 잘 찾아간 그런 코칭이다. 코치는 겸손하면서도 스스로 '좀 컸네'라는 생각이 마음속에 푸르게 피어오른다.

여러 컬러 팔레트(Color Palette)는 코치 자신이 프리즘이 되어 여러 케이스를 통과해 내는 이런저런 빛의 배열이다. 코치가 성찰로 자신의 경험을 다시 투과하며 얻은 빛깔이다. 이전엔 언제 어떻게 휘발할지 알 수 없는 운무 같았다. 통찰의 빛이 통과하자 다채로운 색의 깔을 투과하여 스펙트럼을 만들며 펼쳐낸다. '힘내! 좀 더 높이 날면 더 멀리 보인단다!' 여러 색이 찬란하게 약속의 무지개로 앞날에 걸쳐진다. 무지개의 눈부심은 모든 색이 합하여 만든 조합에 있다. 색을 하나씩 찾아 알알이 박아 무지개를 그려 가고 있기 때문이다.

보라 : 그 우울함의 코칭

코칭은 정답 없는 시험이라고 한다. 하지만 코칭을 마치고 나면 매번 채점표를 받아 든다. 자신을 평가한 결과이다. 기준은 그때마다 다르지만, 자동적으로 정해진다. 성찰, 변화, 실행 의지, 자신감 회복, 새로운 목표 설정, 확신, 편안함, 만족감 등.

전혀 다른 잣대도 있다. 고객의 의지가 확실한지, 성찰은 좋았는데 실행으로 이어질지, 책무를 제대로 느꼈을지, 주제를 위한 주제, 영혼 없는 대안과 실행계획은 아닌지, 제대로 주제를 파내려 갔을지 등 말이다.

지금도 어제 일 같이 생생한 코칭이 있다. 생면부지 고객과 전화로 처음 마주했다. 고객은 대학 재학 중이었다. 그는 졸업 후 진로를 고민하고 있었다. 깊고 넓은 경험과 지혜를 한 수 지도해달라고 했다. 준비한 예화를 들어 코칭을 설명했다. 듣더니 상담이나 멘토, 티칭 등과 다른 점을 알 것 같다고 했다. 그의 대답에 안심했다.

이어 여섯 번의 세션 주제 보따리를 펴 놓았다. 우선 갤럽 강점 코칭으로 첫 세션을 시작하고, 두 번째는 삶의 수레바퀴(Life Balance Wheel)로 현 상태를 점검하기로 정했다. 고객이 다루기 원하는 주제를 이때 함께 찾길 기대했다. 세 번째는 가장 관심을 보인 커리어 플

래닝을 제안했다. '나머지는 천천히 관심 영역 중에서 의논하여 정하자'면서 오리엔테이션을 마무리했다.

고객의 유사한 답이나 반응에 '혼란'
첫 번째 세션에서 고객은 자신의 강점 테마에 반응했다. 나는 라포가 형성되며 상대방과 잘 연결되었다는 자신감으로 팽팽해졌다. 하지만 다음 세션에서 나의 기대와 예상은 바람 빠진 풍선처럼 쭈그러들었다. 수업·도서관·기숙사를 오가는 단조로운 삶 속에, 고객은 이런 이야기에 너무나도 준비되어 있지 않았다. 코칭 엔진이라도 있으면 달고 싶었다. 늦둥이 아들뻘 고객과 정말 수평적 파트너십은 가능할까? 코칭 내내 등에서 벌레가 기어가는 느낌이었다.

코치 : 나름 삶의 여러 영역을 점검하고 나니 어떤 느낌이 드나요?

고객 : 음…. 글쎄요, 생각을 안 해봐서 특별히 잘 모르겠습니다.
전혀 예상치 않은 답에 '다음 말을 어떤 말로 해야 하나?'를 애써 머리에 그리며 머뭇거렸다.

코치 : 아, 음…. 그렇군요. (머뭇거리다) 점수를 매겨보면서 가장 다가온 부분은 뭔가요?

고객 : 제 생활이 많이 단조로워서 그런지 특별한 게 없었던 거 같아요. (아뿔싸, 이번엔 또 무슨 말을 한다?)

코치 : 그럼 단조롭다는 캠퍼스 삶에 대해 이야기해 볼까요? 학업 외에 어떤 과외활동을 하나요?

고객 : 단조롭지만 나름 하고 싶은 활동을 여럿 해보려고 하고 있습니다.(아, 다행이다. 관심 분야를 더 파고들어 보자.)

이렇게 해서 캠퍼스 중심으로 삶의 여러 가지 영역을 간신히 살펴볼 수 있었다. 세 번째 세션에선 앞선 경험을 거울삼아 마음 단단히 먹고 임했다.

코치 : B군은 졸업 후 어떤 직업을 갖고 싶은가요?
고객 : 반도체 산업에서 일하고 싶긴 한데, 대학원 가서 학업을 더할지 아니면 취업할지가 고민입니다. 취업도 연구소가 좋을지 그냥 엔지니어로 일하는 게 좋을지 그것도 잘 모르겠습니다. 코치님이 제 고민을 해결할 수 있도록 좀 도와주시면 좋겠어요.
코치 : 하고 싶은 분야는 확실하군요. 함께 더 좋은 방향을 찾아볼까요? 우선 B군은 10년 후 자신의 모습을 상상하면 무엇이 떠오르나요?
고객 : 10년 후 모습 상상? 전혀 생각을 해본 적이 없어요.
코치 : 그렇군요, 그럼 시간을 좀 당겨 5년 후에 무엇을 하고 있을까요?
고객 : 반도체 관련 회사에서 일할 것 같긴 한데 워낙 미래가 불확실해 생각한다고 되지도 않을 터라 생각을 안 해봤습니다.
(내 속은 계속 고객 탓을 하며 타 들어가고 있었다.)
코치 : B군은 학업을 마치고 난 몇 년 후 이루고 싶은 게 뭐예요?

고객 : 그냥 행복한 가정을 이루고 잘 살고 싶어요.
코치 : 행복한 가정을 이룬다는 게 어떤 건가요?
고객 : 좋은 사람 만나서 가정을 이루고 싶습니다.
코치 : 가정을 이루는 데 중요하게 생각하는 가치는 무엇인가요?
고객 : 가치요? 가치…, 좀 어렵습니다.
코치 : (이런, 좀처럼 대화가 안 풀리네) 그럼 좀 바꿔 질문할까요? 아내에게 어떤 남편이 되고 싶어요?

 이날 코칭은 이렇게 몇 번을 돌아 돌아 간신히 커리어 코칭의 실마리를 잡았고, 원래 약속했던 시간을 이십 분 정도 지체하고 말았다.
 두 번의 코칭을 마치고 올라오는 자괴감이 무엇을 되돌아봐야 할지 코칭 내용을 더듬거리며 갈피를 잡지 못하게 했다. '코칭 핵심 역량엔 고객은 언제나 옳다고 했는데….' 고객이 다시 유사한 답이나 반응을 하면 어떻게 해야 할지 머리가 혼란스럽기만 했다.

진정한 수평적 파트너십 의미 깨달아
마침 코칭 슈퍼비전의 실습생이었기에 이 케이스를 가지고 갔다. 주제를 '코칭에서 수평적 파트너십이란 정말 가능한가'로 잡았다. 내심 막히는 구석마다 뻥 뚫어주고 싶었는지 모른다. '고객과의 관계를 어떻게 생각하느냐'는 질문에 실상 나이 차가 크게 벌어진 고객과 사회 선배인지, 부모 같은 사람인지, 멘토인지, 코치인지, 수평적 파트너가 되려면 어떤 정체성을 갖고 대해야 할지 알고 싶었다.
 고객은 처음 기대했던 바와 같이 한 수 지도해주는 대신 계속 물어보기만 하니 답답해한다고 느껴졌다.
"고객과의 관계를 나타내는데 어떤 이미지가 떠오르나요?"
이게 연상된 이유를 아직도 모르겠다. 여하간 첫걸음을 떼려는 어린아이가 생각났다. 한 살배기는 진지한 눈망울로 천천히 다리를 일으키며 앞을 바라보고 조심스럽게 발걸음을 옮기려는 모습이었다.
"이 아이를 바라보면 어떤 느낌이 드나요?"
아이에게 생애의 첫발은 어떤 감정일까? 얼마나 긴장될까. 한 걸음을 제대로 내디디면 얼마나 스스로 자랑스러울까. 아이는 이내 균형을 잃자 넘어지는 대신 두 손으로 바닥을 짚으며 방그레 웃었다. 좀 더 자신을 얻은 듯하다. 손을 조심스럽게 거두어들이며 다시 섰다. 아이의 이런 모습이 이미 대견스러웠다. 부모에겐 경이의 순간이다. 이제 막 직립 보행하는 한 인간으로서 위대한 첫 발이 임박했기 때문이다.
처음 듣는 코칭 질문, 처음 그려보는 미래 모습, 가치관에 대해 받아본 첫 질문, 그에겐 모든 게 새로웠다. 그걸 대하는 고객이 걸음마를 시작한 어린아이로 그려지게 되자 다른 관계로 보이기 시작했다. 낯섦에서 오는 설렘을 새로운 문을 열어주는 설렘으로 마주할 수 있게 되었다. 수평적 파트너십은 고객이 낯선 문을 서슴없이 열도록 지켜보고, 기다려주고, 지금 여기에 함께 해준다는 알아차림이 불현듯 다가왔다.

노랑 : 우쭐해진 코칭

때때로 코칭은 마법 빗자루를 탄 것 같다. 40분의 대화로 고객이 성찰하고 관점을 바꾸고 미래를 상상하고 자신이 할 바를 찾아가게 해주니 말이다. 이런 고객을 만나면 난 내심 대박을 외치며 마치 내 능력이나 타고난 재능의 마력으로 믿고 싶어진다. 바로 이 경우였다.

고객은 사십 대 후반, 사춘기를 통과하고 있는 아이 둘의 알파맘이었다. 자기 사업을 하고 있어 정시 출퇴근의 의무에서 조금 떨어져 있지만 육아와 사업을 병행하며 외줄타기 달인처럼 살고 있었다. 아침에 일어나 여느 주부처럼 남편과 아이들을 각각의 현장으로 보내고 나면 청소, 빨래, 저녁 식사를 준비한다. 집을 나서며 피트니스 센터를 거쳐 출근한다. 오후와 저녁이 중심이 된 일로 인해 귀가는 언제나 늦다. 남편과 아이들은 엄마 없이 저녁을 해결하고 꽤 시간이 지나야 이산가족 상봉이 가능하다. 아이들이 제때 돌아오는지, 식사를 하는지, 숙제나 공부에 전념하는지, 엄마의 더듬이는 전자통신을 매개로 쉴 새 없이 모니터링하느라 분주하다.

육아·사업 병행에 외줄 타던 알파맘
고객은 자신을 오뚝이 인형에 비유했다. 자신이 스스로 또는 타인이 자신을 흔들어도 결코 넘어지지 않고 제자리로 매번 약속처럼 돌아온다. 집으로 돌아오는 길에는 하루의 고단한 어깨에 보상을 주고 싶다. 맥주 한두 캔과 안줏거리를 들면 그나마 발걸음이 가벼워지고 빨라진다. 침대에 들기까지 조촐한 분위기를 즐기다 보면 자정을 한참 넘기기 일쑤다. 한밤의 작은 축제는 다음 날 어김없이 자조적 문책의 뒤끝을 보인다. 컨디션 난조를 넘어 무기력과 다이어트 실패라는 부메랑을 부른다. 서둘러 아침마다 의식을 치르고 나면 어깨를 추슬러 그날 완수해야 할 임무를 처내야 한다.

그때마다 아이들로부터 온 전화벨이나 카톡 소리에 제정신이 든다.

"엄마, 체육복 빨았어? 내일 그게 필요해."

"아침에 엄마 싸인 받아야 하는데, 어제 피곤해 그냥 자는 바람에 깜박하고 그냥 나왔는데 어떡하지?"라고 문자가 온다.

모처럼 평온한 날은 더 불안하다. 고객은 이날 아침 시간을 더 여유롭고 편안할 수 있는 잘 짜인 루틴을 만들고 싶다고 했다. 두 주전 세션에서 큰 아이와의 관계를 고민했던 그였다.

본인이 되고 싶은 모습을 그려보도록 요청하자 뜻밖에도 감은 태엽이 풀리며 나오는 음악에 맞춰 뱅글뱅글 돌며 춤추는 발레리나를 떠올렸다. 고객은 결과적으로 얻고 싶은 게 '여유 있고 편안한 나를 찾고 싶다'고 했다. '어떻게 그것을 알 수 있을지'를 묻자 다시 '아침 시간 루틴을 가져 여유를 찾겠다'고 제자리로 되돌아갔다.

고객은 팽팽 돌아가는 시간의 굴레에서 진정 여유와 편안을 찾을 수 있을까? 더더욱 새 루틴을 짠다고 얼마나 달라질까? 난 알 수 없었다. 어떻게 이걸 직면하게 할까?

"음악에 따라 춤추는 발레리나가 오뚝이에게 어떤 말을 건넬까요?"

고객 성찰에 자신 칭찬하다 반성

고객의 입에서 의외의 말들이 길게 이어졌다.

"왜 이렇게 혼자만 모든 걸 막 다하려고 해. 오늘 만약 힘들어서 저녁 식사 준비를 못했으면 아이들에게 용돈 주고 '오늘 맛있는 거 사 먹어'라고 할 수도 있고, 때로는 '그냥 체육복 못 빨았어. 그것 하루만 더 입을 수 있겠어'라고 할 수도 있고, 그러면 좀 편안해질 것 같은데, 그런 모든 것이 준비되지 않은 게 다 제 책임 같고 미안한 마음이 있었어요. 이제 아이들에게도, 일할 때도 그렇게 조금씩 저를 허용하면 어떨까 하는 생각이 지금 들어요."

잠시 멈추었다 이어서,

"모든 것을 다 하기보다 좀 조절이 필요해요"라고 덧붙였다.(와! 빙고!)

"그동안 잘해왔구나. 이제부터 해야 할 양을 줄이고 질적인 면에 더 집중하면 좋겠다는 생각이 들어요."

"그동안 계속 가짓수를 늘여 왔던 것 같아요. '이제까지 잘해왔구나'라고 생각하자 그간 해 온 걸 인정받은 느낌입니다."

성찰을 축하하자,

"아이들이 좀 더 스스로 하도록 했어야 하는데 사서 고생하고 있었네요."

거침없이 이어갔다.

"나를 바쁘게 만든 장본인은 나 자신이구나, 아이들이 아니었구나를 발견해 내셨네요."

 이날 코칭을 마무리할 때 고객은 루틴을 더 강화하기보다 덜어내고, 아이들 스스로 할 일들과 질적인 면을 높일 방도를 찾는 방법으로 실행계획을 정리했다.

 고객이 성찰할 때마다 고객은 볼 수 없었지만, 나는 손을 번쩍 들었다 내리곤 했다. 코칭을 마치고 나서 스스로 '어떤 질문이 좋았지'라고 물었다. '이게 코칭이지. 암, 그렇고말고!' 내 에고는 여기저기 하늘을 날아다니고 있었다. 그리고 며칠 후, 빠르게 추락했다. 문득 난 코칭의 기본 철학을 외면한 채 고객이 생각의 날갯짓을 펼쳐 보이자 먼저 날아올랐음을 깨달았다. 고객은 스스로 알아차림의 가치를 느끼자 비상했던 것이다. 코치인 나는 고객의 잠재력을 믿기보다 자신의 능력을 더 크게 보았다. 내면의 심판이 옐로카드를 높이 들었다.

빨강 : 참담했던 코칭, 생각의 키 자라다

하필 내게 왜 이런 일이 일어났을까? 코칭을 함께 배우는 동기들과 여럿 보는 앞에서 온라인 시연을 하던 때다.

고객과 나를 제외한 나머지 사람들은 음소거하며 화면에서 사라졌다. 이제 보이지 않는 눈 돌아가는 소리와 다양한 표정 짓는 소리만 남았다. 여느 때와 같이 가벼운 이야기로 대화를 텄다. 근황을 잠시 나누고 본격적으로 코칭에 들어가려던 참이었다.

코치 : 그럼 코칭 대화 시작해도 될까요?
고객 : 지금까지는 코칭 대화 아니었나요?
코치 : (엥? 뭐지? 이런 도발은?) 하하, 이제부터 본격적으로 시작한다는 의미입니다.
코치 : 오늘 무슨 이야기 나누고 싶으세요?
고객 : 사실 제 이야기보다 코치님 이야기를 더 듣고 싶습니다. 많은 경험이 있으시니까.
코치 : (무슨 말을 해야 하나? 흔들리고 있는 자신을 느끼며) 원래 고객님 이야기 듣기로 한 것으로 압니다. 오늘 하루 직장에서 어떠셨나요?
고객 : 매일 바쁘고 힘든 비슷한 하루지요. 코치님 이야기가 전 더

궁금해요.

코치 : (어떡하지? 그런데 한가지 생각이 스쳤다.) 저녁 시간에 만나니 힘드시겠네요. 잠시 제 말대로 따라 해주시겠어요?

작정하고 삐딱선 탄 고객
고객이 곤한 하루의 저녁 시간에 사무실에서 갖는 코칭 대화에 시큰둥한 것 같다는 점에도 불구, 어떻게 하든 고객이 자신의 이야기를 꺼내도록 해야 한다는 생각이 나 자신을 붙들고 있었다. 그러기 위해 고객의 현재 심리 상태를 안정시킬 필요를 갑자기 느꼈다. 잠시 명상을 하도록 권유하며 모두 퇴근한 후의 사무실의 적막을 편안히 받아드리도록 시도했다.

코치 : 주위에 어떤 소리가 느껴지나요?
고객 : 그런데 밖에 비가 오네요.
코치 : (아, 오늘 뭔가 틀린 것 같아. 고객은 날 골려 먹으려고 작정한 것 같아. 어쩌면 좋지?) 빗소리 들으니 어떤 느낌 드나요?
고객 : 집에 갈 걱정이 앞서네요.

이미 당황과 불안으로 굳어져 가고 있던 말투를 짜증으로 돌려세웠다. 덫에 걸렸다는 생각이 들자 큰 것이 마려운 강아지처럼 걷잡을 수 없이 우왕좌왕하고 있었다. 바로 그만두고 싶어도 어떻게 끝을 맺을지 머리가 비어져 버렸다. 이러지도 저러지도 못하고 있다가 명상을 마치고 서둘러 마무리 지었다. 그래도 고객은 끝에 오늘 잘 대해

주셔서 나머지 9회기 코칭이 기대된다고 했다. '이 말을 어떻게 받아들여야 하나?'

화면에 하나 둘 동기들의 모습이 속속 다시 드러나기 시작했다. 한결같이 밝은 표정이었다. 내 속은 말할 수 없는 슬픔과, 걷잡을 수 없는 수치, 끝 모를 좌절로 바닥을 뒹굴었다. 이어진 피드백 시간에 난 나쁜 짓하다 들켜 여러 사람 앞에 서 있는 것 같았다. '코칭이 어떠했냐'는 질문에 무심코 '설정에 당한 기분이다'라고 말해버렸다. 이어진 여러 사람들의 말이 기다렸다는 듯 날 때렸다.
"고객은 진짜 코치의 이야기를 듣고 싶었는데 충분히 그런 욕구를 응해주지 못한 것으로 보입니다." "코치는 고객을 제대로 공감해 주지 못했고 불쾌한 어조를 드러냈습니다."
하나 하나가 비수처럼 서늘하게 내 속을 지나갔다. 측은하게도, 내 편은 없었다. 모두 다 옳은 말이라 오히려 야속했다. '나도 잘하고 싶었는데….' 나중에 들었는데 그때 듣던 사람들은 깔깔 배꼽 잡았다고 한다. 동기에게, 동기 앞에서 당한 수치보다, 드러난 내 밑천보다, 어쩌지 못한 왕초보의 감정조절보다, '난 이걸 왜 하고 있는 거지'라는 너무나도 원초적인 질문 때문에 무너졌다.

툭 털자, 한 뼘 자란 마음의 키
이 일이 있고 난 후 난 낯설고 무기력한 시간에 덩그러니 내던져졌다. 한두 달을 그냥 그렇게 지냈다. 어느 날 문득 당시 상황이 떠오르며 어떤 일깨움이 날 두드렸다. '고객이 설정했든 아니든, 그것은 문제의 본질이 아니다'라고. 결국 시간은 내 편이 되어 주었다.

  그리고 또 두서너 달 이후 스스로 그때를 돌아볼 수 있는 여유를 갖게 되었다. 전혀 의도하지 않았지만, 열매가 때 되면 무르익듯, 어느 날 다른 표정의 물음이 내게 말을 걸어왔다. '왜 하필 나에게'라는 의문은 어느새 안면을 바꿨다. 이런 일이 나에게 일어나지 말아야 할 법이 있나? 이 낭패는 내게 무엇인가? 난 그때 그냥 왜 이렇게 말하지 못했을까? '그렇게 제 이야기가 듣고 싶군요. 특히 어떤 부분이 관심 있나요. 주어진 시간 안에 어떤 것부터 나누고 싶은가요'라고. '고객님, 저에 대해 관심 가져주어 감사한데 어떤 부분이 가장 듣고 싶은 건가요'라고.

  상대방 중심으로 대화를 이끌어 가면서 고객의 욕구를 다시 되돌리며 이야기해 나갔더라면 어떤 코칭이 되었을까? 앞으로 만날 고객이 비슷한 태도를 보인다면 먼저 맞은 매는 내게 어떤 의미로 다가오는가? 나에겐 절대 일어날 수 없다고 여긴 이유는 뭘까? 어린 시절 뛰어놀다 넘어지면 울기도 했다. 그러다 넘어지고도 거듭 일어나게 되자 '툭 털며' 아무렇지도 않았던 기억처럼 내 키는 한 뼘이 자라 있었다.

남색 : 무언가 부족한 듯한 코칭

인간에게는 신비한 부분이 있다. 어릴 적 다른 사람에게 받은 상처가 오히려 자라며 타인을 품을 수 있는 내면의 폭과 깊이를 형성하니 말이다. '상처 입은 치유자(Wounded Healer)'라고 할까. 그러나 그 과정은 혹독하다. 치유는 시간을 두고 더디게 조금씩 일어나며 때로는 다른 사람의 도움이 필요하기 때문이다. 코칭도 이 면에서 한 역할을 한다.

코칭을 연습하다 만난 한 고객은 어릴 때 바로 손위 언니로부터 자주 주눅들곤 했다. "네가 뭘 알아, 네가 뭘 할 수 있어" 등과 같이 툭툭 던지는 말을 일상처럼 듣고 자랐다. 세뇌된 뇌는 또 다른 자아를 만들어 자신감 저하와 트라우마를 반려처럼 두게 됐다. 놀랍게도, 성인이 되고 엄마가 된 후, 이런 경험이 그를 청소년 멘탈 코칭으로 인도했다. 더 놀라운 건, 여기에서 더 나아가 병원과 같은 과도한 스트레스를 경험하는 현장에 있는 사람들을 코칭하고 싶다는 미래를 그리고 있었기 때문이다.

처음 버디 코칭을 하면서 내가 고객 역할을 했을 때 그의 남다른 깊이에 내심 감동했다. 코칭을 마쳤을 때 '계속 리얼 이슈로 코칭하자'며 동반 성장을 제안했다. 그리고 여러 번 이런 기회를 누렸다. 그러던 어느 세션에서 고객은 침울한 주제를 가지고 왔다.

역할극을 활용한 놀라운 발견
"오늘 남편과 좀 다투었어요. 그 때문에 이 주제를 다루고 싶습니다."

내용은 본인이 속한 위원회에서 윗사람과 불편한 관계가 되었고, 남편에게 그 이야기를 하자 '원인 제공은 당신이 했네'라는 말을 듣게 되었다는 것이다. 그 한마디가 오랜 상처를 덧나게 했다.

고객은 위원회가 열릴 때마다 사안에 맞는 꼼꼼한 준비를 해 주위 사람을 매번 놀라게 했다.

하지만 매번 긍정적 반응만 있었던 것은 아니다. 그는 위원회 결정을 앞두고 있을 경우, 사안의 중요성을 감안해 더 나은 대안을 제기하곤 했다. 이런 행동이 위원장에겐 태도의 문제로 보였던 것 같다. 위원장은 그에게 언짢은 말을 하게 됐고, 그는 빈정상했다.

이 얘기를 남편에게 들려줬더니, 남편이 '당신 잘못'이라고 탓했던 것이다. 내 편이 되어줘야 할 남편이 남의 편이 되어 자기 탓을 하자 속이 많이 상해 결국 부부싸움에까지 이르게 됐다. 고객은 남편과 싸움의 발단이 된 위원장과의 마찰을 해결하고 싶어했다.

고객과 난 역할극을 해보기로 했다. 위원장이 된 나는 최대한 들은 내용을 토대로 고객과 대화를 시도했다. 처음엔 어색해하며 주저했던 고객이 진짜 하고 싶었던 이야기를 해보라고 하자 점점 몰입되어 갔다. 여러 번의 오고 가는 티키타카 속에 고객은 하고 싶은 말을 쏟아내기 시작했다. 어느 정도 시간이 지나고 나서, 이야기해 보고 나니 어떤 생각이 드는지 물었다.

"제가 위원장님께 자꾸 뭔가를 바라고 있는 것 같아요. 그러니까 제가 저 스스로 변하려고 하지 않고 그러니까 나는 이래요, 그냥 나 있는 대로 그냥 봐주세요, 막 그러면서 응석 부리고 있는 것 같다는 느낌이 들어요."

고객의 입에서 놀라운 말이 튀어나왔다.

"오! 놀라운 발견을 해내셨어요. 그런 발견을 하시니까 지금 오늘 스스로 자신을 인정해 주는 경험을 하고 싶다고 하셨는데 그 얘기는 어떻게 생각되시나요?"

"인정을 받으려면 응석 따위는 부리면 안 되는 것 같다는 생각이 들어요."

"고객님, 이제 어떻게 하고 싶으세요?"

"응석을 부릴 때가 아니라 그 응석은 내 안에서 나한테 부리고, 진짜 인정을 받고 싶었다면 정말 누가 봐도 흠잡을 데 없는 그런 위원으로서 활동을 하는데 더 집중해야겠다는 생각이 들었어요."

'고객은 온전한 자신을 찾아가고 있다'고 생각했다. 이날 고객과 '앞으로 프로다운 모습을 더 보여줘야 할 부분이 무엇인지'에 대한 이야기를 이어갔다.

부족함 느끼는 건 성장한다는 의미

코칭을 마치고 나서 그 결과를 돌아보다 뭔가에 머리를 쾅 맞은 느낌이 들었다. '어떻게 이런 생각을 해냈지?' 고객은 자신의 성장을 갈망하고 있다고 느껴졌다. 그것도 '아주 몹시 목말라 있는 듯'한 느낌이었다. 그러자 '자신에게 맞지 않는 옷을 벗어 던지고 싶다'는 그 마음이 찌릿하게 전달되었다.

그것도 잠시, '그 위원장과 마주하면 오늘 코칭 결과처럼 어떤 반응에도 당당히 맞설 준비되어 있을까'라는 의문이 동시에 올라왔다. '그럼 어떻게 했어야 했나'라는 질문 앞에 벽이 보이는 듯 했다. '만일 그 질문을 고객에게 했다면 어떤 말을 했을까?' 옷이 문이 끼어 있는 채로 문을 닫은 느낌이었다. 얼마 후 다시 만난 고객에게 지난 세션을 리뷰하며 물었다. "글쎄요, 모르겠어요. 쉽진 않겠지요. 아직 맞닥뜨려 보진 않았어요."

마침 이 케이스를 인증 제출용으로 어느 정도 마음에 정한 상태였다. 그럼에도 어떤 것을 제출할지 다른 몇 케이스 사이를 분주하게 오가고 있었다.

'잘못된 부분은 어디일까?' '고객은 어떻게 이것을 극복해야 할까?' 마음의 질문들이 나를 괴롭혔다. 부족이 보인다는 건 뒤집어 보면 성장했다는 의미 아닐까? 코칭 삶의 사다리를 올라간다고 믿었다. 하지만 실족하지 않은 게 그나마 다행이라고 여겨졌다. 그래, 여기에서 다시 시작해서 더 채워가야지. 그동안 나의 부족에도 불구하고, 그것을 받아준 고객들이 있었기에 난 지금 여기 있구나.

마침, 구름 속에 가렸던 햇살이 제 얼굴을 내비치기 위해 구름 가장자리에 금테를 두르고 있었다.

파랑 : 코끝이 찡한, 별빛 찬란한 코칭

가끔 고객이 가져온 주제에 동감할 때가 있다. 코칭하면서 부딪치는 유사한 상황 속에 함께 주제를 바라보고 코치와 고객 입장을 오가며 내심 '나라면 어떻게 할까?'라는 생각이 자연스레 떠오른다. 고객의 성찰이 오히려 코치를 위로하고 성장을 자극하기도 한다.

　코치를 코칭할 때였다. 그는 '자신의 고객이 가져온 주제가 낯설거나 어렵다고 느껴질 때 급격히 자신감이 떨어지고 무엇을 해야 할지 몰라 당혹감이 든다'고 했다. 그때의 기분에 대한 비유를 묻자 '마치 전장에 총알 없이 나선 것 같다'고 덧붙였다. 그래서 원하는 모습을 물었다.
　"어떤 상황에서도 흔들리지 말고 당당하게 임하면 좋겠다"면서 "아울러 무기를 잘 장착하고 자신 있게 임할 태세를 갖추고 싶다"는 말로 원하는 모습을 비유했다.
　이날의 세션에서 고객은 코칭에 임하는 것은 무기나 준비보다 상황에 대한 마인드셋의 중요성을 스스로 깨우치기 시작했다.

문제가 아니라 사람에 집중해야
"알면서도 잘 안되는 부분인데요, 자꾸 문제를 해결하려 애쓰다 보니 그런 생각을 하게 된 것 같아요. 사람에 더 집중해야겠어요."

"그렇게 되면 어떻게 달라질까요?"

고객은 잠시 침묵하다 새로운 그림 언어로 묘사하기 시작했다. 고객의 답변은 상상을 뛰어넘었다.

"난 까만 밤하늘이구나. 이 까만 바탕에 한 둘씩 빛나는 별이 되게 해줘야겠다. 별들이 고객인 거지요. 그들이 더 반짝이려면 코치인 저는 더 캄캄해야 하는 거예요. 왜 이걸 내가 몰랐을까요?"

빈손으로 전장에 나선 장수가 아니라, '새카만 주단을 하늘에 펼치고 고객을 거기서 빛나게 해주겠다'는 성찰로 세션을 마무리했다.

그다음 세션에서 지난 시간 고객의 멋진 성찰을 리뷰했다. 고객은, "제가 어쩌다 그런 이야기를 하게 되었는지 모르겠어요. 그렇지만 그런 시각 이미지를 머리에 그리게 되자 매번 긴장감으로 시작한 코칭이 한결 편하게 느껴지게 된 게 사실입니다."

그러면서, "그래서 오늘은 이제 제가 어떤 코치가 되어야 할지를 더 이야기 나누고 싶어요."

고객과 여러 이야기가 오고 갔다. 닮고 싶은 코치상도 그려보고 고객의 마음속에 어떤 코치로 자리 잡고 싶은 지 한 단어로 표현해 보기도 하고. 그의 어조는 어느새 밝고 힘이 들어가 있었다.

은하수를 품은 코치가 되다

"지난번 캄캄한 하늘이 되어 고객을 별처럼 빛나게 해주고 싶다고 말했어요. 오늘 제 모습을 떠올리고 갈 길이 보이니 새롭게 그려지는 게 있어요."

이번엔 무슨 말을 하려는지 꼴깍 침을 삼켰다.

"캄캄한 하늘에 빛나는 많은 별 가운데 저도 함께 빛나는 별이 되고 싶어요!"

내 가슴도 함께 터져 나가는 듯했다. '나도 진정으로 그 별 중에 함께 빛나고 싶다!'

"우리 모두 함께 은하수를 이룰까요?"

코끝이 찡해 왔다. 그날 이후 난 은하수를 품은 코치가 되어가고 있다.

난 매번 코칭 결과를 여러 빛깔로 생성하고 있다. 그 빛은 각각으로도 빛나지만 모이면 무지개를 이룬다. 무지개 속을 지나며 색 하나씩 헤아려 보는 날이 언젠가 올 것이다. 보라 하나 나 하나, 노랑 하나 나 하나. 빨강, 남색, 파랑…. 이제 다른 색도 보이고 색상의 명도, 순도와 채도도 여럿 분간해 본다. 그러면서 색을 채워가고 있다. 더 또렷하고 완벽한 무지개 아크를 펼치기 위해.

윤세라 코치

-
-
-

한국코치협회 인증 코치(KPC), 갤럽 글로벌 강점 코치, 버크만 코칭 FT, 에니어그램 코치의 자격을 갖춘 전문 코치다.
CJ CGV, CJ 올리브영, 신세계 스타벅스 등에서 쌓은 다양한 서비스업 경험을 바탕으로 '사람들의 마음을 모아 함께 성장하는 전문가'라는 사명을 정립했다.
자신의 단점이라고 생각했던 것들이 사실은 잘 활용하지 못한 강점이었다는 깨달음을 얻고 코칭의 세계에 발을 들였다. 강점 기반 코칭을 바탕으로 고객의 잠재력과 가능성에 초점을 맞춰 성장을 돕는 코치가 되고자 끊임없이 노력하고 있다.
현재 상담심리학과 심리학을 복수 전공하며 심리학적 이론과 실제를 코칭에 접목, 전문성을 더욱 강화하고 있다.

시작 : 혼자 걷던 길, 그들이 보였다

스무 살. 대부분의 친구가 성인이 되었다고 자유를 만끽하며 인생을 즐기기 시작할 때, 나는 깊은 불안과 혼란 속에 빠져 있었다. '나는 누구인가', '앞으로 어떻게 살아야 하는가'와 같은 질문이 끊임없이 머릿속을 맴돌았고, 그 불안한 감정을 조절하는 것이 너무나 어려웠다. 결국 나는 스스로를 세상으로부터 고립시키기로 했다. 집 밖으로 나가는 것을 거부했고, 심지어 방에 불을 켜는 것조차 꺼렸다. 창문 틈 사이로 들어오는 햇빛마저 나에겐 부담스러웠다. 지금 돌이켜 생각해 보면, 그때의 나는 우울증을 겪고 있었을지도 모른다.

당시 점수에 맞춰 대학에 입학했지만, 전공을 살리지 못하는 것은 물론이고, 학자금 대출로 인해 대학 졸업과 동시에 빚쟁이로 사회생활을 시작하는 사람이 많았다. 그들을 보며 나는 의문이 들었다. '이럴 거면 대학을 왜 가야 하지?' 이런 생각과 동시에 사회 시스템에 반발심이 올라왔다. 하지만 부모님에게 솔직한 마음을 털어놓지 못하고, 대신 재수를 하겠다는 명목으로 방구석 생활을 이어갔다. 그렇게 일 년, 또 일 년이 흘러갔다. 이 모습을 보다 못한 친구들은 집에만 있지 말고 밖으로 나오라며 실랑이를 벌였고, 엄마는 "대학은 하고 싶은 공부가 있을 때 해도 괜찮으니, 일을 먼저 해보는 게 어떠냐"고 조심스럽게 제안했다. 하지만 그 당시의 나에게 용기를 내는 것은 그리 쉬운 일이 아니었다.

　감정의 폭풍우가 지나가던 어느 날, 우연히 거울 속 내 모습을 마주하게 되었다. 그 모습은 처참했다. 생기라고는 찾아볼 수 없었고, 아까운 시간을 허비하고 있다는 자각이 밀려왔다. '지금 내가 뭐하고 있지'라는 생각이 머릿속을 강하게 때렸다. 더 이상 이렇게 지내고 싶지 않았다. 하지만 어디서부터 어떻게 시작해야 할지 막막했다.

　그 시기에 『아프니까 청춘이다』라는 책이 세상에 나왔다. 왠지 모르게 이끌려 읽게 된 이 책은 나에게 큰 울림을 주었다. 마치 '나를 보고 쓴 건가'할 정도로 많은 구절이 내 마음에 와닿았다. 그 순간 마음속에서 뭔가 꿈틀거리는 것을 느꼈다. '그래, 아직 늦은 게 아니다. 뭐라도 하자'라는 생각이 들면서, 고등학생 때 용돈을 벌고자 호텔 서빙을 했던 알바 경험이 떠올랐다.

　용기를 내어 다시 알바를 시작했다. 모든 것이 새롭고 일하는 게 재미있었다. 열심히 한 만큼 인정도 받았다. 학원 데스크, 병원 데스크, 영업직, 미용, 영화관, 드럭스토어, 카페 등 다양한 사람을 상대하는 일을 경험하면서 점차 내가 어떤 사람인지, 어떤 가치를 추구하는지 알아가기 시작했다. 나의 재능으로 누군가에게 도움을 주는 의미 있는 일을 하고 싶다는 생각이 들었고, 더 나아가 자아실현의 욕구를 충족시킬 수 있는 일을 찾고 싶었다. 그렇게 가슴 뛰는 일을 찾는 일을 멈추지 않았다.

서른 살 즈음에 만난 코칭

서른이 지나가는 무렵, 매일 반복되는 일상에 점점 지쳐갔다. 가슴 뛰는 일을 만나기란 그리 쉬운 일이 아니었다. 그러던 중 우연히 눈에 들어온 것은 대학교 전액 장학금을 지원해 준다는 회사의 공지였다. 평소에 '나는 누구인가'라는 궁금증과 다른 사람들의 생각과 행동에 관심이 많았는데, 모집 학과를 보니 상담심리학과가 있었다. 그 순간 '이건 운명인가' 싶은 생각이 들었다. 사실 바로 지원하지 않고 1년을 고민했다. 이유는 회사에서 관리자로 진급한 지 얼마 되지 않아 일과 학업을 병행할 자신이 없었기 때문이다. 하지만 결국 도전을 결심했고 대학을 다니며 배움을 시작했다. 우려와 다르게 잘해 나갔다. 물론 틈이 없는 삶을 살아야 했지만, 인생에 활력이 돋고 희망찬 미래를 그리며 살아갈 수 있었다.

그러던 중 오빠가 "너 이런 일 하면 잘할 것 같아. 같이 검사 받아 볼래?"하며 갤럽 강점 검사를 추천했다. 흥미를 느껴 남매가 함께 강점 코칭을 받게 되었다. 이때만 해도 주변에 코칭이 무엇인지 아는 사람이 없었기에 더욱 궁금했다. 코칭을 받으며 평소 내가 불편하게 생각했던 문제들과 내가 잘하는 것이 무엇인지 명확히 알게 되었다. 단점이라고 여겼던 부분도 새로운 시각으로 바라보니 더 이상 단점이 아니었다. 오히려 내가 성장하는 데 도움을 주고 자신감으로 바꿀 수 있는 계기가 되었다. 우리 남매는 코칭해 준 키미코치께 여러 가지 궁금한 점을 물어보았다. 이런 경험을 하면서 자연스럽게 나는 코치의 길로 들어서게 되었다. 코칭은 온전히 나로서 존재할 수 있을 뿐 아니라 미래의 성장 목표를 그려 나갈 수 있어서 참 매력적이었다. 잘하는 것을 활용하며 살아갈 수 있다니 신바람이 났다.

코칭에 확신이 생겨 강점 코치가 되기 위해 ASCC(현 GGSC) 과정을 12개월 할부로 결제했다. 연속 4.5일 과정이었다. 연차를 내고 휴가 대신 배움에 투자했다. 그러나 코칭의 기본을 배우지 않고 고급 과정을 먼저 수강하니 자격만으로 강점 코치를 하는 것이 어려웠다. 그래서 할부가 끝난 뒤 다시 12개월 할부로 코칭경영원의 BCM(Business Coaching Mastery) 과정에 등록했다. 내실과 기본을 다지기 위해 과감히 투자한 것이다.

이 기간에 나는 많은 것을 포기해야 했다. 단발머리를 하고, 화장 대신 마스크를 쓰고, 쇼핑도 하지 않았다. 하지만 앞으로의 비전과 희망찬 생각이 있었기에 그 시간을 버틸 수 있었다.

그 무렵 이런 생각을 했다. '코칭이 무적은 아니지만 MZ세대부터 알파세대에게 코칭을 전파하는 일을 한다면 그들의 잠재력이 얼마나 더 크게 성장할 수 있을까?' 이런 생각들이 가슴을 뛰게 하고 지칠 때마다 일어서게 했다.

멈추지 않으니 함께 갈 동료를 만났다
BCM 과정에 들어온 것은 나에게 큰 행운이었다. 처음에는 과연 수강료만큼 값어치를 하는가 하는 의문이 들었지만, 돈보다 귀한 사람들을 얻었다. 선배, 후배, 동기들은 대가를 바라기보다는 같이 시작하는 동료로서 힘을 합치고, 좋은 기회가 있으면 함께 도전하며 새로운 기회를 만들어갔다. 나보다 연장자인 동기 코치에게서는 인생의 지혜도 배울 수 있었다.

동기 코치 중 한 사람이 해주신 말씀이 기억에 남는다.

"우리들은 바로 잘해야 하고 실수할 수 있는 시간 여유가 없지만 세라 코치는 실수를 해도, 도전을 더 해도 되는 시간이 충분하지. 그러니 앞으로 얼마나 오랫동안 코치를 할 수 있겠어."

이 말은 나이가 많지 않아 코치로서 한계가 있지 않을까 하는 나의 걱정에 대한 해답이 되어주었다.

이런 사람들과 함께 공부하면서 돌이켜 생각해 보니, 20대부터 했던 나의 생각과 경험이 쌓여 지금의 나를 만들었다는 것을 깨달았다. 그 과정 속에서 멈추지 않고 조금씩 목표를 향해 가고 있었다. 결국 난 코치가 되었다. 눈앞에 놓인 것을 하나씩 쌓은 것이 이런 결과를 가져왔다고 생각한다. 더불어 '속도보다는 방향성이 중요하다'는 알아차림도 있었다.

마지막으로, '빨리 가려면 혼자 가고, 멀리 가려면 함께 가야 한다'는 말이 떠오른다. 결국 포기하지 않고 조금씩 목표를 향해 걸어가다 보니 그 길에서 나와 같은 목표를 가진 동기 코치들과 만날 수 있었다. 그때부터 나는 혼자 길을 걷지 않아도 되었다. 우리는 멀리 가기 위해 함께 가기 시작하였다. 이 여정은 여전히 진행 중이다. 때로는 힘들고 지치기도 하지만, 함께 걸어가는 동료가 있기에 힘을 낼 수 있다. 앞으로 어떤 도전과 기회가 기다리고 있을지 모르지만, 나는 이 길을 계속 걸어갈 것이다. 그리고 언젠가는 나 역시 누군가에게 힘이 되는 코치로 성장하여, 다른 이들의 여정에 작은 빛이 될 것이다.

초심 : 무대 위의 10분, 내 안의 리더를 만나다

뜨거운 7월의 어느 날, 나는 예상치 못한 무대에 올랐다. BCM 수업 중 코칭 대화 모델을 공부하던 그 순간, 나는 고객 역할을 하게 되었다. 짝꿍 코치와 나눈 사담 덕에 강사 코치의 레이더망에 걸린 것이다. 평소 존재감 없는 삶을 지향해 오던 터라 거절하고 싶은 마음이 가득했다. 그날은 무슨 용기가 났는지 나도 모르게 무대 위로 올라가고 있었다. 무대로 향하는 내 발걸음은 마치 첫 비행을 앞둔 어린 새의 떨림 같았다. 그와 동시에 머릿속은 혼란스러웠다.

'무슨 말을 해야 하지? 내가 지금 뭐하는 거지?'

무대 위, 코치와 마주 앉은 순간부터 시간이 다르게 흐르는 듯했다.

코치 : "오늘 어떤 대화를 해보면 좋을까요?"
나   : "제가 부점장으로 진급한 지 얼마 안 됐는데, 좋은 리더가 되려면 어떻게 해야 할지 고민입니다."

걱정과 달리 코칭이 시작되자 평소 고민하던 것이 자연스럽게 입 밖으로 나왔다. 부점장으로서의 고민, 좋은 리더가 되고 싶은 열망이 물살을 타고 나오듯 흘러나왔다. 코칭이 진행될수록 나는 점점 더 깊은 곳으로 빠져들었다. 처음엔 수면 위를 맴돌던 생각들이 코치의 질문을 따라 점점 더 깊은 곳으로 잠수했다.

질문의 마법, 내면으로의 깨달음 여행
코치의 질문은 마치 등불처럼 내 마음속 어두운 곳을 비추는 듯했다.
　"고객님이 생각하는 좋은 리더는 어떤 모습인가요?"
　"지금 이 중에서 잘하고 있다고 생각하는 부분은 무엇인가요?"
　질문에 답하면서 나는 점점 더 내면에서 들리는 이야기에 귀를 기울였다. 시야를 넓히고, 회사와 고객, 파트너를 모두 고려해야 한다는 생각, 그리고 그 속에서 느끼는 부족함.
　"부족하다는 생각이 드시는군요. 그렇다면 고객님 안에서 부족함을 느끼게 하는 것이 무엇을 원해서 그런 마음이 들었을까요?"
　이 질문에 잠시 침묵이 흘렀다. 그리고 내 입에서 나온 답변은 나조차도 놀라게 했다.
　"저는, 원팀(One Team)을 만들고 싶은 것 같아요."
　이 말을 꺼내는 순간, 마치 오랫동안 숨을 참고 있다가 수면 위로 올라온 것처럼 상쾌함을 느꼈다. 코치의 질문은 그 어둠을 헤엄쳐 나가는 등불이 되어 주었고, 나는 그 빛을 따라 내 마음의 중심에 도달할 수 있었다.

　코치의 질문은 계속되었고, 나는 점점 더 내 안의 진실한 바람을 마주하게 되었다. 과거 경험했던 좋은 리더의 모습, 그리고 그런 리더가 되고 싶은 나의 열망.
　"잘하고 있네. 앞으로 좋은 점장님이 될 것 같아."

마지막에 상상한 격려의 말은 마치 나 자신에게 하는 말 같았다.

코칭이 끝나고 무대에서 내려왔을 때, 나는 마치 새로운 렌즈를 낀 것처럼 세상을 다르게 보기 시작했다. 10분 남짓한 시간에 나는 내 안의 리더를 만났고, 그 리더가 원하는 것이 무엇인지 깨달았다. 처음에는 떨림으로 가득했지만, 어느새 나를 바라보는 동기들의 시선은 흐릿해지고 오직 코치와 나만 존재하는 듯한 몰입의 순간을 경험했다. 평소 막연히 느끼던 답답함의 정체를 알게 되었고, 그것이 바로 '원팀'을 만들고 싶은 열망이었다는 것을 깨달았다.

이 경험은 단순한 수업 시연이 아닌, 나의 리더십 여정의 시작점이 되었다. 앞으로 어떤 위치에 있든, '사람들을 하나로 모으고 각자의 잠재력을 끌어내는 리더가 되고 싶다'는 나의 '초심'을 확인한 소중한 순간이었다.

10분의 코칭이 내게 준 깨달음은 평생 간직할 보물이 되었다. 이제 나는 알고 있다. 진정한 리더십은 거창한 말이나 화려한 업적이 아닌, 함께 일하는 사람들과 '원팀'이 되어 서로를 이해하고 지지하는 것에서 시작된다는 것을.

그날의 경험은 내 안에 잠자고 있던 리더를 깨운 작은 기적이었다. 이제 나는 그 리더와 함께, 더 나은 팀, 더 나은 직장, 그리고 더 나은 세상을 만들어가는 여정을 시작할 준비가 되어있다.

카페의 향기와 함께 피어난 신뢰의 꽃

바쁘게 돌아가는 카페의 한편에서, 나는 부점장으로서 매일 새로운 도전을 맞이하고 있었다. 우리 매장은 마치 신입사원들의 요람과도 같았다. 직원의 3분의 1이 갓 입사한 신입이었으니, 그야말로 전장의 한가운데 있는 기분이었다. 게다가 점장의 갑작스러운 병가로 인해 매장 운영의 책임이 온전히 내 어깨에 지워진 상황. 그때 새로운 신입직원이 입사했다. 40대의 그녀는 경력 단절 여성으로, 카페 일은 처음이었다. 그녀의 눈빛에서 불안과 걱정이 묻어났다. 하지만 나는 그녀에게서 무언가 특별한 것을 발견했다. 바로 '마음가짐'이었다. 회사에서 가르칠 수 없는, 그러나 가장 중요한 그것.

어느 날, 그녀의 불안한 모습을 보며 나는 무심코 말을 건넸다. "불안해하지 않으셔도 돼요. 지금 너무 잘하고 계신걸요? 계속 이렇게 따라와 주세요."

그리고 얼마 후, 여전히 걱정이 가득한 그녀를 보며 지나가면서 'OO은 나의 원픽이에요'라고 말했다. 그때만 해도 나는 그저 그녀에게 용기를 주고 싶었을 뿐이었다.

시간이 흘러 그녀가 매장에 적응했을 무렵, 나의 퇴사로 일터에서의 인연은 끝이 났다. 마지막으로 그녀와 나눈 대화에서, 나는 놀라운 사실을 알게 되었다. 그녀에게 내 말 한마디가 얼마나 큰 힘이 되었는지를.

"제가 안정감을 찾고 적응을 잘했던 이유가 바로 그 말 때문이에요. 어딘가에 의지할 데도 없고, 실수할까 봐 걱정되고 불안했을 때 그 말이 그렇게 힘이 되더라고요. 마치 나를 믿어준다는 생각에 고맙기도 하고 나무가 뿌리를 내려 단단해지는 기분이 들었어요."

그 순간, 나는 리더의 말 한마디가 가진 힘을 다시 한번 깨달았다. 무심코 던진 말 한마디가 누군가에게는 든든한 뿌리가 되어 줄 수 있다는 것을. 그리고 그 말이 우리 사이에 신뢰라는 꽃을 피워냈다는 것을. 현재 그녀는 1년 4개월째 근무를 잘 이어가고 있다는 소식을 들었다. 그 뿌리가 얼마나 단단히 자리 잡았는지 새삼 실감하게 된다.

이제 매일 아침, 새로운 도전을 맞이할 때마다 나는 생각한다. 오늘은 어떤 말로 누군가에게 힘이 되어 줄 수 있을까? 어떤 행동으로 신뢰의 씨앗을 뿌릴 수 있을까? 카페의 향기처럼 은은하게, 그러나 깊이 스며드는 리더십. 그것이 바로 내가 꿈꾸는 리더의 모습이다. 그리고 이 경험은 내가 그 꿈에 한 걸음 더 가까워졌음을 알려주는 소중한 기억이 되었다.

배움 : 천천히 그러나 꾸준히 가리라

코칭의 세계에 발을 들인 지 1년 6개월, KAC 취득과 BCM 졸업이라는 작은 목표에 올랐을 때 나는 예상치 못한 벽에 부딪혔다. '아, 해야 하는데 왜 하기가 싫지?' 이 물음은 마치 달콤한 주스를 다 마시고 난 후의 쪼그라든 팩처럼 나를 공허하게 만들었다. 정말 황당했다. '아니, 뭐 얼마나 했다고…. 이걸 지금 슬럼프라고 할 수 있나'하는 자조 섞인 생각이 들었다. 하지만, 부인할 수 없는 현실이었다.

그 이유를 찾아 나섰다. 스케줄 근무를 하면서 휴무 때마다 하루에 3~4개씩 코칭 로그를 쌓아갔다. 그야말로 자격증에 맞춘 삶을 살다가 온몸의 기운이 소진된 것이다. 자격증을 따는 과정은 마치 정해진 길을 따라 걷는 것과 같았다. 내가 코칭을 좋아했던 이유, 즉 잔잔한 대화 속에서 파워풀한 질문으로 누군가의 삶에 긍정적인 영향을 미치는 생동감 있는 느낌이 사라져 버린 것이다. 자격증 준비를 위해 동기들과 반복되는 주제로 코칭을 하다 보니 현장감이 점점 희미해져 갔다.

자격증이라는 그 길의 끝에 다다랐을 때, 나는 자욱한 안개 속에 서 있는 듯한 기분이 들었다. BCM 과정을 거치며 꿈꿨던 코치로서의 미래나, 앞으로 나아가야 할 방향은 보이지 않고, 발 아래 땅만이 희미하게 보일 뿐이었다. 작은 목표들을 하나씩 이뤄갈 때 느껴야 할 성취감 대신 헛헛함만이 남았다. 코치라는 직업에 정해진 길이 없다는 것을 알면서도, 그 불확실성이 때로는 막막하게 느껴졌다.

물론 KAC, KPC, PCC로 이어지는 자격증의 사다리가 있긴 하다. 하지만 자격증이 곧 실력은 아니라는 것을 깨달으며 순간 회의감이 들기도 했다. 코칭 시장을 둘러보니, 진입은 쉽지만 실제로 이를 통해 생계를 유지하는 전문 코치는 많지 않았다. 대부분의 성공한 코치들은 자신만의 전문 분야를 가지고 있었다. 이를 보며 나 역시 나만의 전문성을 갖춰야 한다는 생각이 들었다.

이런 혼란 속에서 내린 결론은 '배움'이었다. 아직 인생 경험이나 큰 커리어가 없는 상황에서 무언가를 이루려 하는 것이 오히려 이상하다는 생각이 들었다. 많은 경험을 쌓고 그것들을 소화해 나가면서 비로소 나만의 색깔을 가진 코치로 성장해야 했다. 주변의 선배 코치들을 보니 그들 역시 끊임없는 배움의 길을 걷고 있었다. 그리고 코치는 '평생 배움을 게을리하면 안 된다'고 여러 코치가 입을 모아 이야기했다.

배움만이 나를 성장시킨다

인생은 끊임없는 배움의 연속이라지만, 코치가 되기로 결심한 그 순간부터 나의 배움은 더욱 깊고 넓어졌다. 에니어그램, 버크만 시그니처, 통합예술코칭 등 다양한 도구와 방법론을 익히며 자격증을 취득하는 과정은 마치 산을 오르는 것과 같았다. 한 걸음 한 걸음 올라갈 때마다 새로운 풍경이 펼쳐지듯, 각각의 도구들은 나에게 사람을 이해하는 새로운 관점을 제시해 주었다.

처음에는 단순히 '자격증'이라는 보이는 배움에 집중했다. 그러나 점차 깨달은 것은, 이러한 도구들을 익히는 진정한 이유가 사람을 더 깊이 이해하고 싶은 열망에서 비롯되었다는 것이다. 자기를 보기 위한 이런 진단 도구들은 각각 나름의 한계가 있다. 하지만 나는 그 안에서 유효한 정보를 찾아내어 코칭에 활용하고자 했다. 그것이 끝없는 나의 욕심이었다. 마치 무기를 모으는 전사처럼, 나는 쉼 없이 새로운 도구들을 익혀갔다.

미국 갤럽 강점 검사는 내가 코칭으로 처음 접한 강력한 도구였다. 그러나 높은 검사 비용이라는 현실적인 장벽에 부딪혔을 때, 나는 좌절하기보다는 새로운 방향을 모색했다. 특히 나이를 불문하고 비용 문제로 인해 강점 코칭에 흥미를 느끼면서도 실행에 옮기지 못하는 경우가 많았다. 이러한 경험은 더 접근성 높고 비용 효율적인 도구들을 찾아 나서게 했다.

그러나 배움은 단순히 자격증이나 도구를 익히는 것에 그치지 않았다. 보이지 않는 배움의 형태로 독서가 있었다.

코치 커뮤니티에 들어오기 전까지 책이란 시대가 변하면서 점점 없어질 아이템으로 나는 여겼다. 마치 시절 인연 같다고 할까. 학창 시절까지만 해도 책을 보는 일이 흔했지만, 요즘은 AI 교과서,

e-book, 오디오북, 심지어 생성형 인공지능까지, 책을 대체할 수 있는 다양한 수단들이 존재했기 때문이다. 빠른 정보 소비에 익숙해진 현대 사회에서, 책은 마치 느리게 흐르는 강물과 같아 보였다.

책의 진정한 가치 깨달아
코치가 되고 나서야 비로서 책의 진정한 가치를 깨달았다. 책은 단순한 정보의 집합체가 아니었다. 그것은 내게 직접 경험할 수 없는 세상을 간접적으로 체험하게 해주는 창구였고, 코치로서의 인사이트와 아이디어를 얻을 수 있는 무한한 보물창고였다. 방송 클립이나 숏폼과 같은 빠른 콘텐츠에 익숙해져 있던 나에게, 책이라는 느린 콘텐츠는 오히려 건강한 자극이 되어 주었다. 이제 나는 독서를 놓치지 않기 위해 약간의 강제성을 부여하고 있다. 동료 코치들과 함께 독서 모임을 이어가는 것은 단순히 책을 읽는 것을 넘어, 지속적인 성장과 학습의 의지를 다지는 과정이 되었다.

지금까지 배운 모든 것들을 '어떻게 활용할 것인지'의 고민은 여전히 진행 중이다. 그러나 한 가지 확실한 것은, 이 모든 배움의 과정이 나를 더 나은 코치로 만들어가고 있다는 것이다. 각각의 도구와 책에서 얻은 지식이 서로 연결되어 새로운 통찰을 만들어내는 순간을 만들어 나갈 것이다.

코칭의 여정은 마치 네버엔딩 스토리와 같다. 끝없는 배움과 성장의 연속이다. 보이는 배움과 보이지 않는 배움, 그 모든 것이 켜켜이 쌓여 나를 만들어가고 있다. 자격증이라는 형태의 보이는 배움은 나에게 전문성과 자신감을 주었지만, 독서를 통한 보이지 않는 배움은 나의 내면을 풍요롭게 만들어주었다. 때로는 지치고 회의감이 들기도 한다. 그럼에도 그 과정에서 만나는 새로운 깨달음과 성장의 순간들이 이 여정을 계속 걸어갈 수 있게 만든다.

나는 이제 조급해하지 않기로 했다. 내 안의 코칭 정원은 하루아침에 만개할 수 없다는 것을 깨달았다. 씨앗을 심고, 물을 주고, 햇빛을 받으며 천천히, 그러나 꾸준히 가꿔야 한다. 그 과정에서 때로는 가뭄이 찾아올 수도, 태풍과 홍수가 찾아올 수도 있다. 하지만 그것이 바로 성장의 과정임을 받아들이기로 했다. 언젠가 이 정원에서 나만의 개성이 있는 꽃이 피어날 것이라 믿으며, 오늘도 나는 배움의 삽을 들고 정원을 가꾼다.

변화 : 코칭의 힘을 느끼다

코칭의 세계는 마치 정원을 가꾸는 일과 같다. 우리가 정원의 흙을 파서 씨앗을 심고, 물을 주고, 햇빛을 받게 하는 이유는 꽃을 피우기 위해서다. 자신이 꽃이 되려는 게 아니다. 씨앗이 성장해 꽃 피우는 것을 보기 위함이다.

코치가 그렇다. 코치의 역할은 단지 고객의 성장 씨앗이 잘 자라도록 환경을 조성하는 것뿐이다. 그렇지만 그 과정에서 꽃이 되는 고객의 변화를 목격하는 순간은 세상 그 어느 것보다 아름다운 감동을 준다. 그런 경험이 여러 차례 있었다.

우선 가족과의 관계다. 우리 가족에게 코칭은 마법 같은 변화를 가져왔다. 오빠와 나는 마치 물과 기름 같은 존재였다. 우리의 성향 차이는 때때로 폭풍우를 몰고 왔다. 하지만 강점 코칭을 함께 받은 후, 우리는 서로의 차이가 실은 보완적인 힘이라는 사실을 깨달았다. 그 뒤부터 서로의 말에 귀를 기울여주고, 서로가 잘하는 것을 지지해 주는 우애 좋은 남매가 되었다. 마치 양손과 같이 행동한다. 서로 다르지만, 손뼉을 마주치며 함께일 때 가장 강력한 힘을 발휘하는 것처럼 말이다.

가족과의 관계가 먼저 개선
엄마와의 관계 변화는 마치 오래된 나무에 새 가지가 돋아나는 것과 같았다. 예전에는 엄마의 강한 주관이 때로는 단단한 나무껍질처럼 느껴졌다. 서로 너무 사랑하지만 때로 함께할수록 생채기가 나는 사이가 되기도 했다. 하지만 코칭으로 나는 그 껍질 아래의 따뜻함을 이해하게 되었고, 우리는 서로를 향해 새로운 가지를 뻗어갈 수 있게 되었다. 이제 우리의 관계는 더욱 푸르고 건강해졌다.

이런 일도 있었다. 동기 코치의 제안으로 강점 코칭 워크숍을 진행할 때였다. 그곳은 개인사업자들이 한 공간에서 일하고 있었다. 대화는 거의 없었다. 마치 같은 바다에 있으면서도 서로를 모르는 섬과 같았다. 우리의 워크숍은 이 섬들 사이에 다리를 놓는 작업이었다.

서먹서먹했던 분위기는 2회차 워크숍이 끝날 무렵 달라졌다. 대화의 물결이 흐르기 시작한 것이다. 특히 한 직원의 변화가 눈에 띄었다. 그는 마치 겨울잠에서 깨어난 개구리처럼 활기차고 적극적인 모습으로 변했다.

계기는 간단했다. 워크숍 중 그와 나눈 짧은 대화 덕분이었다. 나는 그와 짧은 대화를 나누며 그의 내면에 숨겨진 에너지를 발견했다. 그리고 그 사실을 알려주었다. 그것은 그를 깨우는 알람이 되어 변화의 단초를 마련한 것이다.

한때 함께 근무했던 파트너의 변화는 내게 큰 감동을 주었다. 강점 코칭 자격을 취득한 후, 나는 주변 동료들을 대상으로 코칭을 시작했다. 그중 한 동료는 자신에게 너무 엄격하고 예민한 성격이 통제가 잘되지 않는 점을 고민하고 있었다. 겉으로는 드러내지 않으려 했지만, 일하다 보면 예민함이 불쑥 나타나 말은 하지 않아도 화가 난 것이 표정에 드러나곤 했다. 그럴 때마다 다른 직원들은 그 동료의 눈치를 보는 상황이 되곤 했다.

이런 순간은 그녀에게도 큰 부담이었다. 그녀는 스스로 이런 모습을 바꾸기 위해 밤마다 자기성찰을 하며 다시는 그러지 않겠다고 다짐하곤 했다.
하지만 내가 동료로서 지켜본 그녀는 강점이 훨씬 많은 사람이었다. 남들이 꺼리는 문제나 일도 그녀는 오히려 호기심을 자극하는 도전으로 여겼다. 그래서 항상 앞장서서 궂은일을 맡아 처리했다. 고객의 컴플레인도 능숙하게 해결하며, 누구보다 솔선수범했다. 마치 어디선가 누군가에게 무슨 일이 생기면 나타나는 홍반장처럼, 팀에 꼭 필요한 존재였다.

그럼에도 자신의 강점보다는 약점을 보완하는 데만 집중하며 더 나은 사람이 되기 위해 스스로를 몰아세우는 모습을 자주 보였다.
그녀에게 여러 번의 강점 코칭을 진행하자, 그녀는 자신이 어떤 강점을 가진 사람인지 알게 되었다고 했다. 그러면서 약점은 강점이 과발현할 때나, 어떤 시선인지에 따라 상대적으로 나타난다는 점임을 인정했다.
무엇보다 그녀는 업무적으로나 개인적으로 목표를 세울 때 강점이 유용한 길라잡이가 되어준다는 점을 깨달았다고 말했다. 또한, 예민함 때문에 힘들었던 동료들과의 소통에서도 강점을 활용해 긍정적인 변화를 경험했다고 전해주었다.

이런 변화를 목격하면서, 나는 코칭이 단순한 대화 기술이 아니라 삶을 변화시키는 강력한 도구라는 사실을 깨달았다. 그것은 마치 잔잔한 호수에 작은 돌멩이가 떨어져 만들어내는 파동이었다. 처음에는 작은 변화로 시작하지만, 그 영향은 점점 더 넓게 퍼져나가 결국 전체를 변화시켰다.

코칭을 접한 고객들의 이같은 변화 스토리는 내가 이 여정을 멈추지 않고 계속해서 나아가게 하는 원동력이 된다.

예민함을 강점으로 만들다
이즈음 '나는 어떻게 변하고 있나'를 생각해 본다. 가장 큰 변화는 성격이었다. 실상 우리 모두에게는 자신만의 독특한 성격과 특성이 있다. 나의 경우, 그것은 예민함이었다. 예전의 나는 세상의 모든 것에 불편함을 느끼는 '프로 불편러'였다. 남에게 피해를 주는 것도, 받는 것도 싫어했고, 부당함을 참지 못했다. 얌전했다가 돌연 당돌해지는 그런 사람이었던 셈이다. 사회 경험을 하며 선의를 악용하는 현실과 마주하곤 했다. 그럴 때마다 나는 점점 더 야무진 모습으로 변해갔다.

예민함은 양날의 검과 같았다. 한편으로는 서비스업에서 빛을 발하는 장점이 되기도 했다. 고객의 니즈를 선제적으로 파악하고, 까다로운 고객을 오히려 더 세심하게 대하는 능력으로 발현됐다.

다른 한편으로는 불편함의 원인이 되었다. 그 불편함은 예민한 성격에서 비롯된 감정의 돌출이었다. 그것이 나에게도 다른 사람에게도 불편함으로 존재했다.

코칭을 만나면서는 큰 변화가 찾아왔다. 감정에 휘둘리지 않고 상황을 다루는 법을 배우게 된 것이다. 코칭 공부와 상담심리학 전공이 시너지를 내며, 나의 예민함을 새로운 시각으로 바라볼 수 있게 해주었다. 이는 단순히 감정을 억누르거나 무시하는 것이 아니라, 그것을 인식하고 적절히 다루는 방법을 익히는 과정이 있었기 때문이었다.

나는 불편한 감정들을 그저 흘려보내는 연습을 시작했다. 부정적인 생각과 감정을 시냇물에 떠내려가는 나뭇잎처럼 상상하며 보내버리는 것이다. 이 과정이 처음에는 어색하고 힘들었지만, 꾸준히 연습하자 점차 자연스러워졌다. 그 후에는 스스로에게 코칭 질문을 던지며 상황을 객관적으로 바라보려 노력했다.

- 지금 본인을 가장 힘들게 하는 것은 무엇 때문일까?
- 이 상황에서 내가 배울 수 있는 것은 무엇일까?
- 내가 진정으로 원하는 것은 무엇인가?

이런 질문을 하면서 나는 내면의 소리에 귀 기울이고, 상황을 새로운 관점에서 바라볼 수 있게 되었다. 예민함을 한 스푼 덜어내니, 마음에 평화가 찾아왔다. 이는 예민함을 완전히 없애는 것이 아니라, 그것을 더 생산적이고 긍정적인 방향으로 활용하는 법을 배우는 과정이었다. 앞으로도 인생의 굴곡에서 예민함을 자극하는 상황들을 얼마든지 마주하게 될 것이다. 완벽한 평온을 유지하는 것은 불가능할 것이다.

그러나 이제 나는 그러한 상황을 두려워하지 않는다. 그때마다 나는 코칭 질문을 던지며 다스릴 것이다. 그리고 필요하다면 주저 없이 동료 코치들에게 도움을 요청할 것이다. 이는 약함의 표시가 아니라, 오히려 강함과 성숙함의 표현이라고 믿는다.

이 여정에서 나는 깨달았다. 예민함은 없애야 할 결점이 아니라, 잘 다듬어 빛나게 만들어야 할 나만의 특별한 재능이라는 것을. 그것은 나를 독특하고 가치 있는 존재로 만드는 중요한 부분이다. 코칭은 나에게 이 귀중한 깨달음을 선사했고, 앞으로도 나의 성장을 이끄는 나침반이 되어줄 것이다. 그리고 언젠가는 나의 이 경험이 비슷한 고민을 하는 누군가에게 도움이 되기를, 그들도 자신만의 특별함을 발견하고 꽃피울 수 있기를 희망한다.

정체성 : 나는 어떤 코치가 되고 싶은가?

코칭의 세계에 발을 들인지 어느덧 2년이 훌쩍 지났다. 이 여정은 끝없는 미로를 탐험하는 것과 같았다. 때로는 험난하고 도전적이지만, 매 순간 새로운 발견과 깨달음의 연속이었다. 그 속에서 만난 변화의 순간들은 그 어떤 보물보다도 값졌다. 이제 나는 이 여정의 다음 단계를 고민하고 있다.

- 나만의 코칭 철학은 무엇일까?
- 나는 어떤 코치가 되고 싶은가?
- 나는 사람들에게 어떻게 기억되고 싶을까?

코칭 장면에서 수없이 고객에게 했던 질문이다. 하지만 막상 나에게 질문을 던져보니 대답하지 못했다. 곰곰이 생각하며 질문에 대한 답을 찾아가는 과정에서, '기여'라는 단어가 떠올랐다. 내가 가진 재능으로 세상에 어떤 빛을 비출 수 있을까? 사람들의 고유한 색깔을 발견하고, 그 색을 더욱 선명하게 만들어주는 것. 그것이 내가 꿈꾸는 코치의 모습이었다.

돌이켜보면, 내가 코칭에 매료된 것은 그것이 가진 변화의 힘 때문이었다. 앞서 나왔던 사례의 변화 순간을 경험하면서, 나는 코칭의 진정한 가치를 깨달았다. 그것은 단순히 문제를 해결하는 것이 아니라, 사람들이 자신의 잠재력을 발견하고 그것을 꽃피우도록 돕는 일이었다. 나는 고객의 내면에 숨겨진 보물을 찾아내는 탐험가이자, 그 보물을 가꾸는 정원사가 되고 싶었다.

이 여정은 정말 쉽지 않았다. 때로는 내 능력의 한계를 느끼기도 했고, 변화를 원하지 않는 사람들 앞에서 무력감을 느끼기도 했다. 하지만 이러한 경험 역시 소중한 배움의 기회였다. 코치로서의 겸손함과 인내심, 그리고 지속적인 학습의 중요성을 배운 것이다.

활동명 MONE 코치로 이름한 까닭

나의 코칭 철학을 정립하는 과정은 쉽지 않았다. 멘토 코칭을 받으며 '동기부여', '희망', '성장', '자유' 등의 키워드를 나열해 보았음에도 그것들은 마치 퍼즐 조각처럼 제자리를 찾지 못하고 있었다.

그래서 나는 노트 한 권을 들고 끊임없이 나를 탐구하기 시작했다. 시간이 흐르면서 퍼즐 조각이 하나둘 맞춰지기 시작했다. '동기부여', '희망', '성장', '자아실현'이라는 큰 그림이 그려졌고, 그 위에 '마음챙김', '신뢰', '방향성', '공감'이라는 색채가 더해졌다. 이 과정으로 탄생한 것이 바로 '모네(MONE)'라는 나의 활동명이다.

모네는 Motivation(동기부여), Opportunity(기회, 가능성), Navigator(조력자, 방향성), Empathy(공감)의 약자로, 나의 코칭 철학을 담고 있다. 동시에 한글로는 '모이다'라는 의미를 담아, 사람들의 마음을 모아 함께 성장하는 전문가가 되겠다는 나의 사명을 표현한다.

이번 에세이를 쓰면서 나는 기록의 힘을 새삼 깨달았다. 매일은 아니지만 떠오를 때마다 적어둔 일기를 에세이를 위해 꺼내보니, 시간 속에 흘러가 버린 나와 다시 만날 수 있었다. 일과 학업을 병행하며 코칭까지 배우려 고군분투하던 그 시절의 나를 만나니 감회가 새로웠다. 그때의 열정과 노력이 지금의 동기 코치들과의 인연으로 이어져, 함께 코치로서의 삶을 꿈꿀 수 있게 되었다는 사실에 감사함을 느꼈다. 기록은 또한 나의 성장을 측정하는 훌륭한 지표가 되어 주었다. 시간이 지나며 흐릿해진 기억들도 노트에 남겨둔 글로 다시 선명히 떠올릴 수 있었다. 얼마 전 그 노트를 펼쳐보니 과거의 내가 남긴 메시지가 눈에 들어왔다.

나는 유능한 코치가 되어 전 세계를 돌아다니고 싶다.
나의 재능을 사회에 기여하고 싶다.
많은 사람에게 희망을 주고 싶다.
나는 오롯이 나로서 살고 싶다.
작은 것에도 감사하고 행복할 줄 아는 사람이고 싶다.

누군가에게 '기여'하는 코치가 꿈
지금 보면 다소 순진하고 야심 찬 꿈처럼 보일 수 있지만, 그 본질은 여전히 내 안에 살아있다. 이 기록들은 내가 잠시 잊고 있었던 초심을 일깨워 주었고, 놀랍게도 나의 코칭 사명을 고민할 당시 떠올렸던 키워드와 맞닿아 있었다. 코칭과 관련된 수많은 가치 키워드 중에서도, 항상 내 눈에 가장 강렬하게 와 닿았던 단어가 바로 이것들이었다는 사실을 깨달았다. 이를 통해 나는 내 안의 일관된 열망과 가치관을 재확인할 수 있었고, 앞으로의 코칭 여정에 더욱 확신을 갖게 되었다.

이 에세이의 기록을 '10년 뒤에 다시 열어보고 싶다'는 생각이 든다. 그때는 이 꿈들이 모두 현실이 되어있기를, 그리고 지금보다 더 성장한 나의 모습을 만나게 되길 진심으로 바란다. 미래의 나는 어떤 코치로, 어떤 사람으로 서 있을까?

코치의 길은 쉽지 않다. 그리고 끝이 없다. 그러나 그것이 바로 이 여정의 아름다움이다. 때로는 자격증이라는 빛나는 트로피에 현혹되기도 하고, 때로는 안개 속에서 길을 잃기도 한다. 하지만 나는 알게 되었다. 진정한 코치의 길은 그 안개 속에서 시작된다는 것을.

나는 앞으로도 이 끝없는 여정을 즐기며, 매 순간 성장하는 코치가 되고 싶다. 유능한 코치가 되는 것보다 더 중요한 것은, 누군가에게 꼭 필요한 코치가 되는 것이다. 그것이 바로 내가 꿈꾸는 '기여'의 모습이다. 오늘도 나는 모네라는 이름으로, 누군가의 인생에 작은 빛이 되기 위해 한 걸음 더 나아간다. 그 과정에서 만나게 될 새로운 도전과 깨달음을 기대하며, 더 나은 코치, 더 나은 사람이 되기 위해 노력할 것이다. 그리고 언젠가는 나의 이런 노력이 더 나은 세상을 만드는 데 조금이나마 기여할 수 있기를 희망한다.

코칭은 이제 단순히 내가 하는 일이 아니라, 내가 누구인지를 정의하는 중요한 부분이 되었다. 나는 이 여정으로 나 자신을 발견하고, 동시에 다른 이들의 빛나는 색깔을 알아봐 주는 게 내가 할 일임을 깨달았다. 이것이 바로 내가 꿈꾸는 코치의 모습이며, 나의 사명이다.

이명정 코치

-
-
-

80년대 중반 억압과 혼돈 속에서 방황하는 청년·대학생들의 멘토로 살고자 결단하고, 40년 동안 캠퍼스, 직장, 가정에서 사람을 돕고 있는 목회학 석사(M.Div) 출신의 비즈니스 코치이다.

목회와 코칭, 이 두 길은 결국 '사람을 향한 사랑'으로 이어지며, 한 사람의 변화가 가정과 조직 더 나아가 사회까지도 변화시킨다고 믿는다.

오늘도 다양한 조직과 사회 속에서 분투하는 분들의 이야기를 따뜻한 마음으로 경청하며, 함께 방향과 해답을 찾아가는 여정에 동행하는 삶을 살고 있다.

국제 인증 전문 코치(PCC), 한국코치협회 인증 코치(KPC), 갤럽 글로벌 강점 코치, 에니어그램 코칭 강사 및 버크만 코칭 FT, 통합예술 코칭 1급 자격을 갖고 있다. 현재 기업, 교육기관, 대학원, 대학교, 개인에게 강의와 코칭을 병행하고 있다.

비즈니스 코치가 되려고 한 까닭

80년대 대한민국 청년들에게 닥친 현실은 민주화를 위한 데모와 이에 맞선 최루탄이 난무한 '혼돈' 그 자체였다. 이런 시대적 상황 앞에서 나는 교사라는 안정된 직장을 버렸다. 그러고는 천하보다 귀한 '한 사람'이 올바른 가치관 속에서 자신과 이웃을 위해 살도록 돕는 캠퍼스 스피리추얼(Campus Spiritual) 목사가 되고자 결단했다.

이후 청년들 한 사람 한 사람을 일대일로 만나 밤새우며 고민을 듣고, 함께 해결책과 인생의 목적을 찾아가는 스피리추얼 코치(Spiritual Coach)의 삶을 살았다. 그 결과 청년들이 자신들의 재능과 소명을 발견하고, 대한민국은 물론 미국·일본·남아공·호주·필리핀 등 세계 곳곳으로 나가, 지금까지 견실한 직장인·박사·간호사·선교사·주부로서 아름다운 인생을 사는 모습을 보았다. 참으로 감사와 기쁨이 넘치는 일이다. 이런 내가 왜 비즈니스 전문 코치가 되고자 결심을 하게 되었을까.

기업 임원급 돕기 위해 시작
나는 대학생들 인생 상담, 청년들 커리어 코칭, 장년 부부의 부부 생활과 자녀 교육 문제 상담 등 다양한 사람을 돕고 있다. 그런데 시간이 갈수록 어려운 게 있었다. 직장 내에서 중견 간부 및 임원급으로 성장하는 사람을 돕는 것이었다.

임원급에 해당하는 사람은 자신의 성장은 물론이고 회사와 조직의 발전을 위해서도 노력해야 한다. 조직의 노쇠화를 극복하도록 역동성을 불러일으켜야 하고, 새로운 사업 먹거리를 찾는 등 눈에 보이는 성과를 내야 한다. 주어진 일을 하면서 박사 학위를 취득해야 하는 경우도 있다. 그러나 비즈니스 경험이 부족한 나는 이런 사람을 돕는 데에 많은 한계를 느끼고 있었다. 더 큰 문제는 무엇을 어디에서 배우고 시작해야 하는지 전혀 알 수가 없었다는 것이다.

이때 미국 드라마 〈빌리언스(Billions)〉를 보게 되었다. 그 드라마에서 헤지펀드 액스 캐피탈(Axe Capital)에는 임직원들의 정신적 문제를 듣고 해결해 주는 퍼포먼스 코치(Performance Coach)가 있다는 것을 알게 되었다. 코치는 개인 문제, 가정 문제 등을 상담해 주는 것으로 알고 있던 나에게 신선한 충격이었다. 기업에서 임직원이 성과를 달성하는 데 코칭이라는 것이 큰 영향을 미친다는 것을 알게 되었기 때문이다. 그래서 한국에서도 이런 과정을 배울 수 있는 곳이 있는지 바로 폭풍 검색을 했다. 그때 알게 된 것이 '코칭경영원'이었다.

홈페이지를 들어가 보니 '한국의 코치들' 코너에 많은 비즈니스 코치의 역할이 서술되어 있었다. 사막에서 오아시스를 만난 것 같았다. 이곳이 바로 내가 그토록 찾고 있었던 모임이라는 것을 알게 되자 전문 코치 양성 과정(Business Coaching Mastery, BCM)의 문을 두드렸다. 본격적인 코치로서의 내 발걸음이 시작된 것이다.

내 인생의 가장 큰 선물인 '사람'을 돕는 지평이 넓어지는 기회를 주신 '코칭경영원'과 많은 도움을 주신 동료, 선후배 코치께 깊은 감사를 드린다.

지식 · 네트워크, 그리고 사랑의 BCM!

BCM은 코치 자격증을 취득하고 끝내는 그런 과정이 아니었다. 적어도 나에게는 그랬다. 코치로서 갖추어야 할 지식은 물론, 선·후배 동기들로 이루어진 다양한 네트워크의 활동이 넘쳐났다. 이 과정에서 내가 체험한 것들을 나누고 싶다.

BCM 7기 입학부터 예상치 못한 일이 벌어졌다. '얼리버드(Early Bird) 기간이 끝나기 전에 등록하면 되겠지'하고 여유를 부렸는데, '이게 웬 날벼락인가!' 얼리버드 기간이 끝나지도 않았는데 진작에 마감되어 등록할 수 없다는 것이었다. 7기 입학을 포기하고 다음을 기다리고 있을 때, 한 사람의 결원이 발생하여 운 좋게 7기로 입학할 수 있었다.

너무나 감사했다. 첫날, 처음 만나는 동기들에게 잘 보이기 위해 우리 동네에서 가장 맛있다고 소문난 마카롱을 인원수대로 정성스럽게 준비했다. 7월 7일 첫 수업 장소로 가는 내 마음은 초등학생처럼 설렘 반, 두려움 반으로 가득했다.

배움의 긍정 에너지에 새 힘 얻어

강의장에 도착하자 동기들은 자연스럽게 명함을 주고받으며 서로 인사를 나누었다. 받은 명함들은 한국인이라면 누구나 다 아는 기업들로 화려했다. 나도 용기를 내어 소박한 나의 명함을 건넸다. 어떤 분은 내 명함을 유심히 보다가 작은 글씨로 적힌 '목사'라는 직함을 발견하고 놀란 표정을 지었다. 그러나 자기소개 시간에 나의 직업과 비즈니스 코칭 과정에 입학하게 된 목적을 당당하게 소개하자 놀란 표정을 지었던 동기들도 따뜻하게 나를 환영해 주었고, 나의 긴장된 마음은 눈 녹듯이 사라졌다.

8시간 동안 이어진 첫날의 긴 수업은 시간 가는 줄 모를 정도로 신선했다. '코치란 고객과 함께하는 파트너이다'라는 말이 나의 뇌리를 때렸다. 코치는 고객을 변화시키는 책임자가 아니라, 고객 내면에 이미 갖고 있는 해답을 찾을 수 있도록 경청하고 적절한 질문을 던지는 '생각 파트너'라는 것이었다.

35년 동안 사람들의 문제를 해결해 줘야 한다는 책임감으로 살던 나에게, 코치로서의 삶은 용기와 기대로 충만케 했다. 또 시인, 기자, 장군, 인생 2막을 준비하는 시니어, 기업 임직원, 강사, 개인 사업가, 서비스 매니저 등 각양각색의 직업을 가진 20대 후반부터 60대까지의 다양한 동기들과 함께 배움의 시간을 갖는다는 것이 너무나 기뻤다. 긴 하루가 끝나고 집에 오면서 '여기에 참 잘 왔구나' 하는 뿌듯함으로 넘쳐났다. 이렇게 나의 BCM 교육 과정이 시작되었다.

온라인과 오프라인으로 이루어진 강의들과 팀별 액티비티 프로그램이 진행되면서 우리는 더 자주 서로의 얼굴을 보며 대화할 수 있기를 갈망했다. 배운 것에 대한 동기들의 기발하고 엉뚱한 질문은 강의로 지친 우리들의 잠을 깨우기도 했다. 나아가 그칠 줄 모르는 대화와 각자가 뿜어내는 긍정 에너지는 서로를 위로하고 새 힘을 얻게 했다.

그러나 우리가 입학한 중요한 목적 중 하나가 코칭 자격증을 취득하는 것이므로, 이런 중요한 일에 내가 할 수 있는 일이 무엇이 있을까 고민하기 시작했다. 강사님이 반드시 외워야 한다는 ICF 핵심 역량 모델 암기 사항을 책받침으로 만들어 동기들에게 나누어 주는 작은 일부터 적극적으로 실천했다. 이런 나를 좋게 봐준 동기들이 나를 학습부장으로 뽑아 주었고, 나는 학창 시절로 돌아간 것처럼 신이 나서 나 자신과 동기들의 자격증 취득을 위해서 열심히 움직였다. 바쁜 직장 생활로 자격증 시험 응시를 고민하는 동기들을 개별적으로 만나, '나중에 혼자 따는 것보다 함께 하는 것이 더 낫지 않을까'라며 설득을 했다. 많은 동기가 KAC 시험에 지원했다. 서류 전형, 필기 전형, 실기 전형을 거쳐 모든 동기가 최종 합격 소식을 전해줄 때, 내가 합격한 것보다 더 기쁘고 보람을 느꼈다. 종강 파티에서 한 동기가 "이명정 코치 덕분에 자격증을 땄어요!"라는 말 한마디는 내가 동기들에게 의미 있는 존재가 되었다는 것에 감사했다.

나 역시 KAC, BCMC, KPC, PCC 자격증을 한 단계, 한 단계 취득해 갈 때마다 많은 사람의 도움을 받았다. 이미 KPC 자격증을 취득한 7기 동기들이 상위 코치가 되어 코칭 실습을 도와주었다. 또 BCM 선배 기수들은 나의 멘토 코치가 되어 각종 자료를 나눠 주고, 용기와 지지를 아낌없이 보내주었다.

내가 먼저 치유되고 변하는 과정

이 과정은 자격증에 필요한 지식만 배우고, 과정이 마치면 뿔뿔이 흩어지는 모임이 아니었다. 같은 기수 동기들은 물론이요, 선·후배 각 기수들 상호 간의 다양한 네트워크는 내가 포기하지 않는 한 오랜 시간 유지될 끈끈함과 헌신이 있었다.

"지금 제가 코칭 실습을 해야 하는데 선배님들 도와주세요"하고 전체 카톡 방에 올리면, 순식간에 많은 선배가 도움의 손길을 주었다. 또 각 분야의 전문가들로 이루어져 있어서, 다양한 조언, 지식, 정보의 도움을 받을 수 있었다.

우리는 결코 혼자 시험공부하고 혼자 연습하는 그런 시스템이 아니었다. 개인적으로도 다양한 나이, 성별, 직업을 갖춘 사람과 소그룹 활동을 하면서 코치에게 필요한 역량을 키울 수 있었고, 같이 강의 듣고 같이 공부하고, 같이 사귐을 이루는 과정에서 더 폭넓은 한 인간으로서 성장하고 성숙할 수 있었다.

무엇보다 동기들은 목사인 나를 편견 없이 받아들였다. '감수성 훈련' 수업 중간에 코치 중 한 분이 '오늘 골프 싱글 쳤어요'라고 말했다. 이때 골프를 전혀 모르는 나는 '싱글'이라는 단어를 듣자마자, '왜 혼자 치셨어요?'하며 되물었다. 그러자 사방에서 웃음이 터졌고, 그분은 "올해 들은 유머 중 최고의 유머"였다고 했다.

이렇게 회사 생활을 한 사람이라면 누구나 알 수 있는 용어조차 이해하지 못하는 나를 위해 모든 것들을 친절히 설명해 주었다. 회식 자리에서도 내 잔에는 사이다를 채워주며 배려해 주었다. 이렇게 함께 한 코치 동료들이 있었기에, 나의 코치의 길은 더욱 즐겁고 의미 있는 여정이 되었다.

한국 사회 곳곳에서 리더 역할을 하는 사람과 함께 하는 BCM 과정은 다른 사람을 도와주는 코치 이전에 내가 치유되어 가고, 내가 변해가는 기쁨을 누리는 시간이다. 모든 동료 코치가 대한민국의 성장과 성숙에 이바지할 수 있는 진정한 리더요, 코치로 계속해서 공부하며 성장하고 성숙해 지기를 바라본다. BCM 7기 파이팅!

코치로 가장 큰 행복은 '인간 이해'

새롭고 즐거웠던 BCM 과정에 등록해 선배들의 도움을 받으며 동기들과 열심히 노력한 결과, KAC, KPC 자격증이라는 작은 선물을 받게 되었다. 또 BCMC에 이어 국제 인증 코치인 PCC 자격도 획득했다. 그러나 코치란 끊임없이 배우고 성장해야 하는 긴 여정이라는 것을 깨닫게 되었다.

나에게는 내 전문 분야의 지식과 경험, 그리고 코치로서 일천한 경험이 있다. 하지만 고객은 이런 경험으로는 닿지 못할 다양한 문제를 갖고 있다. 이들에게 어떤 변화를 이끌어 내려면 코치 자신의 성숙한 품격과 깊은 지식이 뒷받침되어야 한다. 코치가 많은 것들을 배우고 성장해야 하는 이유다. 이 기회에 내가 어떻게 변화되고 성장했는가를 이야기하고 싶다.

첫째, 갤럽 강점으로 새롭게 깨닫게 된 '나의 강점들'이다. 30년 이상 청·장년이 바람직한 가치관·인간관·직업관 등을 갖도록 스스로 엄청난 공부를 했다. 또 한 사람 한 사람을 가르치고 훈련했다. 이게 내 삶이었다. 먼저 내 자신을 돌아보려 매일 다이어리를 쓰고, 나누고, 다양한 사람과 대화했다. 이런 나에게 24년 2월 21일부터 25일까지 5일 동안 있었던 글로벌 강점 코치 과정(GGSC)은 새롭게 자신을 발견하는 귀한 시간이었다.

갤럽 강점은 먼저 인간의 강점을 34가지로 분류하고, 34개 강점 하나하나에 적합한 '이름'을 붙였다. 그리고 매 순간 삶의 현장에서 그 강점을 기억하고 적용하는 삶을 살아갈 때, 비로소 나의 강점으로 온전해질 수 있다는 것을 강조한다. 나의 강점 테마 Top 5개는 '개별화·성취·행동·배움·최상화'이다.

처음 '개별화'라는 말을 들었을 때, '이것이 뭐지?' 어안이 벙벙했다. 개별화(Individualization) 강점을 가진 사람은, 다른 사람을 볼 때 각 개인의 독특한 특성을 파악하고 이해하는 능력이 뛰어나서, 이를 존중하고 활용하는 데 능숙하다는 것이다. 5일 동안 강점 코치 과정에 참석한 사람과 심도 있게 이런 강점에 대해 서로 묻고, 듣고, 이야기하는 과정 속에서 나는 비로소 '개별화'가 나의 강점임을 깊이 확신할 수 있었다. 지금까지 교회를 비롯한 많은 모임에서 내가 만난 사람의 고유한 특성을 발견하고, 이를 존중하며 끊임없이 그 특성을 활용하는 삶을 살도록 도울 수 있었던 원동력은 바로 내가 '개별화'라는 강점을 소유하고 있었기 때문이었다. 나는 이 강점을 잘 활용할 수 있는 직업을 갖고 있었다는 것에 너무 감사했다.

강점 코칭 공부하며 나를 이해

우리는 인간의 부정적인 감정을 '우울·불안·분노·질투' 등 정확한 이름으로 규정하는 데에 반해, 각자의 강점은 제대로 배운 경험이 없다. 대학 입시, 취업에 성공하는 스펙들을 기준으로 강점을 이야기했다. 수학 잘하는 강점, 프로그래밍을 잘하는 강점, 말 잘하는 강점, 외모의 강점 등 주로 능력과 외형에 관련된 단어로 규정하고 있다. 그러나 인간은 최소한 34가지의 고유한 강점이 있고, 이 강점을 정확히 숙지하고, 가정에서, 학교에서, 직장에서, 대인관계에서 자주 사용할 때 얼마든지 각 분야에서 당당하고 가치 있게 살 수 있다.

어린 시절과 학창 시절부터 각 사람의 고유한 강점들을 발견하고, 그 강점을 잘 활용할 때, 우리는 자기에게 적합한 학과, 직업, 업무, 배우자를 선택하여 소신 있고 행복한 삶을 살 수 있는 것이다. 기업 내에서도 막연히 학벌, 전공, 성격 등이 아니라 각자의 강점에 기초해 업무를 배분할 수 있다. 각 사람의 강점을 기초로 한 서로에 대한 이해를 기반으로 조직의 팀워크를 만들어갈 때 훨씬 효율적이고 생산적인 직장 문화와 성과를 이룰 수 있다는 귀한 교훈을 얻게 되었다.

둘째, '만물의 영장인 인간을 어찌 갤럽 강점 34개로만 다 알 수 있을까'다. 학창 시절, 직장, 학계 등에서 성공한 사람은 자신만의 강점을 잘 활용하여 그 자리까지 올라간 지혜로운 이들이다. 그러나 이런 강점이 약점으로 작용하여 사회생활, 가정생활에 어려움을 겪는 경우도 종종 있다.

내가 그중 하나다. 나의 강점 테마 Top5 중 5번째가 '최상화'이다. Top1인 '개별화'라는 강점을 잘 발휘하기 위해서, 나는 최상의 판단, 최상의 삶, 최상의 교육을 하는 '최상화'의 삶을 살고자 노력했다. 그러다 보니 나는 자신뿐만 아니라, 다른 사람의 작은 실수조차 못마땅해했다. 내가 낳고, 수십 년 동안 본을 보이며 최상의 교육을 시킨 큰딸의 모습조차 이해하지 못해 힘들었다. 나의 강점을 활용하는 것으로는 이런 문제의 해결 방도를 찾을 수 없었다. 그만큼 나는 나 자신을 포함한 인간에 대한 이해가 많이 부족했다.

에니어그램에서 찾은 개인 특성

어느 날 멘토 코치에게 인간에 대한 이해 부족을 토로하자 에니어그램(Enneagram)을 공부해 보라고 권했다. 몇몇 동기와 에니어그램 공부를 시작했다. 에니어그램은 사람을 9가지 성격으로 분류하는 성격 유형 지표이자 인간 이해의 틀이다. 나는 1유형에 해당하는 사람으로서, 말과 행동의 일치를 중시하며, 옳은 일을 추진하는 데 적극적이고, 자기관리에 철저하다는 특징이 있다. 이런 특성은 내 모습과 딱 맞아떨어졌다.

단점도 명확했다. 반복되는 작은 실수나 결함을 지켜보는 것이 힘들고, 자신의 분노를 억압하므로 스스로 지치게 만든다. 1유형의 특징을 묘사하는 것을 읽으면서, 갑자기 남편이 나에게 해준 말이 기억났다.

"당신은 노년에 화병이 올 수도 있어!"

목사로 사는데 화병이라니….

그러나 객관적인 진단 결과, 내 안에 억눌린 분노가 많다는 것을 인정하지 않을 수 없었고, 그때부터 스스로 돌아보는 시간을 가지게 됐다.

20대, 30대에 나는 조직에서 인정받는 삶을 살았다. 많은 사람이 따르는 지도자로 사느라, 내 안에 분노가 있다는 것을 발견할 수 없었다. 그러나 40대, 50대가 되면서, 성장하지 않는 사람들을 보면, 이해와 용납이 되지 않았다. 분노가 일어났다. 나는 이것이 사람과 환경의 문제라고 진단했지, 내 속에 완벽주의로 인한 것임을 생각하지 못했다.

에니어그램 진단과 공부, 그리고 코치들과의 진지하고 깊은 대화가 이어지면서 그동안 잊고 있었던 10대 때의 내 모습도 떠올랐다. 가부장적이며, 여성을 무시하는 남성 위주의 지역 문화가 강했던 때, 분노가 끓었다. 환경이 낳은 분노였다.

이 분노는 내 전면으로 드러나지는 않았다. 젊은 시절 주변으로부터 인정받고 축복받는 삶이었기에 분노가 일어날 일이 그리 많지 않았고, 그러면서 나를 잊고 살았던 것이다. 그럼에도 나는 남성 위주의 그 분위기에서 벗어나고자 악착같이 공부하여 서울로 올라왔다. 그 모든 것을 에니어그램이 가리키고 있었다. 내가 나를 보게 되고, 남을 보게 된 것이다.

곧바로 가족과 제자들에게 에니어그램 진단을 하게 했다. 이를 바탕으로 서로의 특징을 기탄없이 이야기하는 과정을 가졌다. 그러면서 우리는 각 사람의 특징과 개성을 이해하고, 인정하는 계기가 되었다.

비로소 나는 큰딸을 객관적으로 바라보고 이해하게 되었다. 큰딸은 전형적인 9유형이었다. 9유형은 조화와 평화를 이루는 데 탁월한 능력을 가진 사람이다. 다른 사람의 관점을 잘 이해하고 수용하며, 공감 능력이 뛰어나다. 하지만 편안함을 중시하다 보니 중요한 일을 미루거나 태만해지는 경향이 있다. 이로 인해 자신의 미래 대비가 소극적이라 대학 입학, 직장 입사가 또래보다 항상 1, 2년이 늦었다. 그후, 큰딸은 '나와의 대화가 과거보다 훨씬 편안해졌고, 자신 또한 어떤 사람인지 더 깊이 이해하기 시작했다'고 감사해했다. 나 또한 딸의 성향을 받아들이며 나 자신부터 조금씩 변하기 위해 노력하고 있다. 지금은 엄마와 딸로서의 관계를 넘어 한 사람의 인격체로 서로를 이해하고 용납하는 행복하고 유연한 삶을 살고 있다.

셋째, '코치로서 얻는 가장 큰 행복은 무엇인가'다. 과거 역사를 기초로 생각할 때, 우리는 어느 때보다도 행복하고, 발전된 시대에 살고 있다. 그러나 우리는 갖가지 갈등을 해소하지 못해 서로 불신하고, 상처를 주며 살고 있다. 이런 이유 중 하나는 우리가 우리 자신조차 잘 알지 못한다는 데 있다. 나는 전통 사회의 언저리에서 태어나 자라났는데, 이제는 상상도 하지 못했던 로봇과 AI 시대에 적응하며 살려니 많이 힘들다. 나이와 경험이 쌓일수록 인간에 대한 폭넓은 이해를 지닌 여유로움보다는, 이해할 수 없는 사람들의 모습을 용납할 수 없어 마음고생이 이만저만이 아니다.

자신과 타인 존재 이해에 '코치' 필요
이렇게 나 자신과 사람을 이해하지 못해 하나가 되지 못하면, 아무리 굳건한 가정이라도, 갈등의 늪에 빠질 것이다. 회사나 단체도 마찬가지다. 갈등을 넘어 결국 침체에 빠지게 될 것이다. 실제 우리는 갈등과 불통의 깊은 늪에 빠져 허우적거리는 시대를 살고 있지 않은가.

이런 상황을 보면서, 오늘날 갤럽 강점, 에니어그램 등 인간을 이해하는 많은 도구를 쉽게 접할 수 있다는 것이 무척 다행스럽다고 생각한다. 이를 활용해 많은 사람이 각각 과거보다 훨씬 쉽게 자신을 객관적이고, 다양하게 이해할 수 있으니 말이다.

그러나 또 많은 사람은 호기심에 기초한 일회성 자기 분석과 이해에 머무르고 있다. 안타깝다. 나도 8시간짜리 갤럽 강점 강의를 들었을 때, 용어 하나하나를 이해하고 소화하기에도 벅찼다. 그러나 5일 동안의 글로벌 강점 코치 과정(GGSC)에서 선배 코치의 강의를 듣고, 그 강의 내용을 가지고 다양한 사람과 깊이 있는 질문과 대화를 하고서야 비로소 나 자신을 포함하여 각각의 사람을 하나하나 깊이 있게 이해할 수 있었다. 일회성 호기심으로 자기를 안다는 것은 불가능하다.

이때 깨달은 게 있다. 자신과 타인을 진정으로 이해하기 위해서는 꼭 필요한 존재가 바로 '코치'라는 것. 코치란 고객의 무한한 가능성을 믿고, 공감과 적절한 질문으로 그들이 스스로 자신을 깊이 이해하고, 자신의 문제 해결의 답을 찾아갈 수 있도록 돕는 존재다.

이 때문에 코치로서 가장 큰 행복은 자신이 변화하고, 사람들에게 긍정적인 변화를 선물할 수 있는 것이 아닐까 싶다. 작게는 생명의 관계라 할 수 있는 남편, 자녀, 부모도 더 깊이 이해할 수 있게 된 것이다. 이 또한 더할 나위 없는 축복의 선물이 아닐 수 없다.

"나는 나 자신과 주변 사람을 얼마나 이해하고 있을까?" BCM, 갤럽 강점, 에니어그램 등 코칭 훈련 과정은 내게 이 질문의 답을 찾아가는 여정을 선물해 주었다. 이 여정에서 나와 타인의 삶을 더 깊이 이해하고, 더 나은 관계를 만들어갈 수 있는 기초를 마련했다. 이로써 나 자신을 이해하는 것이 나아가 큰 조직과 세상의 변화를 이끄는 첫걸음이라고 굳게 믿게 됐다.

그래서 좋은 코치가 필요한 거야

행복을 주는 코치가 되려고 각종 코칭 프로그램과 기법을 공부했다. 이 과정에서 가장 감사한 것은 나에 대한 객관적 이해였다. 그 결과 나 자신이 변화하고, 가정에 평화가 찾아왔다. 마음에 여유와 행복이 커진 것은 당연한 일이었다.

다른 사람을 코칭하려고 배우는 도중에 그 효과를 직접 경험한 것이다. 자연스럽게 코칭에 대한 자신감이 생겼다. 덕분에 나는 토목 교량 기업의 상무이사로부터 온 코칭 제안을 받아들였다. 조 상무가 그 사람이다.

조 상무는 사람들과 유대 관계가 좋고, 직원들 자녀의 이름까지 알고 묻는 따뜻한 임원이다. 업무 책임감도 강해 자신의 업무를 넘어서, 직원들 업무까지 다 챙기는 희생적인 사람이다. 이런 그에게 필요한 게 있었다. 회사의 미래 먹거리 개발을 위한 전문 지식 향상과 아이디어가 그것이었다.

이를 해결하기 위해 그는 박사 과정에 입학했다. 주 3회 대학원 수업을 듣고, 자신의 업무와 직원들의 업무까지 챙기느라 눈코 뜰 새 없이 바빴다. 자연히 사장이 지시한 사항을 수행하기가 벅찼다. 직장 내 성과를 잘 내는 다른 임원과 경쟁 심리도 스트레스를 더했다. 시간이

갈수록 몸과 마음은 지쳐 대학원 수업을 제대로 감당할 수 없었다.

스트레스는 결국 가정생활까지도 영향을 미쳤다. 퇴근 후 짜증이 심해졌다. 맞벌이 부부인 아내도 직장 생활로 인한 스트레스에다 남편의 짜증을 해소하기 위해 큰 소리로 음악을 듣고 노래를 불렀다. 남편은 이것이 또 거슬렸다. 결국 서로 큰 소리로 다퉜다. 어느새 말만 하면 서로의 감정을 긁는 관계가 된 것이다.

이런 문제로 괴로워하는 조 상무를 어떻게 도울 수 있을까? 고민에 고민을 거듭했다. 교량 기업의 경험이 없지만, 비즈니스 전문 코치라면 모름지기 익숙하지 않은 분야의 기업인도 코칭할 때 편안해야 하지 않을까 생각했다. 무엇보다도 결국 코칭의 대상은 토목 교량 분야의 지식이나 기술이 아니라, 그 지식과 기술을 수행하는 당사자인 '사람'이라는 생각이 미치자, 방향이 잡히고 자신감이 생기기 시작했다.

'그래! 사람에게 포커스를 맞추고 경청하고 질문하면서 클라이언트의 생각 파트너로서 함께 존재하면 스스로 답을 찾을 것'이라는 코칭 철학에 근거해 적극적, 능동적으로 코칭하기 시작했다. 당연히 업계 전문용어가 나오면 아는 체하지 않고 겸손히 물으면서 대화를 진행했다.

'상무 역할은 무엇?' 질문에 문제점 인식
내가 코칭 1회차에 제일 먼저 던진 질문은 '상무'라는 직위는 어떤 자리이며, 상무의 역할은 무엇인가'였다. 조 상무는 코칭 대화에서 그동안 진지하게 생각하지 않았던 상무라는 직위는 어떤 자리이며, 상무의 역할은 무엇인가를 생각하기 시작했다. 상무라는 직위는 자기 일도 열심히 하고, 부하 직원들의 일까지 대신하는 자리가 아니라는 것을 깨닫기 시작했다. 직원들을 대신하여 일을 감당하면, 직원들은 성장하지 못한다. 직원들에게 좋은 상무가 되는 것보다, 직원들을 실력과 인품을 갖춘 전문가로 잘 키우는 것이 중요하다는 것을 인식했다.

'그럼, 스스로 어떤 상무라고 생각하십니까'라는 질문에 그는 한참을 침묵했다. 질문 앞에 자신을 돌아보면서 깊은 자기 성찰이 일어났고, 현재 자신이 상무로서 어떤 점이 문제인지 스스로 답과 방향을 제시했다.

또한 동료 임원과의 불편한 관계를 코칭 주제로 했을 때도 관점 전환 질문에서 생각의 변화가 일어났다. 동료 임원은 경쟁자가 아니라 상생의 관계로서 서로 배우고, 서로 도와 각자의 성장을 이룰 때 기업 또한 성장할 수 있다는 것을 받아들이기 시작했다. 그 결과 자신에게 부족한 전략적 사고를 그 임원으로부터 배우고, 일방적이고 강한 성격의 그 임원에게는 그가 부족한 부분, 즉 직원들을 부드럽게 이끌어가는 리더십 상담을 해주게 되었다. 이제는 둘도 없는 직장동료로 서로의 성장을 이끌고 도와주는 관계로 발전하였다. 이렇게 생각의 전환과 상생의 협력 관계에서 오는 기쁨은 직장 내에서 마음의 여유를 가져다주었다.

또 풀타임 직장 생활을 하면서 대학원 박사 과정에 필요한 영어 논문, 한글 논문을 쓰는 것은 쉬운 일이 아니었다. 완벽한 논문을 쓰려는 엔지니어의 완벽주의와 마감을 지켜야 한다는 강박 관념으로 인해 심장이 뛰고 호흡이 곤란한 현상이 나타났다. 코칭 대화에서 조 상무가 내린 결론은 욕심을 버리고 순리에 맡기며 겸손과 최선을 다하는 자세의 중요성이었다. 그리고 직장 생활과 논문 완성을 위해 긴 호흡으로 달릴 수 있는 체력의 중요성을 인식했고, 이를 위해 수영과 요가를 등록하게 되었다. 퇴근 후 지친 몸을 운동으로 회복하고, 안정된 호흡과 집중력을 갖고 새벽 1시까지 1년을 꾸준히 논문 쓰는 일정을 꾸준히 하자 조금씩 체력적, 정신적 안정감이 좋아졌다.

몇 번의 영어 논문의 퇴짜와 논문의 완성 과정에서 보이는 여러 가지 미숙한 점에도 불구하고, 1주일에 1회씩 진행된 코칭은 감정적 번민과 조급함을 내려놓게 하였다. 조 상무는 4년간의 끈질긴 노력과 인내로 결국 2025년 2월, 해양 교량 분야에서 박사 학위를 취득하는 큰 성취를 이루었다. 이 감동적인 순간을 함께 지켜보며, 코치로서 말로 표현할 수 없는 깊은 보람과 기쁨을 느꼈다.

무엇보다도 이렇게 성공적인 코칭을 할 수 있었던 비결은 조 상무의 부인도 함께 코칭을 받았다는 데에 있다. 이 가정은 각자의 직장 생활로 인한 스트레스를 여과 없이 발산해 서로에게 상처를 주고받는 상황이었다. 부인은 텔레마케터로 고객들의 다양한 불만과 불평을 상담하느라 정신적 스트레스가 많은 편이었다. 가정에 돌아오면 남편은 많은 업무와 대학원 논문으로 늘 긴장되어 있었다. 어디에도 스트레스를 해소할 상황이 아니었다. 부인과의 코칭 대화에서 먼저 스트레스를 능동적으로 해소할 방법의 하나로 헬스를 정하게 되었다. 더 구체적으로 바디 프로필 찍는 목표를 잡았다. 눈에 잡히는 구체적인 목표가 생기자 날마다 헬스장에 갔더니 스트레스 해소는 기본이요, 바디 프로필 사진을 찍는 날 남편의 축하를 받는 상상도 할 수 있는 긍정적 경험을 갖게 되었다. 이 과정에서 성취감을 누리게 되자 직장 생활에 자신감을 회복하게 되었고, 회사 내에서 세일즈 1등으로 최우수 사원으로 성장하게 되었다.

회사에서 위치 높을수록 코치 필요
운동과 직장 생활에서의 성장은 부인에게 삶의 동기는 물론이고, 에너지 회복에 큰 도움이 되었다. 이에 스트레스로 지친 남편을 뒤에서 조용히 응원하며 공부에 집중할 수 있는 환경을 마련하는 데도 힘을 쏟게 됐다. 이렇게 조 상무와 부인은 각자의 목표를 성공적으로 이루어가며, 가정은 이전보다 더 행복과 사랑이 가득한 공간으로 변해갔다.

　AI 기술의 급속한 발전으로 오늘날 모든 기업은 혁신적인 기술과 아이템을 발굴해야 하는 시대적 요구에 직면해 있다. 그러나 아무리 새로운 기술과 아이디어를 갖고 있더라도, 그것을 수익성 있는 사업으로 발전시키는 핵심은 결국 사람이다. 특히 전문 분야에서 많은 지식과 경험을 쌓은 임원의 역할이 중요하다. 임원은 명확한 비전을 제시하고, 직원이 공동의 목표를 협력할 수 있도록 리더십을 발휘해야 한다. 그러나 베테랑 임원도 때로는 어려움을 겪을 수 있다. 과중한 업무 책임과 더불어 개인적, 가정적 상황으로 인해 에너지가 소진되어 온전히 집중하기 어려운 순간을 맞이할 수 있다. 무엇보다 위치가 높아지고, 연배가 쌓여갈수록 다른 사람과 솔직하게 의논하기도 쉽지 않다.

이런 사람에게는 신뢰할 수 있는 코치가 필요하다. 임직원이 편안하게 문제를 공유하고, 그들의 이야기를 경청하며 적절한 질문으로 올바른 방향과 해답을 찾도록 도와주는 성숙하고 실력 있는 코치가 필요함을 다시 한번 깨달았다. 사회와 기업의 리더들이 올바른 방향과 해답을 찾을 수 있도록 지원할 때, 개인은 물론이요, 가정과 기업이 변화되고 성장할 수 있음을 믿는다.

역동적 조직 문화? 코칭이면 가능!

최고의 코칭 프로그램과 자기 전문 분야에서 열심히 일하는 동기들과 함께 한 2년이라는 짧은 시간은 내게 많은 변화를 가져다주었다. 고객이 안고 있는 모든 문제를 완벽하게 해결할 수 없다는 자기 인식이며, 나 또한 더 많은 공부와 코칭 경험, 그리고 상위 코치들로부터 코칭을 받아야 성장할 수 있다는 사실을 깨달았다. 이 글에서는 작은 조직이지만, 조직의 대표를 코칭으로 섬길 때, 대표는 물론, 조직 전체가 어떻게 변해가는가를 지켜본 이야기를 나누고 싶다.

대한민국은 교육 공화국이라 할 만큼 사교육 시장이 활성화되어 있다. 공교육에 종사하는 교사들은 일정한 자격과 축적된 인적·물적 자원, 그리고 공적인 관리 등으로 체계와 안정감이 있다. 그러나 상대적으로 학원 사업에 종사하는 사람은 학원을 운영하는 대표의 실력과 인격에 따라 많은 차이가 날 수밖에 없다. 이런 사교육 시장에서 15년 이상 종사해 온 이 원장과 학원 강사들을 코칭하게 되었다.

이 원장의 학원은 교육특구라 할 수 있는 대치동과 반포동에 있다. 학원 교육으로 공교육에서 부족한 부분을 보충하여 자녀들의 꿈을 이루어 주고자 하는 학부모들의 열의는 말로 표현할 수 없을 만큼 뜨

겁다. 이렇게 다양한 학부모와 학생의 요구를 맞추기 위해서는 실력과 인품을 갖춘 원장과 강사가 중요하다. 대학 졸업 후 학원 평강사로 다양한 지역에서 경험을 쌓은 이 원장은 대치동 강사 생활 7년 만에 한 학원을 운영하는 원장의 자리에 오르게 되었다.

그러나 학생들을 가르치며, 강사와 직원들까지 관리하며 학원을 운영한 경험은 없었다. 더욱이 교육특구인 반포에 학원을 오픈하여 투자에 걸맞는 성장을 이루는 것은 쉽지 않은 일이었다.

수학학원에 강점 코칭, 두 배 넘는 성장
프리랜서로 자기 강의만 잘하면 된다는 개인주의적 성향의 강사들, 강사와 데스크 직원 상호 간의 긴밀한 소통, 이웃 학원들과 치열한 경쟁 등은 이 원장을 고민에 빠지게 했다.

원장은 자신의 고민을 이야기하면서, 빠르고 확실한 해답을 기대하는 것 같았다. 그러나 나는 나의 문제의식과 경험에 기초한 해답 제시를 멈추고, 코칭 대화법으로 원장의 고민을 듣고 차분히 질문을 던지며, 원장 스스로 답을 찾아가도록 도왔다.

그러자 이 원장은 '어떻게 하면 학원을 잘 운영할 수 있을까'하는 생각에서 '자신이 어떤 원장이 되어야 하는가'하는 쪽으로 생각의 전환을 하게 되었다. 학원 운영은 원장 자신의 성장에 있다는 것을 깨달은 것이다.

'그러면 구체적으로 어떻게 성장을 이룰 것인가?' 이 질문에 이 원장은 학원 출근 전 2시간의 독서와 퇴근 후 하루 결산을 하겠다는 생각을 해냈다. 먼저 자신이 성장하는 것에 초점을 맞추기 시작한 것이다.

수학을 가르치는 실력과 조직의 대표로서 직원을 이끌어가는 경영 실력은 엄연히 다른 것이다. 다양한 리더십, 경영 철학, 조직 운영에 관한 책을 읽고, 정리하면서 경영자로서 구체적인 방향과 리더십을 갖춰갔다. 그리고 갤럽 강점 진단과 에니어그램을 기초로 원장과의 깊은 대화를 했다. 이때 자신의 강점과 성장해야 할 점, 그리고 성향을 발견하고 이해를 하는 시간을 가졌다.

　원장의 강점 테마 Top5는 '배움·적응·개발·최상화·공정성'이었다. 원장이 되기 전에도 원장은 대학원 지도자 과정과 각종 세미나를 수강할 정도로 배우는 것을 좋아했다. 또 그 배움으로 원장 직무 초기에 강사와 직원을 뽑고 관리하는 데에 실력을 발휘하고 있었다.
　무엇보다도 학원을 운영하면서 갑자기 강사가 응급실에 가는 상황, 학부모 상담에서 치명적 실수가 발생하는 등 예상치 못한 문제 앞에서 놀라울 정도로 침착하고 유연하게 대응했다. 이는 '적응' 테마를 실제 삶에서 활용하고 있음을 보여주는 것이다. 나아가 원장은 강사들의 재능을 '개발'하고, '최상의 강사'로 키우는 데에 강점을 활용하고 있었다. 또 학원의 학생, 학부모, 강사와 직원 사이에서 일어나는 많은 문제도 침착하고 겸손하게 갈등 상황을 해결해 갔다.
　원장은 이렇게 자신의 강점과 리더십으로 학원을 운영했다. 그 결과 소수의 학생으로 시작한 학원 규모가 1년 만에 150명대로 성장했다.
　그러나 10여 명의 강사와 3명의 직원으로 150명 이상을 감당하기는 쉽지 않았다. 몰려오는 학생의 섬세한 관리와 상담이 중요했다. 이뿐 아니라 데스크 직원과 강사 간의 소통으로 상호 간의 끈끈한 협력과 조직에 대한 자부심이 무엇보다 중요했다.

이를 위해 강사와 직원의 강점을 서로 알고 이해할 때 팀워크가 향상할 수 있다는 것을 원장은 깨닫게 되었다.

원장은 사비를 들여 '갤럽 강점 진단과 2회에 걸친 구성원 전원 코칭 워크숍을 하자'고 제안했다. 이런 반가운 제안에 몇몇 동기 코치와 학원에 직접 가서 갤럽 강점 워크숍을 진행했다. 학생에게만 초점을 맞추던 강사가 함께 모여서 동료 강사와 데스크 직원의 강점을 들으며 웃고 떠들고 진지하게 대화하는 과정이었다.

강사·직원 친밀감 높아지며 역동
이 시간 덕분에 강사와 직원들은 서로를 이해하게 되고, 친밀감을 형성하게 되었다. 또 원장은 수학과 학생 관리 측면에서만 강사를 바라보던 시야에서, 리더십 있는 사람, 아이디어를 내는 사람, 커뮤니케이션을 잘하는 사람 등 조직 전체에 필요한 시야로서 강사와 직원들을 깊이 있게 알게 되었다.

2번에 걸친 강점 워크숍 이후 학원에는 생각하지 못했던 새로운 변화가 일어났다. 같은 학원에서 근무하지만 1년 내내 '안녕하세요' 한마디 외에는 소통이 없던 그들은 서로서로 어려움을 나누는 관계로 발전했다. 강사와 데스크 직원 사이도 소통이 원활하게 이루어지게 되었다.

커뮤니케이션의 강점을 가진 한 강사에게 회식 때 재능을 발휘할 기회를 주자, 회식은 게임과 레크리에이션으로 너무나 즐거운 시간으로 바뀌었고, 이제는 다음 회식이 빨리 돌아오기를 기다릴 정도가 되었다. 어느 학원과 기업에서도 쉽게 볼 수 없는 친밀하고 역동성 있는 독특한 문화를 이루게 되었다.

이런 변화를 조직의 성장으로 연결하기 위해 강사를 두 그룹으로 나누고, 각 그룹을 이끌어갈 중간 팀장을 세웠다. 중간 팀장은 1년 동안 보여준 수학 강사로서의 실력과 갤럽 강점에서 보여준 강점 테마를 기초로 했다. 이들에게는 각각 한 그룹의 일정한 업무와 강사를 이끄는 권한이 위임됐다. 그리고 이들에게 차기 원장 후보가 되는 자격이 주어졌다.

개인사업자인 학원 강사들은 소속감을 갖기 어렵다. 그럼에도 두 팀으로 나뉜 강사들은 다른 팀과 선의의 경쟁을 하며 학생 가르치는 것을 넘어 강사들 상호 간의 협력과 대화로 소속감이 생기기 시작했다. 강사로서 자부심을 갖고 열심히 일하는 것은 기본이 된 것이다.

보통 소속감을 쉽게 찾기 어려워 이직률이 높은 학원 사업이다. 하지만 이 학원은 강사들이 행복하고 안정된 생활을 하고 있다. 이런 변화는 자연히 학생들에게도 좋은 영향을 미쳤고, 개원 2년 만에 300명의 수강생을 보유한 학원으로 성장하여, 지금 제2관 오픈을 준비하고 있다.

어떤 조직이든 인간 이해가 중요

더 큰 성장을 위해서는 각 개인의 역량을 향상해야 한다는 점도 인식하게 됐다. 이에 뒤떨어진 강사를 위한 개별 에니어그램 코칭으로 성장을 도모하고 있다. 원장은 10년 내 10개의 학원을 개척하는 큰 비전을 세웠다. 이를 이루기 위해서 코칭에서 배운 것들을 활용하며 행복해하고 있다.

아무리 IT와 AI 시대라고 해도, 결국 일을 최종적으로 책임지고 수행하는 주인공은 사람이다. 그런 점에서 한 조직의 리더가 구성원들의 강점과 성향을 이해하고, 더불어 일을 하는 방식을 구현해 나갈 때 행복한 기업, 경쟁력 있는 기업을 만들 수 있다.

'기성세대와 너무나 다른 MZ세대를 갤럽 강점 진단을 비롯한 각종 인간 이해의 도구를 활용하여, 서로를 이해할 때, 기업의 조직 문화, 일하는 방식이 더 효율적이지 않을까' 감히 생각해 본다.

스포츠팀도 좋은 시설, 좋은 음식, 많은 연봉을 주는 것을 넘어 각 선수의 고민과 심리를 상담하는 코치를 두고 있다. 갈수록 변해가는 시대에 리더가 먼저 코칭의 중요성을 체험하고 조직 내에 코칭을 장기적으로 꾸준히 투자하는 리더들이 많이 나오기를 소망한다.

이를 위해서 나부터 줄기차고 다양한 코칭 공부와 경험을 쌓아 어떤 클라이언트도 자신 안에 있는 답을 찾아가게 돕는 실력 있고 행복한 코치로 성장하는 노력을 멈추지 않기를 다짐해 본다.

이석구 코치

-
-
-

육군 중장 출신이다. 리더십·국방·방산·외교·교육 분야 전문가로서, 한국코치협회 인증 코치(KPC), 갤럽 글로벌 강점 코치, 국제코치연맹 인증 코치로 활동 중이다. 스위스경영대학원에서 AI & 빅데이터를 전공, 경영학 박사 학위를 취득했다. 칭화대·하노이대 CEO 과정과 스탠포드 SCPM 과정도 수료했다.

현재 연세대 글로벌 인재대학 특임교수, 서정대 초빙교수, 상해 푸단대 객원교수로 활동하며, 아시아아너스소사이어티 회장을 맡고 있다. 국방대학교 총장과 주아랍에미리트 대사를 역임했으며, 대한태권도협회 이사, 서울아트페어 대회장 등 다양한 분야에서 리더십을 발휘해 왔다. 또 국제표준기구(ISO) 인증 심사원이자 프로젝트 매니저로 다양한 조직과 기업을 자문하고 있다. 최근에는 리더십 개발, 조직 강화, 글로벌 네트워킹, 한국 기업의 중동·글로벌 시장 진출 전략을 연구하고 있다.

저서로는 『마르스의 두 얼굴-정당한 전쟁과 부당한 전쟁』(공역)이 있다.

코칭이 바꾼 내 인생!

코칭을 배우기 전과 후를 비교해 보면, 내 삶은 마치 전혀 다른 차원의 세상으로 이동한 것처럼 느껴진다. 나는 30년 넘게 군에서 복무하며 국방 관련 교육기관 총장을 거쳐 전역 후 외교관으로도 일했다. 조직에서 리더십을 발휘하고, 전략을 세우고, 결정 내리는 역할을 수행하며 많은 것을 배웠다. 하지만 코칭을 배우고 나서야 나는 진짜 리더십이 무엇인지, 사람을 성장시키는 것이 무엇인지 더 깊이 이해하게 되었다.

군과 외교라는 세계에서 살아온 나는 명확한 목표 설정과 실행 중심의 사고방식을 갖고 있었다. 빠르고 효과적인 해결책을 찾는 것이 습관처럼 몸에 배어 있었다. 하지만 코칭을 배우면서 삶을 바라보는 방식이 근본적으로 바뀌었다. 문제를 해결하기보다 질문을 통해 답을 찾아가는 과정의 중요성을 깨달은 것이다.

코칭을 배우며 달라진 긍정적 변화
코칭을 배우면서 '인생의 바퀴(Life Wheel)'라는 개념을 접했다. 우리가 균형 잡힌 삶을 살기 위해서는 단순히 일과 성취뿐만 아니라, 건강·관계·성장·의미·즐거움 등 다양한 영역이 함께 돌아가야 한다는 걸 알게 되었다.

　돌이켜보니 나는 오랫동안 조직의 목표를 달성하는 데만 집중했었기에 내 삶의 바퀴는 한쪽으로만 치우쳐 있었다. 코칭을 배우고 나서야 비로소 내 인생 바퀴를 조정할 수 있었다. 일뿐만 아니라 가족과의 관계, 건강한 라이프 스타일, 개인적인 성장에도 신경 쓰기 시작했다. 덕분에 더욱 균형 잡힌 삶을 살 수 있게 된 것이다.

　코칭을 배우면서 가장 크게 달라진 점은 '듣는 방식'이다. 예전에는 상대의 말을 들으면서도 머릿속에서는 바로 해결책을 떠올리거나, 어떻게 반박할지를 생각하곤 했다. 하지만 코칭에서는 경청의 중요성이 강조된다. '정말 듣고 있는가' '상대방이 말하는 것 뒤에 숨겨진 의미는 무엇인가'라는 질문을 스스로에게 던지면서 대화하는 법을 익혔다.

　이 변화는 단순히 업무적인 관계뿐만 아니라, 아이들과의 관계에서도 큰 영향을 미쳤다. 예전에는 아이들이 고민을 털어놓으면 곧바로 조언을 해주곤 했다. 하지만 이제는 조언 대신 질문을 던진다.

　"넌 이 상황에서 어떻게 하고 싶어?"

　"어떤 선택을 하면 너에게 가장 좋은 결과가 될 것 같아?"

　이렇게 아이들이 스스로 생각하고 답을 찾도록 도와주면서, 자연스럽게 더 깊이 있는 대화를 나누게 되었다.

세상을 바라보는 눈 깊어지다

코칭을 배우면서 내 사고방식이 더 유연해졌다. 특히 비즈니스 코칭 과정과 갤럽 강점 코칭 과정을 수료하면서 사람마다 타고난 강점이 다르다는 것을 더 깊이 이해하게 되었다. 과거에는 '이렇게 하는 것이 정답이다'라는 사고방식이 강했다면, 이제는 '각자의 방식이 있다'는 걸 인정하고 받아들이게 되었다.

예를 들어 군에서는 명령과 지시가 효율적인 조직 운영 방식이었지만, 코칭을 하면서 그것이 유일한 방식이 아니라는 걸 깨달았다. 사람들은 각자 고유한 방식으로 성장하고, 자신의 해결책을 찾아야 한다. 코치는 그 과정을 돕는 안내자 역할을 하는 것이다.

코칭을 배우면서 나는 더 열린 마음으로 사람들을 대하게 되었다. 상대방을 판단하기보다, 그들의 이야기를 끝까지 듣고, 그들이 가진 가능성을 믿어주려 노력하고 있다. 코칭은 내게 '성장과 변화는 누구에게나 가능하다'는 믿음을 심어주었고, 이 믿음은 내가 만나는 사람들에게도 긍정적인 영향을 미치고 있다.

처음 코칭을 배우기 시작하면, 모든 것이 낯설고 어렵게 느껴질 수 있다. 나도 그랬다. 하지만 코칭을 배운 후의 삶은 이전과는 비교할 수 없을 정도로 풍요로워졌다. 중요한 것은 완벽한 코치가 되는 것이 아니라, 계속 배우고 성장하는 과정 자체를 즐기는 것이라 생각한다.

코칭은 단순한 직업이 아니라, 삶을 바라보는 새로운 방식이다. 코칭을 통해 자신을 더 깊이 이해하고, 타인을 더 잘 도울 수 있게 되는 과정이다. 여러분도 이 여정을 즐기면서, 자신의 성장과 함께 다른 사람들의 성장도 돕는 멋진 코치가 되길 바란다.

"코칭의 세계에 오신 것을 환영합니다. 함께 성장해 나가요!"

코칭 공부는 엄청난 용기다

젊은 시절 나의 첫 선택은 군인의 길이었다. 이후 오랫동안 제복을 입고 엄격한 규율과 규정 속에서 살아왔다. 이제 머리 위에는 흰 머리카락이 듬뿍 생겼고 조직을 떠나야 했다. 돌아보면 그동안의 삶이 무미건조한 것은 아니었다. 나와 가정, 그리고 군대라는 조직에서 행복을 느껴왔던 소중한 시간이었다.

그 많은 시간에 가장 중요했던 것은 바로 '사람'과의 만남이었다. 특히 부모를 떠나 조직 생활을 하는 많은 젊은이가 낯선 환경에서 힘들어할 때, 그들에게 조금이라도 도움이 되고 싶어 부모 같은 열정으로 만나곤 했다.

어떻게 하면 젊은이와 다시 만나 부모 같은 열정의 마음을 전달할 수 있을까. 코칭이었다.

코칭은 삶을 변화시키는 강력한 도구
그렇다면 내 삶의 두 번째 선택은 분명했다. '코칭'이라는 새로운 분야에 발을 들여놓는 것이다. 처음 코칭을 배우기 시작할 때, 솔직히 망설임도 있었다. 일단 너무 바빴다. 박사 과정도 마무리해야 했고, 아들의 유학비도 마련해야 했다. 시간도 필요했고 돈도 벌어야 했다. 하지만 나는 미래를 위해 과감하게 전문 비즈니스 코치의 길을 걷기로 했다.

 망설임의 이유는 또 있었다. 일단 비용이 상당했다. 과연 이 비용을 감수할 만큼 의미 있을까 싶었다. 하지만 코칭을 공부하는 과정에서 그 망설임이 얼마나 부질없는 걱정이었는지 깨달았다. 코칭이 나를 완전히 새로운 세계로 이끈 것이다.

 코칭은 단순히 답을 주는 것이 아니었다. 상대방이 자신의 잠재력과 능력을 발견하고, 스스로 문제를 해결할 수 있도록 돕는 과정이었다. 처음에는 오랜 조직 생활에서 쌓아온 경험을 바탕으로 해결책을 제시하려고 했다. 그러다가 점점 내가 코칭을 하면서 상대방이 자신의 답을 찾도록 도와주는 방식으로 변했다. 그로 인해 나를 만난 사람들은 점점 자신감을 얻고 스스로의 길을 찾기 시작했다. 이런 변화는 코칭이 단순한 대화가 아니라 삶을 변화시키는 강력한 도구라는 걸 깨닫는 계기가 됐다.

 코칭에서 가장 중요한 것은 상대방이 주인공인 대화이다. 예를 들어, 아들을 유학 보내기 전에 고민이 많던 한 후배가 있었다. 그를 코칭할 때였다. 나는 스스로 고민을 털어놓도록 질문했고, 그 고민의 본질이 무엇인지를 알게 하는 질문도 했다. 그러고는 아들에게 무엇을 해줄 수 있는지를 물었다. 대화는 진지하게 진행됐다. 특히 대화에서 철저히 그 후배가 주인공이 되도록 했고 나는 그저 도움을 주는 관계자로서 질문했을 뿐이다. 그는 자신이 알지 못하는 많은 것을 스스로 느끼고 깨달았다. 그것을 바탕으로 아들을 대할 수 있었다. 지금 그 아들은 아버지의 응원에 힘입어 미국에서 잘 적응하고 있다.

여기서 느낀 점은 코치도 고객에게 책임감을 가지는 게 중요하다는 것을 깨닫게 되었다. 코칭이 단순한 조언이 아니라 '책임 있는 대화'라는 점에서 그렇다. 물론 여기에는 서로에게 가치 있는 관계를 형성하고 유지하는 것이 필요하다.

지난 몇 년 동안 다양한 사람을 코칭을 하면서, 각자의 고민과 목표를 함께 나누었다. 어떤 사람은 새로운 직업 찾기를 고민했고, 어떤 사람은 사업을 더 성장시키기 위해 늘 절치부심이었다. 그들이 코칭을 받고 자신의 길을 찾아가는 모습에서, 코칭이 누군가의 인생에 중요한 전환점이 될 수 있음도 실감했다.

처음 코칭 공부의 목적이 젊은이와의 만남 지속을 위해서였다. 그러나 나는 모든 세대를 아우르는 만남이 가능했다. 이로 인해 사람의 다양한 방식과 그들의 사연을 들을 수 있고, 그것이 내 삶의 엄청난 지혜의 도구가 되었다.

나는 그들에게 스스로 해답을 찾도록 돕지만, 그들은 나에게 삶의 지혜를 알려주는 것이다. 이보다 좋은 만남이 어디 있을까.

코칭은 함께 성장하고 배우는 과정

코칭을 시작하는 과정은 쉽지 않다. 때로는 포기하고 싶을 때도 있다. 특히 자신이 가진 말의 습관이나 남을 대하는 태도를 버려야 한다. 이는 자신을 버리는 것과도 같다. 쉬울 리가 없다.

하지만 코칭의 세계에 발을 들여놓고, 한번 그 매력에 빠지면 헤어나오기는 더욱 어렵다.

그중 하나가 코칭을 배우며 만난 동료와 선배 코치들과의 만남이다. 이들은 지쳐 있는 나를 손잡고 일으켜 세워 함께 계속 걸어갈 수 있게 했다. 코치가 되는 길을 단순한 직업을 넘어, 함께 성장하고 배워가는 과정인 까닭이다.

코칭 공부를 하면서 새롭게 느낀 게 있다. '선택'과 '변화'의 중요성이다. 우리는 누구나 자신의 삶을 바꿀 수 있는 용기를 가져야 한다. 익숙한 길에서 벗어나 새로운 길을 가는 것은 두려운 일이지만, 그 선택이 결국 나를 더 나은 방향으로 이끌 것이라는 믿음이 중요하다. 그것을 분명 '용기'이다.

또 삶은 늘 성장과 변화의 연속이다. 이제 AI 성장으로 인간과 AI의 공존 시대가 열리고 있다. 이는 과거와는 다른 엄청난 변화이며, 새로운 시대의 열림이다. 그 속에서 우리는 더 많은 성장을 위한 선택지를 마주할 수 있을 것이다. 하지만 어떤 변화도, '사람'이 중심이 되는 가치는 변하지 않을 것이라 믿는다. 따라서 어떤 경우에도 사람 성장과 변화의 중요성은 지속된다. 그것을 이끄는 사람이 바로 코치다.

애플의 스티브 잡스가 빌 캠벨이라는 위대한 코치를 만났듯이, 나도 많은 사람이 변화와 성장의 길을 가도록 도울 수 있는 글로벌 전문 코치로 성장하는 꿈을 꾼다.

전문성을 키우는 것이 코치의 힘이다

코칭을 시작하기 전, 나는 고민이 많았다.

'과연 코치로서 자격증이 필수일까?' '미국의 유명한 코치들은 경영학 박사와 전문성을 갖춘 경험만으로도 충분히 코칭하고 있지 않나?'

이런 생각이 머릿속을 맴돌았다. 그러나 코칭을 깊이 배울수록 깨닫게 되었다. 코치는 단순한 타이틀이 아니라, 끊임없는 자기계발과 전문성이 쌓여야 진정한 코치다움을 가질 수 있다는 사실을 말이다.

그동안 코칭경영원 전문 코치들과 한국코치협회, 국제코치연맹에서 배웠다. 그리고 다양한 코치와 협업했다. 이제는 확신한다. 코칭의 본질은 '계속해서 배우고 성장하는 것'에 있다. 초보 코치들에게 꼭 이야기하고 싶은 것이 있다. 코칭은 '인간의 발전을 위해 함께 가는 과정'이라는 것을 말이다.

코치는 끊임없이 성장해야 한다

코치가 된다는 것은 단순히 타이틀을 얻는 것이 아니다. 코칭은 사람을 변화시키는 강력한 도구이고, 코치는 그 도구를 다룰 줄 아는 사람이다. 하지만 그 도구를 다루는 실력은 한순간에 완성되지 않는다. 계속해서 배우고, 경험을 쌓고, 성찰하는 과정이 필요하다.

나도 처음에는 경험과 직관만으로 코칭하려고 했다. 하지만 코칭을 하다 보면 예상치 못한 상황이 닥치고, 깊이 있는 질문을 하는 것이 쉽지 않다는 걸 깨닫게 된다. 이럴 때 필요한 것이 바로 전문적인 코칭 훈련과 자기계발이다.

한국코치협회에서는 '코치다움'과 '코칭다움'을 강조한다. '행복한 삶에 다가가도록 하기 위해서는 상대의 가능성을 열어줄 수 있는 코칭을 해야 하고, 그걸 할 수 있는 코치여야 한다'는 것이다. 이를 위해서는 ICF(국제코칭연맹)나 KCA(한국코치협회)에서 제시하는 코칭 프레임 워크와 윤리 강령을 숙지하고 실천하는 것이 중요하다.

코칭을 하다 보면 자신의 한계와 마주하게 된다. '어떤 질문을 해야 할까' '이 대화가 정말 도움이 되는 걸까'와 같은 고민을 하게 된다. 한동안 나도 이런 고민을 했다. 이런 고민을 어떻게 해결할 수 있을까. 답은 공부다. 공부하면서 성장해야 한다. 코치가 성장하면 고객도 성장할 수 있다.

나는 코칭에 대한 전문성을 더 키워야 했다. 비즈니스 코칭, 갤럽 강점 코칭, 경영 코칭 등을 배우면서 점점 더 넓은 시야를 가지게 되었다. 동시에 상위 코치들의 멘토 코칭과 동료 코치와의 피드백 세션을 하면서 내 코칭 스타일을 점검하고 보완하는 과정을 거쳤다. 그런 와중에 코칭 실습도 하면서 스스로 성장을 체감할 수 있었다.

특히 동료 코치와의 네트워킹을 적극 활용하면서 성장의 속도가 더욱 빨라졌다. 함께 독서 모임을 만들고, 정기적으로 스터디 그룹을 운영하며 새로운 코칭 기법을 공유했다. 또한 상위 코치들의 멘토링을 받았다. 그러면서 깊이 있는 코칭 철학을 배울 수 있었다. 경험 많은 코치들의 실전 사례를 듣고 배우는 과정은 나의 코칭 실력을 한층 더 끌어올려 주었다.

코칭의 세계에서 중요한 것은 '완벽한 코치'가 되는 것이 아니라, '더 나은 코치'가 되는 것이다. 고객은 완벽한 코치를 원하지 않는다. 진정성 있고, 신뢰할 수 있으며, 함께 성장할 수 있는 코치를 원한다. 그렇기에 코치는 계속해서 배워야 한다. 자기계발을 게을리하는 순간, 코칭의 본질에서 멀어질 수 있기 때문이다.

초보 코치를 위한 조언

코칭을 처음 시작하면 '내가 잘할 수 있을까'하는 고민이 든다. 하지만 중요한 것은 처음부터 완벽할 필요가 없다는 것이다. 대신 끊임없이 배우고 성장하는 자세를 유지하는 것이 더 중요하다.

나는 코칭을 공부하면서 이런 원칙을 세웠다.

1. 배움을 멈추지 말라
   새로운 코칭 기법, 질문법, 심리학, 경청 기술 등을 지속적으로 배우기.

2. 피드백을 적극적으로 받아라
   상위 코치, 동료 코치들과 세션을 공유하고 피드백을 통해 더 나은 코칭을 고민하기.

3. 실습을 꾸준히 하라

    코칭은 머리로 배우는 것이 아니라 몸으로 익히기. 가능한 한 많은 세션을 진행하기.

4. 코치로서의 태도를 유지하라

    고객을 존중하고, 그들의 성장을 돕는 진정한 조력자로 존재하기.

5. 코치 네트워크를 적극 활용하라

    독서 모임, 공동 스터디, 상위 코치와의 멘토링, 전문 코치들의 특강(예: 김성회 코치의 칼럼 코칭) 등으로 지속적 성장하기.

코칭의 길은 생각보다 길고, 때로는 어려울 수도 있다. 하지만 그 길을 걸을수록, 나 자신도 성장하고 있음을 깨닫게 될 것이다.

군에서의 코칭, 무엇보다 필수다

나는 30년 넘게 군에서 복무하며 다양한 계급과 역할을 경험해 왔다. 수많은 장병과 함께하며 지휘관과 참모로서 조직을 이끌어왔지만, 이제 돌아보면 한 가지 아쉬운 점이 있다. 만약 군 생활할 때 코칭을 접하고 배웠더라면, '더욱 훌륭한 리더십을 발휘할 수 있지 않았을까'하는 생각이다. 군은 대한민국의 젊은이가 병역 의무를 수행하는 공간이자, 다양한 배경을 가진 사람이 함께 생활하는 곳이다. 이런 환경에서 군 간부들의 코칭 역량은 조직을 더욱 발전시키고, 장병들의 성장을 돕는 중요한 역할을 할 수 있다.

군 특성상 명령과 복종은 매우 중요한 가치다. 하지만 현대 군대는 더욱 효과적인 리더십이 필요하다. 단순한 지시와 통제만으로는 변화하는 환경 속에서 최상의 성과를 내기 어려운 시대가 되었기 때문이다. 코칭을 접목한 리더십은 군 간부가 장병들과 더 깊은 신뢰를 형성하고, 자율성과 책임감을 높이는 데 큰 도움이 된다.

군에 코칭이 필요한 이유

군대에서 간부들은 단순한 관리자(manager)가 아니라, 장병들의 멘토이자 코치가 되어야 한다. 신병들이 새로운 환경에 적응하고, 자기 역할을 수행하면서 성장할 수 있도록 돕는 것이 중요한데, 이는 단순한 명령이 아니라 효과적인 질문과 경청·피드백으로 이루어질 수 있다.

특히 다양한 지역과 문화적 배경을 가진 병사가 한데 모이는 군대에서는 더욱 개별적인 접근이 필요하다. 군 간부들이 코칭 기술을 익히고 활용한다면, 개개인의 잠재력을 끌어내어 더욱 강한 조직을 만들 수 있다.

군 간부는 리더십을 발휘해야 하는 위치에 있다. 이때 코칭 기술을 습득하면 좀 더 효과적으로 조직을 이끌 수 있다. 현재 일부 군 교육 과정에 리더십 훈련이 포함되어 있다. 하지만 코칭 중심의 리더십 교육은 부족한 실정이다. 그렇다면 군 간부들이 코칭을 배우면 어떤 변화가 생길까?

첫째, 더 나은 경청과 소통이다. 군대에서는 명령 전달이 중요하지만, 장병들의 이야기를 듣고 이해하는 것도 필수적이다. 코칭을 통해 간부들은 적극적으로 경청하고, 장병이 자신의 생각을 표현할 기회를 제공할 수 있다.

둘째, 자기 주도적인 조직 문화 형성이다. 현대는 단순한 지시보다 스스로 문제를 해결할 수 있도록 도와주는 리더십이 필요하다. 코칭은 장병들이 주도적으로 행동하고, 문제를 해결할 능력을 갖추도록 지원할 수 있다.

셋째, 심리적 안전감 제공이다. 군대 생활은 신체적으로나 정신적으로 부담이 큰 환경이다. 코칭을 배운 간부들은 병사들에게 심리적 안전감을 주고, 더 나은 군 생활을 할 수 있도록 도울 수 있다.

고급 간부일수록 코칭을 통한 지속적인 자기성찰과 리더십 개발이 중요하다. 군의 주요 지휘관은 수많은 결정을 내려야 하고, 조직을 이끌어야 하는 막중한 책임을 지고 있다. 이런 환경에서 코칭은 단순한 스킬이 아니라, 더 나은 리더가 되기 위한 필수 요소이다.

코칭으로 달라질 수 있는 점

고급 간부들이 코칭을 배우면 다음과 같은 변화가 생긴다.

첫째, 의사결정 능력이 향상한다. 다양한 상황에서 코칭적 사고방식을 적용하면, 더 깊이 있는 분석과 판단이 가능해진다.

둘째, 부하 장교 및 장병과의 신뢰 구축이 좋아진다. 명령 중심의 관계에서 벗어나, 상호 신뢰를 바탕으로 한 리더십을 실현할 수 있어서다.

셋째, 자기성찰로 지속적인 성장을 할 수 있다. 리더로서 자신의 강점과 개선점을 인식하고, 더 나은 방향으로 발전할 수 있도록 돕게 된다.

이 때문에 현재 일부 선진국에서는 군대에 코칭을 적극적으로 도입하고 있다. 미국과 영국에서는 고위급 장교들이 코칭을 받고 있으며, 주요 리더십 과정에도 포함되어 있다. 한국군에서도 좀 더 체계적인 코칭 교육이 이루어진다면, 더 강하고 유연한 조직으로 발전할 수 있을 것이라 확신한다.

만약 내가 군 생활에서 일찍 코칭을 접할 수 있었다면, 더 나은 리더가 될 수 있었을 것이다. 명령과 통제만이 아니라, 부하와 더 깊이 소통하고, 그들의 성장을 도울 수 있었을 것이다.

이제라도 한국군에 코칭이 보급돼야 한다. 많은 간부가 더 효과적인 리더로 성장하고, 조직 전체가 더욱 강해지기 위해서는 반드시 필요한 변화이다. 앞으로 강군 육성을 위해 군 코칭 문화의 확산을 응원한다.

해외 지사장과 임원들을 위한 코칭

나는 중동 지역에서 특명 전권대사로 근무하며 한국 기업들의 해외 진출을 지원하고, 굵직한 방산 프로젝트를 성공적으로 마무리한 경험이 있다. 해외에서 활동하는 한국 기업의 지사장과 임원들을 직접 만나면서, 이들이 현지에서 맡은 역할을 효과적으로 수행하는 것이 얼마나 중요한지 실감했다.

그러나 한편으로는 아쉬운 부분이 많았다. 해외 부임 전에는 충분히 준비하고, 근무 중에도 지속적인 성장과 성찰의 기회가 있어야 한다. 실상은 그렇지 못하다. 또 귀국 후에는 현지 경험을 바탕으로 발전할 수 있도록 돕는 체계적인 지원이 필요하다. 이 또한 그렇지 않았다.

이러한 경험에서 깨달은 것은 '해외 근무자들에게 맞춤형 코칭이 필요하다'는 점이었다. 해외 부임 전, 혹은 근무 중, 그리고 한국 복귀 전후의 코칭이 이루어진다면, 단순히 현지에서의 임무 수행뿐만 아니라 장기적인 리더십 성장까지 도울 수 있을 것이라 확신한다.

해외 부임 전 코칭 - 철저한 준비가 성공을 만든다
해외 근무 시작 전, 철저한 준비가 필요하다. 새로운 환경, 문화, 언어, 업무 방식에 적응하는 것은 결코 쉬운 일이 아니다. 많은 지사장과 임원이 해외 근무를 앞두고 기본적인 문화 교육과 업무 브리핑을 받긴 하지만, 정작 '리더로서 어떻게 현지에서 효과적으로 일할 것인가' 하는 고민은 깊이 다뤄지지 않는 경우가 많다.

코칭으로 해외 부임 전 리더들에게 다음과 같은 준비를 할 수 있다.

- 문화적 적응력 강화
  현지 직원 및 파트너들과의 협업을 위한 커뮤니케이션 전략 수립
- 리더십 재정립
  해외 근무에서 요구되는 새로운 리더십 스타일 탐색
- 목표 설정 및 비전 수립
  부임 후 6개월~1년 내 이루어야 할 주요 성과 정의

이러한 코칭 과정을 거친다면, 해외 부임자가 더욱 자신감 있게 임무를 수행할 수 있으며, 예상치 못한 도전에 직면했을 때 좀 더 유연하게 대응할 수 있다.

해외 근무 중 코칭 - 지속적인 성장과 리더십 개발
해외에서 지사장과 임원들은 본사와 현지 사이에서 중요한 가교 역할을 한다. 하지만 이 과정에서 외로움과 스트레스를 경험하기도 한다. 또 본사의 기대와 현지의 현실 사이에서 균형을 맞추는 데 어려움을 겪기도 한다. 이런 상황에서 지속적인 코칭이 이루어진다면, 좀 더 효과적인 리더십을 발휘할 수 있다.

해외 근무 중 코칭의 핵심은 자기성찰과 성장이다. 정기적인 코칭 세션으로 다음과 같은 부분을 점검할 수 있다.

- 현지에서의 성과 점검과 방향 조정
  초기에 설정한 목표와 현재 상황을 비교하고, 개선할 부분을 모색
- 리더십 스타일 최적화
  현지 직원들과의 관계 개선 및 동기부여 전략 수립
- 스트레스 관리와 멘탈 케어
  해외 근무의 압박 속에서도 건강한 정신 상태 유지

특히 해외 근무 중에는 외부의 객관적인 피드백을 받을 기회가 적어지기 때문에, 코칭으로 자신의 리더십을 지속적으로 점검하고 발전시킬 필요가 있다.

한국 복귀 전 코칭 - 현지 경험을 자산으로 만드는 과정
많은 해외 근무자가 한국으로 복귀할 때 또 다른 어려움을 겪는다. 오랜 기간 해외에서 일하면서 형성한 업무 방식과 사고방식이 한국 조직 문화와 충돌할 수 있기 때문이다. 또한 해외에서 쌓은 경험이 한국 내에서 제대로 활용되지 못하는 경우도 많다.
한국 복귀 전 코칭으로, 이러한 문제를 효과적으로 해결할 수 있다.

- 경험의 구조화 및 활용 전략 마련
  해외 근무에서 얻은 인사이트를 어떻게 조직에 기여할 것인지 구체화
- 복귀 후 역할 재설정

새로운 조직 내에서의 리더십 방향 탐색
- **본사와의 관계 재정립**
  해외 경험을 본사 경영진과 효과적으로 공유하고 활용하는 방법 모색

이러한 과정으로, 귀국 후에도 해외 경험을 적극적으로 활용하여 지속적인 성장을 이어나갈 수 있다.

기업이 해외 근무자 코칭을 도입해야 하는 이유
해외 근무자의 성공은 곧 기업의 성공과 직결된다. 글로벌 환경에서 경쟁력을 갖추기 위해서는 단순한 업무 수행 능력을 넘어, 현지에서의 리더십과 조직 운영 능력을 키우는 것이 필수적이다. 이를 위해 기업은 해외 근무자들에게 체계적인 코칭 프로그램을 제공해야 한다.

- **해외 근무 전, 중, 후의 체계적인 코칭 지원**
  각 단계에서 필요한 역량을 개발할 수 있도록 맞춤형 코칭 제공
- **조직 내 코칭 문화 정착**
  지사장 및 임원이 코칭으로 성장하면서, 조직 내에서도 코칭 리더십을 실천하도록 유도
- **해외 근무자의 장기적 성장 지원**
  귀국 후에도 지속적으로 글로벌 인재로 성장할 수 있도록 지원

해외 근무자를 위한 코칭, 이제는 선택이 아닌 필수

해외 근무자들은 단순히 현지에서 업무를 수행하는 것이 아니라, 기업의 얼굴이자 글로벌 리더로 성장할 기회를 가진 사람들이다. 따라서 이들이 단기적인 성과뿐만 아니라 장기적인 리더십 개발까지 이룰 수 있도록 도와야 한다.

나 역시 해외에서 근무하며, 코칭이 있었다면 더욱 효과적으로 역할을 수행할 수 있었을 것이라는 아쉬움을 느꼈다. 그렇기에 이제는 더 많은 한국 기업이 해외 근무자를 위한 체계적인 코칭을 도입하고, 글로벌 리더를 육성하는 방향으로 나아가야 한다고 확신한다.

지금 해외로 부임을 앞두고 있거나, 해외에서 근무 중이거나, 복귀를 준비하는 모든 리더에게 전하고 싶다. 코칭은 단순한 대화가 아니라, 성장의 촉진제다. 여러분이 해외에서도, 그리고 한국에서도 지속적으로 발전할 수 있도록, 코칭을 적극 활용해 보라. 글로벌 리더로 성장하는 길이 열릴 것이다!

이주형 코치

-
-
-

한국코치협회 인증 코치(KPC), 국제 인증 전문 코치(PCC), 커리어 코치(1급), 채용 전문면접관(1급), 인증 전문 퍼실리테이터(CPF)로 활동 중이다. 사람을 돕고 성장시키는 일에 가장 큰 보람과 즐거움을 느껴왔으며 코칭을 인생의 마지막 커리어로 생각하고 있다.

『인생 시간 오후 4시』, 『평범한 직장인의 특별한 책쓰기』, 『어른이 되어 보니』, 『지적인 생각법』, 『관계의 클래식』, 『6시그마 콘서트』, 『평생 갈 내 사람을 남겨라』 등 14권의 저서가 있다.

삼성, GE, 하나은행(전 외환은행), 후성그룹, 루트로닉 등에서 근무했고 수출 전문 중견기업인 현진스포텍의 경영관리본부장을 역임했다.

인생의 길모퉁이에서 만난 코칭

오후 4시는 참 묘한 시간이다. 무엇인가 새로 시작하기에는 조금 늦은 것 같고, 그렇다고 하루를 마감하기에는 아직 날이 밝아 애매하다. 그림자가 길어지기 시작하는 이 시간에는 감정이 복잡해진다. 묵묵히 앞만 보고 열심히 살아오느라 주위도 제대로 살피지 못했지만 여태까지 살아온 길을 돌아보고, 앞으로 살아가야 할 길을 살펴보는 지금 시간이 '인생 시간 오후 4시'처럼 느껴진다.

중학교의 교훈이었던 근면·성실을 내 이마에 탁 붙이고 뚜벅뚜벅 살아온 인생이다. 그러나 잘 생각해 보면 앞이 탁 트인 대로보다 안개가 자욱한 것처럼 한 치 앞도 보이지 않아 넘어지지 않으려 한발 한발 조심조심 옮기며 살아온 인생이라는 생각이 든다.
 신기한 것은, 앞이 잘 보이지 않아도 일단 보이는 데까지 가니 저 앞에 누군가가 걸어간 길이 어슴푸레 보이곤 했다는 것이다. 물론 가끔은 길을 잃기도 했다. 그럴 땐 온몸에 힘이 빠져 털썩 주저앉아 보이지 않지만, 뺨을 어루만져주는 바람에게 길을 물었다. 그럴 때마다 바람은 대답했다. '나도 길을 잃었어.' 그러면서 바람은 열심히 길을 만들고 있었다.

내 발자국이 길이 되었네

그랬다. 삐뚤빼뚤 갈지자로 걸어온 인생이지만 나도 하나의 길을 만들고 걸어온 것이다. '뒤돌아보지 말라' '미련을 두지 말라'며 걸었다. 한참 길을 걷다 뒤돌아보니 나를 향해 나 있는 발자국이 보인다. 어설프지만 길을 만들며 살아온 내 발자국을 보며 생각한다.

'내 발자국이 길이 되었구나.'

먹먹하게 나를 향한 내 발자국을 돌아보는 것은 미련 때문이 아니라 앞으로 걸어갈 새 발자국을 내딛기 위해서다. 내 발자국을 돌아보면 온갖 감정이 다 느껴진다. 열심히 나를 향해 나 있는 발자국들은 내 훈장들이다.

안개 같은 길을 '걸을 만큼 걸었다' 생각했는데 이제는 길의 모퉁이에 다다랐다. 길모퉁이는 늘 애틋하다. 모퉁이를 돌아서면 내 눈앞에 어떤 길이 펼쳐질지 궁금해지기 때문이다. 학창 시절 새 학기 시작할 때가 생각난다. 첫 등교 날 교실 문을 열기 전 '어떤 친구들을 만나게 될까'라는 기대감과 설렘을 느끼던 때가 떠오른다.

모퉁이를 돌기 전에 다시 한번 뒤를 돌아본다. 모퉁이를 돌면 내가 걸어온 길이 보이지 않기 때문이다. '저렇게 비틀비틀 걸어왔지만 그래도 길을 잃지 않았으니 얼마나 다행인가.'

일단 모퉁이를 돌면, 또 다음 모퉁이까지 조심스레 할 걸음씩 내디딘다. '어영부영하다 내 이럴 줄 알았다'고 쓰여 있는 버나드 쇼의 묘비명처럼 조금이라도 더 의미 있는 인생을 살고 싶어 주위를 두리번

거릴 때 내 눈에 들어온 길 모퉁이가 바로 코칭이다.

늘 사람과 관계가 중요하다고 생각하며 살아온 나였기에 코칭 철학을 접할수록 나와 결이 참 잘 맞는다는 생각이 든다. 모퉁이를 돌면 보이지 않겠지만 그렇다고 내가 걸어온 길이 사라지는 것은 아니다. 나는 이 코칭의 모퉁이를 돌기 위해 그렇게 뚜벅뚜벅 열심히 살아왔다는 생각이 들기 때문이다.

새 출발 위해 가방을 다시 싸다
내가 살아온 삶의 궤적이 코칭과 맞닿아 있음을 느끼게 되고, 앞으로 이 모퉁이를 돌며 남은 인생은 코칭과 함께 살아가고 싶은 소망과 꿈을 품게 된다. 덩치가 산만한 중년의 남성도 질문 하나, 공감 한마디에 닭똥 같은 눈물을 뚝뚝 떨구며 '평생 이런 속마음을 털어놓는 것은 처음이에요'라는 고백과, '내 입으로 표현하니 십 년 묵은 무엇인가가 쑥 내려가는 느낌입니다'라는 회고가 코치로서 내딛는 내 발걸음을 더 힘있게 만든다.

인생 후반부는 전반기 인생의 부록이 아니다. 오히려 여태까지는 더 의미 있는 인생 후반부를 위해 예행연습을 해 온 것이다. 이제부터의 행보가 인생 전체의 모습을 결정할 것이다. 인생의 모퉁이를 도는 이 순간, 내 남은 인생은 코치로서 살아가고자 결심하고 준비하는 이 순간이 어쩌면 인생의 가장 중요한 순간인지도 모른다.
새로운 출발을 위해 주섬주섬 가방을 다시 싼다. 야무진 발걸음을 위해 신발 끈을 다시 묶는다. 누군가의 인생에 한 줄기 빛을 선사해 줄 수 있는 코치로서의 인생을 시작하는 내게 셀프 응원단장이 되어 외친다.

"화이팅! 브라보 마이 라이프!"

문제가 아니라 사람에게 집중한다는 것

대학생 A는 어린 시절부터 소아 우울증을 앓아왔다. 청소년기에도 친구조차 별로 없이 쓸쓸하게 보냈다. 대학에 입학할 때는 부모의 권유를 따랐다. 부모는 '미래에 부모의 품을 벗어나 독립할 준비가 필요하다'며 '응용통계학과'를 권했다. 하지만 대인관계가 쉽지 않은 A는 학과 특성상 팀 프로젝트가 많아 적응하기가 매우 어려웠다. 특히 A는 문과 출신이기에 이과에서 온 학우들과 경쟁 자체가 어려웠다. 결국 A는 2학년을 겨우 마친 후 수년째 휴학 중이다.

A의 유일한 취미는 책 읽기와 글쓰기다. 어린 시절부터 혼자서 지내는 시간이 많아 저절로 책을 많이 읽게 됐다. 최근에는 웹소설을 즐겨 읽었다. 그러면서 글쓰기 동호회 등에서 꾸준히 글을 썼다. 주로 밤에 이 활동을 하고 낮에 잠을 자느라 가족들과도 교류할 시간이 많지 않았다. 부모는 밤새 컴퓨터를 들여다보며 잠도 자지 않고, 복학할 준비도 하지 않는 딸아이가 걱정이 많았다. 그렇다고 여전히 우울증세가 있는 아이에게 뭐라고 할 수는 없었다. 쉽게 말조차 붙이지 못하고 그저 어쩔 줄 몰라 걱정만 하는 상태였다.

무엇을 할 때 가장 즐겁니?
그러던 중 이직 준비 중이던 아빠 B가 코칭을 공부하게 되었다. 실습을 위해 가족들과도 대화를 시도하며 딸과의 대화도 시작되었다.

아빠 : "무엇을 할 때 가장 즐겁니?"
딸   : "그냥 내가 하고 싶은 거 할 때"
아빠 : "요금은 뭐가 가장 하고 싶어?"
딸   : "글 쓰는 거. 난 글 쓰는 게 제일 재밌어."

아빠가 코칭 수업에서 배운 대로 '나 중심'의 대화에서 '상대방 중심'의 대화로 옮겨가자 날마다 딸과의 대화의 문이 조금씩 열리면서 최근 읽은 책, 글 쓰는 방법, 현재 좋아하는 연예인 등의 주제로 대화가 옮겨갔다. 특히 딸과 더 친근한 대화를 위해 딸이 좋아하는 아이돌그룹인 세븐틴 멤버 13명의 이름을 모두 외우느라 고생도 했다.

그러던 어느 날 아빠가 귀가하자마자 딸이 아빠에게 말했다.
"드디어 10만 자 다 썼어. 이제 좀 홀가분해졌어."
"그래? 정말 수고했네. 스스로 칭찬해 줘도 좋을 것 같은데? 대단하다, 우리 딸."
사실 10만 자가 무슨 의미인지, 어떤 내용을 쓴 것인지도 모르지만 일단 딸이 거둔 성취를 칭찬해 주고, 함께 기뻐해 줬다.
그리고 아침에 출근하는데 아직까지 자지 않고 깨어있던 딸이 아빠에게 말했다.
"아빠, 일이 커진 것 같아."
"무슨 일 있어?"
깜짝 놀란 아빠가 물었다.

"어제 내가 다 쓴 글을 올렸는데 밤새 조회수 1위를 했어. 클릭 수가 1만5천 명이 넘었어."

뭔가 대단한 일이 일어난 것을 눈치챈 아빠는 깜짝 놀라며 조회수를 함께 들여다보면서 같이 기뻐했다.

"그런데 한 가지 더 재미있는 일이 있는데 말야, 그 바로 밑에 2위 글도 지난 번에 내가 쓴 거야."

"......'

딸은 얼마 지나지 않아 출판사의 연락을 받아 웹소설을 출간했다. 자신을 아는 사람이 자신의 글을 읽는 것이 싫다 하여 얼굴도 공개하지 않고 이름도 개성 있는 필명을 만들어서 사용했다.

여기까지 글을 읽다가 눈치챈 사람도 있겠지만 대학생 A는 내 딸이다. 어설프게 코칭을 배워 가족들과 코칭 실습을 하던 초보 코치B가 바로 나다.

딸이 두 번째 책 출간을 준비할 때 내가 물었다.

"너는 언제부터 글을 쓰고 싶다는 생각을 했니?

"나는 아주 어릴 때부터 글을 쓰지 않는다는 생각을 해본 적이 없어."

이때 나는 깨달았다. 한 번도 딸이 무엇을 좋아하는지, 어떤 삶을 살고 싶어 하는지 묻지 않았던 것을 말이다. 그러면서 부모 입장에서 일방적으로 걱정만 하고 있었던 것이다.

존재 자체에 대한 관심

코칭에서 상대와 함께 하는 '프레즌스'와 '알아차림'의 측면에서 나는 빵점짜리 아빠였다. 지금은 딸이 먼저 내게 와서 이런저런 대화도 먼저 건네고, 특히 부녀 작가로 글쓰기와 책 출간에 관한 심도 있는 대화도 나눈다. 딸아이가 가진 문제가 아니라 이 아이의 존재 자체에 관심을 가지면서 생기게 된 기적 같은 변화다. 그리고 딸아이도 마음에 맞는 지인들을 만나느라 외출도 조금씩 하기 시작했고, 가족들과의 대화에서도 아주 밝고 자신 있게 생각을 이야기한다. 알고 보니 딸아이는 자신이 좋아하는 글쓰기 연습을 10년 넘게 해 왔다고 한다. 그리고 내가 최근에 책 쓰기 주제로 책을 쓸 때 글쓰기 연습 부분에서 자신의 사례를 소개해 주며 내게 큰 도움을 줬다. 그리고 자신이 좋아하는 것을 인정받고, 자신의 관심사에 함께 하자 오랜 시간 갇혀 있던 공간에서 조금씩 나오기 시작했다. 아빠로서, 부모로서 평생 가장 커다란 마음의 짐이 되어온 딸아이의 미래가 어쩌면 아주 좋은 방향으로 흘러가게 될 것이라는 희망이 생겼다. 이 모든 것이 코칭의 힘이다.

나는 여느 부모처럼 아빠로서 험한 세상을 살아가야 할 딸아이의 미래를 걱정했다. 그러나 프레즌스를 유지하기는커녕 아빠 입장에서만 세상을 바라보고 딸아이를 평가했다. 또한, 딸아이 자신의 인생 절반 이상의 시간을 꿈꿔온 일에 대해 알아차리지도 못했었다. 걱정만 하면서 당면한 문제를 해결하고자 걱정하고 노력했지, 딸이라는 존재 자체에 대한 고민을 시도해 보지도 못했다. 문제가 아니라 사람에 집중해야 한다는 사실을 책이나 수업에서 많이 들었지만 내 인생에 이렇게 중요한 역할을 하게 될 줄 몰랐다. 코치로서의 여정은 코치 자신이 먼저 변하고 성장하는 일에서 시작한다는 것을 스스로 체험하게 되었다. 코칭과의 만남은 그렇게 내 딸의 인생을 바꿔 놓았다. 그리고 내 남은 인생의 방향을 변화시켜 놓았다.

코칭 리더십을 발휘한다는 것

리더십 홍수 시대다. 하루가 멀다 하고 새로운 리더십이 소개되고 있다. 그러나 지금 현장에서 가장 필요로 하고 유용하게 사용하는 것은 바로 코칭 리더십이다. 리더들이 전문 코치의 코칭을 받아 리더로서 더 성장하거나, 아예 리더가 직접 코칭 과정을 이수하고 전문 코치로서 조직 내에서 리더의 역할을 담당하는 것이 유행이다.

개인적인 생각이긴 하나 효과적인 면에서 개인의 라이프 코칭보다 비즈니스 코칭이 더 드라마틱하다. 라이프 코칭은 워낙 삶의 모양이 다양하고 변수도 많아 어디로 어떻게 흘러갈지 예측하기 어렵다. 그것이 코칭의 매력이긴 하다.

그러나 모든 코칭이 다 성공하는 것은 아니라 해도 방향을 잡지 못하고 표류하는 경우도 많은 게 사실이다. 코치의 역량에 따라 다르긴 하겠지만 말이다. 그러나 비즈니스 코칭은 라이프 코칭보다 다양한 진단 도구를 활용하기에 더 용이하다. 갤럽 강점, 버크만 진단, 에니어그램, MBTI, DISC, 다면평가 결과, 성과 평가 결과, 서베이 결과 등의 객관적 참고 자료를 활용하면 길을 잃지 않고 고객과 상호 간에 만족할 만한 코칭 세션을 진행할 가능성이 더 커진다. 그리고 그룹 코칭, 팀 코칭까지도 가능하다.

그러나 리더가 직접 자신의 조직에서 코치로서 구성원들을 코칭하기는 쉽지 않다. 구성원 입장에서 고과권, 평가권을 가진 리더를 코치로 인정하고 100% 솔직하게 마음의 문을 열기가 쉽지 않기 때문이다. 그래서 코칭 자격증 과정 중 실습 로그를 작성할 때도 자신이 직접 평가를 하는 직속 부서원과 진행한 코칭 시간은 인정해 주지 않는다.

코칭 리더십을 발휘한다는 것

코치 자격증을 획득했다고 해도 바로 현장에서 코칭 리더십을 발휘하는 일은 쉽지 않다. 현장 리더로서의 위치는 코치의 상황과는 달라 빠른 의사결정과 명확한 평가 및 지시가 필요하기 때문이다.

중견기업의 본부장으로 근무할 때다. 본부장이자 코치인 나는 다른 리더들과는 차별화한 리더십을 발휘하고 싶었다. 화가 머리끝까지 치밀어 오르는 상황에서는 이렇게 혼자만의 주문을 걸었다.

'나는 코치다, 나는 코치다.'

시간이 조금 더 걸리더라도 우선 배경 상황을 묻고, 생각을 들어보고, 지속적인 피드백으로 내가 답을 주기보다 상대방 스스로 답을 찾아낼 수 있도록 독려하며 함께 노력했다. 그러나 그 결과나 열매는 쉽게 나타나지 않았다. 시간도 많이 요구되었다. 오히려 일부 영악한 구성원은 내가 코칭 리더십을 구현하려 애쓰는 것을 악용하며 대놓고 뺀질거리기도 했다. 한 대 쥐어박고 싶은 심정이 들어도 '나는 코치다, 나는 코치다'를 되뇌며 적절한 질문을 찾으려 노력했다.

그렇게 1년 동안 경청하고, 질문하고, 인정하고, 피드백하고, 공유하는 것을 생활화하려고 노력하면서 성과 평가까지 연결했다. 평가 면담을 할 때는 코칭 프로세스를 따라 진행했다. 리더십과 기업문화도 총괄하고 있었기에 회사 전체적인 측면에서는 팀장들을 포함한 모든 리더의 정식 교육 과정에 코칭 과정을 포함했다. 그렇게 전체 직원의 30% 이상이 정식 코칭 교육을 이수했고, 이중 희망자를 위주로 10명의 KAC 합격자를 배출했다. 코치협회 등록비까지 모든 제반 비용은 회사에서 지원했다.

S 팀장은 팀원은 물론 타 부서 직원에게도 악명이 높았다. 추진력이 좋아서 자신의 일은 잘하는데 자기 생각에 미치지 못하는 직원들을 닦달하고 힘들게 해서 해당 팀원의 퇴사율도 높았다. 타 부서 직원과 커뮤니케이션 할 때도 문제가 있어 직급에 상관없이 좋게 평가하는 사람이 하나도 없었다. 직속 상사인 나도 그 팀장과 커뮤니케이션이 어려웠다. 기본적으로 상대방에 대한 배려나 존중보다는 사무적이고 냉정하며 늘 공격적인 태도라 마음에 들지 않았다. '혼내줄까'라는 생각이 많이 들었지만 계속 경청하고 질문했다. 그리고 S 팀장의 강점에 집중했다. 업무추진력과 실행력이 누구보다 빨랐던 그는 성장 욕구도 매우 강했다.

코칭은 모두를 성장시킨다

늘 새로운 것을 배우는 일에 목말라했던 S 팀장은 '사내 코치 양성 과정'을 가장 먼저 이수했다. 그리고 조금씩 달라지기 시작했다. 이후 코칭 관련 다른 교육도 추가로 이수할 수 있도록 지원했다. 그리고 코칭 과정을 이수하는 직원들을 자발적으로 돕기 시작했다.

어느 날 이슈가 있어 S 팀장과 면담을 한 직원이 나를 찾아왔다. 면담에서 '놀라운 경험을 했다'고 고백했다. S 팀장이 '자기 입장을 이해하고 염려해 주는 것이 느껴졌다'는 것이다. 6년 동안 처음 겪는 일이라고 했다. 그래서 '자신도 속에 품었던 이야기를 쏟아낼 수 있었다'는 것이었다.

성과 평가 면담 시 나는 코칭 프로세스를 생각하며 구성원과 대화를 나눈다. S 팀장과 처음 면담할 때는 내 마음이 닫혀 있음을 느꼈었다. 그러나 1년 후 두 번째 면담 때는 훨씬 수월했다. 자신이 가진 문제와 다른 직원들로부터의 피드백을 객관적으로 듣고 고치려 노력하는 것이 확인되어 나도 높게 평가하는 중이었다. KAC를 획득하는 과정에서 스스로 많이 깨닫고 성장한 것 같았다.

S 팀장은 성과 평가 피드백 리뷰를 마치고 내 방을 나가려고 문을 열다가 다시 돌아와 쭈뼛거리며 말했다.

"한 가지 꼭 말씀드리고 싶은 것이 있었습니다. 본부장님과 함께한 1년은 제 20년의 직장 생활 통틀어 제가 가장 많이 배우고 성장한 시간이었습니다. 오래 기다려주시고 좋은 기회를 주셔서 진심으로 감사드립니다."

면담을 마치고 S 팀장이 방을 나간 후 나는 면담 시 작성하는 메모지에 이렇게 썼다.

"코칭은 코치와 고객 모두를 성장시킨다."

코칭은 결국 사람을 돕는 일

"면접관 활동을 한참 안 하시더니 감이 많이 식었네요?"
'아, 내가 이런 말을 듣다니.'
나는 평생 직장인으로 살아왔고, 이때도 한 중견기업의 경영관리본부장으로 근무하고 있었다. 틈틈이 글을 써서 14권의 책을 출간한 나는 책을 10권 이상 출간한 사람들의 모임인 〈텐부커스〉의 회장으로 활동할 만큼 책을 좋아하고, 주위에 '책 쓰는 직장인'으로 알려져 있다.

직장 생활을 하는 동안 이것저것 관심 분야에 도전해서 그동안 전문 인증 퍼실리테이터(CPF), 인증 전문 코치(KPC), 커리어 코치(1급) 자격증을 획득하고 틈나는 대로 관련 활동을 해왔다. 마찬가지로 채용전문면접관(1급)과 역량 면접 코치(1급)로서 기업의 채용을 돕고 청년층의 취업을 돕는 일도 하고 있다.

가끔은 '도대체 이게 다 뭐지'라는 생각이 든다. 본업은 직장인이고, '내 나이에 아직도 직장에 남아서 월급을 받는 일도 대단하다'고 하는데 나를 부르는 호칭, 나를 나타내는 수식어가 너무 많아 정체성에 혼란이 오곤 했다. 그런데 '나는 어떤 사람이지'라는 질문이 최근 더 자주 엄습하는 것을 보면 지금이 정체성 혼란이 극으로 치달은 듯하다.

이런 상황에서 '면접관 활동을 안 하더니 감이 식었다'는 말을 들은 것이다. 채용 전문면접관은 직장 생활 공백기에 주로 활동했다. 회사에 다시 입사하고, 전문 코치로도 활동하면서 중단할 수밖에 없었다. 그러니 아주 오랜만에 전문 면접관 관련 심화 교육에 임하게 됐고, 여기서 실습하는 도중에 면접관 시연을 지켜보던 강사가 내게 던진 피드백이다.

면접관 안 하더니 감 떨어져?
"물론 지원자가 편안한 마음으로 자신의 실력을 마음껏 뽐내도록 도와주는 것은 좋지만 필요 이상으로 친절하실 필요는 없습니다. 오히려 다소 딱딱하고 사무적일지라도 건조하게 질문하시는 것이 좋을 것 같습니다. 친절이 지나치면 지원자가 긴장을 풀게 되고, 또 면접 분위기가 좋았다고 합격을 확신했다가 불합격하면 오히려 데미지가 더 큽니다. 심지어 채용에 비리가 있었다고 신고하기도 하니까요. 면접관은 적절하게 질문하고 정확하게 평가만 잘하면 됩니다. 면접관은 코치가 아니에요. 모드 전환을 잘해야지요."
그 강사도 역시 전문 코치로 활동하고 있는 사람이다.

한때 채용 면접관이 내 성향과 맞지 않는다고 생각한 적이 있다. 채용 면접관 활동 초창기 때 면접을 한 날은 밤에 잠을 잘 이루지 못했다. 내가 떨어뜨린 사람들 얼굴이 떠올라서다. 다들 절박하고 절실한 상황이었을 텐데 그들을 내 손으로 떨어뜨린다는 게 죄스러웠다. 그러나 채용이 잘못되면 회사도 개인도 모두 큰 희생을 치러야 한다.

그래서 회사에는 꼭 필요한 인력을 뽑아 주고, 개인에게는 자신과 더 잘 맞는 곳을 찾을 수 있도록 도와준다고 생각하기로 했다. 마음이 한결 편해졌다. 이러나저러나 사람을 돕는 활동이니 말이다.

다행히 전문 채용 면접관 1급을 획득하면 취득할 수 있는 CiC(Competency Interview Coach) 자격증을 따고 사람을 돕는 활동의 갈증이 조금 풀렸다. CiC는 역량 면접 코치여서 취업 희망자에게 면접에 대한 코칭을 마음껏 해줄 수 있기 때문이다. 일단 면접관 모드로 모의 면접을 진행한 후에 다시 코치 모드로 면접 코칭을 진행한다. 심지어 고객에게 코칭 후 자신의 장·단점, 개발이 필요한 점 등을 아주 자세한 서면 리포트로 제공하니 고객인 취업 희망자에게는 그 효과가 더 크다. 실제로 내가 코칭한 취업 희망자들은 현재까지 취업 성공률 100%를 기록하고 있다.

커리어 코치협회 이사로 활동 중인 나는 추가로 커리어 코칭까지 제공해 준다. 내가 하나하나 다듬어왔던 보배들이 코칭이라는 실에 꿰어져 힘을 발하게 되는 것을 느끼며 스스로 전율이 느껴진다. 그러면서 또다시 질문이 스멀스멀 또 올라온다.

'근데 나 잘하고 있는 거야?'

무얼 하든 결국 사람을 돕는 일

우리는 인류 역사상 가장 고도로 발달한 기술의 혜택을 누리며 살고 있다. 동시에 아이러니하게도 인간성 말살 현상이 가장 만연한 시대에 살고 있기도 하다. 편리하게 살기 위해 과학과 기술이 발달했지만, 인간이 기계에 자리를 내어주게 되면서 살기가 더 팍팍해지고 힘들어졌다. 이렇게 인간이 소외되는 상황이 많아졌고, 누군가의 도움이 필요한 사람이 점점 많아지게 됐다.

메신저로 연락하는 것에 익숙한 젊은 세대는 상대방과 '직접 통화하는 것에 트라우마를 느끼는 경우가 많다'고 한다. 옆자리 동료와 카톡이나 사내 메신저로 커뮤니케이션하는 것을 더 선호한다. 그래서 심지어 전화를 걸고 받는 연습을 시켜주는 학원까지 생겨날 정도다.

회사에서 옆자리에 울리는 내선 전화를 당겨서 받는 것은 그야말로 고역이다. 기성세대는 '정말로 그 정도까지야'라고 의아해하지만 당장 자녀나 조카에게 물어보면 알 것이다.

이런 특징을 지닌 세대와 커뮤니케이션을 하고 코칭하려면 코치로서의 역량도 개발해야 하지만 단단히 마음의 준비도 해야 한다. 그리고 마음의 리모컨으로 스스로 모드를 잘 정해야 한다. 코치가 될지, 면접관이 될지, 아니면 그냥 상사가 될지.

내 다양한 관심사와 활동들을 나열해 보니 글만 봐도 어지럽다. '이게 다 뭐지'라는 생각이 들다가도 공통분모를 발견하기 때문이다. 이러나저러나 사람을 돕는 일들이다. 갤럽 강점 진단 결과 '공감'이 1위로 나온 것처럼, 나는 사람들을 이해하려고 노력하고, 사람들과 함께하고, 사람들에게 도움을 주는 일에 가장 큰 보람을 느끼며 살아왔다. 그리고 코칭은 내 혼란의 마침표를 찍어준다.

모든 삶의 터전이 코칭의 장이 될 수는 없다. TOP에 맞게 도움을 주는 것이 중요하다. 코치로서의 삶이 주위 사람을 돕는 것은 분명하나 상대방이 처한 상황에 맞게 돕는 것이 더 도움을 주는 것이다. 결국은 상대방에 맞게 모드 전환을 잘해야 한다. 리더로, 작가로, 가장으로, 전문면접관으로, 퍼실리테이터로, 코치로 말이다. 나의 감정에 당황이, 걱정이, 우울이, 삐짐이, 흥분이, 불안이 등의 이름을 붙여 부르며 감정을 조절하는 것처럼, 스스로 마음의 리모컨을 가지고 다니며 상황에 따라 모드 전환을 하는 것이 필요하다.

그래도 친절한 코치로 사는 것이 사실 가장 즐겁기는 하다.

내 인생의 마지막 커리어 '코치'

"오늘은 제 인생의 마지막 커리어에 대해 이야기하고 싶습니다."

필요할 때마다 멘토 코칭을 해주는 상위 코치에게 코칭을 받을 때 내가 내놓은 코칭 주제였다.

"뭔가 비장한 느낌이 드는데요? 이 주제를 꺼내 놓은 이유를 조금 더 자세히 들어볼 수 있을까요?"

예상했던 질문이 돌아왔다. 그리고 담담히 내 이야기를 풀어 놨다.

나는 아직 가족을 부양해야 한다. 한창 경제 활동을 해야 하는 상황이다. 하지만 만일 아무 제약이 없다는 가정하에 어떻게 살고 싶은지 물어본다면 언뜻 생각나는 것이 '나는 자연인이다'라는 프로다. 서울에서 나서 서울에서 자란 나는 향기가 풀풀 나는 더덕이 옆에 묻혀 있어도 알아채지 못한다. 완전 서울 촌놈이다.

그럼에도 너무 치열하게 살아온 터라 복작거리지 않고 자연에서 그저 다음 끼니 마련하며 사는 유유자적 삶을 동경한다. 자연인들이 저마다 간직한 가슴 아픈 사연이나 자급자족해서 살기까지 그 자연인들이 겪었을 노력과 고통은 애써 외면하면서 말이다.

굳이 '꿈'이라고 표현하면 너무 거창하겠지만, '그래서 어떻게 살고 싶냐'고 조금 더 구체적으로 물어보면 '북카페 주인장'이라고 답할 것이다. 자연에 둘러싸인, 그러나 서울에서 너무 멀지 않은 곳에서 북스테이와 북카페를 운영하는 게 원하는 모습이다. 일상에서 벗어나 책과 함께 조용히 쉬고 싶은 사람에게 쉼터를 제공해 주면서 책과 커피도 파는 그 모습 말이다. 사실 내가 워낙 커피와 책을 좋아하기에 나 자신을 위한 미장센이기도 하다.

자연 속 북스테이, 북카페에서 코칭이 꿈
중학교 시절, 교과서에서 읽은 이효석의 수필 〈낙엽을 태우며〉에서 작가는 낙엽을 태울 때 '커피향이 난다'고 했다. 커피를 한 번도 마셔 본 적 없던 나는 그때부터 '나중에 커서 마당 넓은 집에서 낙엽을 태우며 커피를 마시는 일상'을 동경해 왔다. 내가 만든 공간으로 찾아드는 사람, 그 사람에게 휴식과 커피를 대접하고, 나만의 리스트로 구성된 좋은 책을 권해주는 모습을 상상한다. 그리고 그 옆에서 나도 향 좋은 커피와 함께 책도 읽고, 마음껏 내 원고 작업도 하는 삶을 꿈꾼다. 이런 이야기를 하면 옆지기는 바로 한마디 보탠다.
"여보, 우리 막내 아직 고3이야."
물론 나의 상황을 잊은 적은 없다. 그럼에도 이런 꿈을 꾸는 것은 코칭과 연관돼 있어서다.

사실 코칭은 어렵다. 배우기도 어렵고, 코치로서 역할을 잘 해내기도 어렵다. 그렇기에 코치로 발을 들여놓으면 끊임없이 발전을 위해 노력해야 한다. 이 때문에 코칭을 접하기 전과 후의 삶에 대한 관점과 태도는 경이로울 만큼 달라진다. 어려워도 도전해볼 만한 이유다. 무엇보다 '꿈 깨'라는 타박을 '어, 가능할 수 있겠네'로 변화할 수 있기 때문이다.

내가 상상하는 공간은 단순한 쉼터나 카페, 서점을 넘어 코칭 공간이다. 북카페를 찾는 사람을 코칭하며 사는 것이다. 코칭이 필요한 사람, 쉼이 필요한 사람에게 쉼과 코칭을 제공하는 것이다. 코칭을 하는 동안에 향긋한 커피가 앞에 놓이면 좋겠다. 기업의 임원 생활을 하면서 라이프 코치는 물론 커리어 코치, 비즈니스 코치, 심지어 책쓰기 코치로도 활동하고 있는 나이기에 좋은 콘셉트가 아닌가 싶다.

묘비명에 '코치'라는 수식어 원해
번아웃이 와, 끔찍한 벌레가 득실거리고, 불편함투성이고, 사람 왕래가 뜸해도 한적한 것을 찾고 싶다는 사람들을 위해서, 평생 열심히 살다 보니 스스로 외로움을 갈구하는 나 같은 사람들을 위해서 괜찮은 생각 아닌가.

실제 현실이 너무 팍팍하고 힘들어서 조용한 곳으로 가고 싶은 심정을 털어놓는 사람들이 내 주위에 부쩍 많아졌다. 나와 이들을 위한 공간이 필요하다는 생각 때문에 더욱 이런 생각을 하게 된다.

게다가 요즘에는 굳이 얼굴을 맞대지 않더라도 줌, 구글 미트 등 온라인으로 대화하고 코칭하는 일이 일반화해 상대방이 꼭 나와 같은 공간에 무릎을 맞대고 있지 않아도 가능하다는 생각도 보태졌다. 전화나 온라인으로 일대일 코칭을 하면 더 집중이 잘 되기도 하니 말이다.

"주제가 너무 비장해서 처음에 살짝 긴장했어요. 오늘 큰일났구나 싶더라고요. 그런데 코칭 대화를 나눠보니 마음이 놓입니다. 저도 공감이 가고요."

멘토 코칭을 해주던 코치가 한 말이다.

코치는 무엇보다 정년이 없다. 그러니까 죽을 때까지 할 수 있다. 무엇보다 코치는 상대를 돕는 보람 있는 일을 하는 사람이다. 그러니 이 일이 내 마지막 직업이 된다면 나의 묘비명에는 좀 더 가치 있는 글이 써지지 않을까 하는 생각이 든다. 뿐만 아니라 묘비명의 내 이름 뒤에 '코치'라는 수식어가 붙지 않겠는가. 나의 바람이다.

이형배 코치

-
-
-

한국코치협회 인증 코치(KPC), 갤럽 글로벌 강점 코치로 활동 중이다.
삼성전자와 삼성서울병원에서 36년간 기획팀장, 연구지원실장, 인사담당, 행정부원장, 지속성장추진단장 등의 리더 역할을 거치면서 기획, 인사, 연구개발 기획 및 관리, ESG 등의 실무 경험을 쌓았다.
의과학 박사(기술경영)로서 현재 성균관대 융합의과학원 겸임교수이자 Why-How-What의 전략 프레임워크(Framework)를 근간으로 솔루션을 제공하는 컨설팅 법인 골든 서클(Golden Circle) 대표이다.
주로 바이오 메디컬, 헬스케어, 병원, 벤처기업의 HR 혁신, 알앤디 토털 매니지먼트 시스템(R&D Total Management System), 프로세스 혁신에 의거한 디지털 트랜스포메이션(Digital Transformation)과 강점 코칭을 기반한 팀워크 및 리더십 육성에 집중하고 있다.

인생에서 가장 기억에 남는 한마디

2023년 가을, 코칭에 입문했다. 43개 직종의 다양한 업무가 존재하는 병원 특성 때문에 '중간관리자들에게 도움이 되는 프로그램이 없을까' 항상 고민하던 터였다. 당시 병원에 코칭 리더십이 시범 적용된 후 어느 정도 성과가 있다고 판단했다. 따라서 인사팀 내부적으로 전문가를 육성해 본격적으로 도입할 것을 결정했다. 그러면서 행정 부문을 책임진 나도 확실한 의지를 다지기 위해 코치 육성의 전 과정을 체험하기로 했다. 그것이 BCM 과정이었고, 나는 7기였다.

과정 참석자 대부분은 하나라도 더 배우려는 자세로 임했다. 그에 비해 나는 직업병이 도져서 초지일관 해당 프로그램이 과연 기존 리더십 프로그램과는 차별점이 무엇이며, 과연 조직 내에 효과적으로 정착할 만큼 체계적인 프로그램인지를 점검하려 했다. 그러다 보니 비판적 시각과 차별화된 포인트를 찾는 데 집중했다. 당연히 질문은 문제의식에 기반한 것이었다. 동기들에게 '밉상이 되어도 좋다'는 각오로 임했다(나중에 알았지만, 나의 강점 역량 중 '분석' 테마의 과발현이었다).

첫날부터 울보가 되다

회사 특성상 외부 강의를 찾아 듣는 편이 아니어서 외근조차 익숙하지 않은 탓에 첫날부터 느지막이 강의장에 도착한 바람에 맨 앞줄에,

그것도 교단을 보기 위해서는 고개를 반쯤 돌려야 하는 자리에 앉았다. 곧 여느 장기 교육 프로그램과 같이 자기소개 시간이 시작되었다.

앞자리에 앉은 김에 자청해서 제일 먼저 주저리주저리 참여 목적과 현직에 몸담고 있음을 떠벌였다. 이때까지는 교육생으로서 그럭저럭 문안했다. 하지만 교육이 시작되면서 곧바로 이어진 조별 활동에서 문제의 첫 질문이 날아들었다.

너무 간단한 질문이었다. 그것도 대기업에서 적지 않은 세월을 근무하며 나름 잔뼈가 굵은 백전노장으로서는 받아보지 못한 아주 촌스러운 질문이었다.

"이제껏 살아오면서 가장 기억에 남는 한마디를 구성원들과 나눠주세요. 그리고 왜 그렇게 생각하는지도 설명해 주세요."

'오잉? 나야 그런 말들이 수없이 많지 않겠어? 가만있자, 어떤 것들이 있을까' 하는 순간, 나는 무의식 속에 담긴 케케묵은 감성에 압도당하기 시작했다.

'아, 이거 왜 이래, 이게 무슨 일이야! 어쩌자는 거지? 네가 왜 거기서 나와. 이 얘기를 여기서 하라고?'

그랬다. 정말 까맣게 잊고 있던 20여 년 전 기억이 거짓말처럼 생생하게 떠올랐다. 그것도 생면부지의 BCM 7기 동기들과의 첫 수업, 첫 질문에서 말이다. 그것은 깊이 잠들어 있던 무의식 속 자아였다. 꽁꽁 묶어두고 평생 잊어버리고 싶었던 부끄러움이었다.

이야기는 이랬다. 당시 나는 인사과장이었고, 인사평가 때였다. 당시만 해도 사회공헌은 인사부서의 주력 업무가 아니었다. 부가 업무였다. 그런데 인사 총괄 임원이 사회공헌을 담당하는 기혼 여성 인력에게 B 등급을 주겠다고 했다. B 등급이면 그야말로 몇 톨 안 되는 귀하디 귀한 상위 고과였다. 인사부서 내에는 인·노사, 제도, 평가, 채용, 교육 담당자들이 1년 내내 불철주야 혼신의 노력을 다해도 배분율로 인해 상위 고과는 좀처럼 받기 힘든 형편이었다. 그러니 그 여사원에게 B 등급을 주겠다는 것은 참으로 납득하기 어려웠다.

하늘 같은 임원에게 따지듯 불만 섞인 큰 목소리와 건방짐을 더해 그 이유와 불합리함을 토로하게 됐다. 의외였다. 그 임원의 대답은 차분하면서도 간단하고 부드럽기까지 했다.

"예쁘잖아."

당시 너무 어이없었다. 또 엄청나게 분개했다. 그런데 왜 그 말이 이 자리에서 갑자기 생각났을까? 게다가 순간 목이 메고 왈칵 눈물이 터져 나왔다. 나는 더이상 말을 잇지 못했다. 그 당시는 전혀 깨닫지 못한 그 임원의 의도가 코칭 조별 토의하는 20여 년 지난 이 자리에서 부지불식간에 인지된 것이다.

사실 당시에는 너무 화가 나고 그 여사원보다 낮은 등급을 받은 다른 부서원들에게 미안한 마음이 가득했다. 리더로서 무능함까지도 느껴져 한동안 헤어나지 못했다. 나에게는 참으로 암울한 시절이었다.

질문 한방에 코칭 마력으로 풍덩

그 일이 있은 수개월이 지나서 우연히 그 여사원의 얘기를 전해 들었다. 나는 뒤통수를 맞은 듯 아찔했다. 해당 여사원은 실명 위기의 심각한 안과 질환을 앓고 있었는데 치료 방법도 매우 불투명한 상태였다. 늦은 나이에 결혼해 '인공수정에 겨우 성공했는데 그마저도 유산했다'고 했다. 그럼에도 '사회봉사 활동 지원을 위해 주말마다 잘 보이지 않는 시력으로 복지 시설의 노약자와 장애인, 그리고 그 가족에게 항상 웃음을 잃지 않고 희망을 전파하면서 지원하고 있다'는 것이었다.

인사 총괄 임원은 업무의 성과만으로 인사를 하지 않았다. 과정·태도·노력 등 전방위 관점으로, 그리고 모든 것을 배려와 사랑으로 품는 진정한 인사를 실천했던 것이다. 굳이 조직 내 가타부타 설명하지 않은 것은 그 사원의 자존감을 지켜주기 위함이었으리라.

그것이 진정한 의미의 평가였다. 그때는 몰랐다. 그 여사원이 정말 예쁘다는 것을. 그 무엇보다도, 그때는 전하지 못했던 선배(인사 총괄 임원)에게 송구했던 그 마음속 이야기가 도대체 왜 여기서 울먹임과 동시에 가장 기억에 남는 한마디로 떠올랐을까?

"예쁘잖아."

그날 이후 나는 더 이상의 점검자도, 평가자도 아니었다. 오로지 질문 한방으로 코칭의 마력에 푹 빠진 초보 학습자의 모습으로 바뀌었다.

코칭의 창시자 칼 루이스 교수가 정의한 내용, '무의식 속의 나를 일깨우는 질문으로 자기 스스로의 의식을 인지하고 답을 찾아가는 과정이 코칭'임을 첫날 첫 수업에서 울보가 되면서 온몸으로 학습했다.

당시 강의를 이끌었던 고현숙 왕코치는 과연 이것을 의도했을까? 아니면 내가 너무 훌륭한 학생이었을까? 어쩌면 우리는 많은 순간 보이는 것에만 연연하여 행간의 가치를 놓치고 살고 있는 건 아닐까?

살면서 가끔은 혼자 소리로 되뇌어 여백의 미(무의식 속의 나)를 생각해 본다.

"예.쁘.자.나."

강점 역량과 절차탁마 비교

학창 시절 군부독재 타도를 외치며 광화문 네거리를 뛰어다녔다. 혈기 왕성하게 국가와 민족을 걱정하던 시절이었다. 당시 금서를 구해 한줄 한줄 읽어가며 의미를 곱씹었다. 또 전통문화 속 민족의 한을 마당놀이로 풀어내며 시대정신을 되살리겠다고 나섰다. 그야말로 두 마리 토끼를 잡으려던 용기백배의 시절이었다.

그때 호형호제하던 한 선배가 있었다. 이론과 예능을 섭렵한 양수겸장 절대 고수의 동양철학 전공이다. 그 선배는 지금도 늘 나를 걱정한다. 또 시의적절하게 선인들의 주옥같은 말씀을 서각으로 새겨서 건네주곤 한다. 서각은 고뇌에 빠지거나 새로운 도전을 앞두고 망설일 때 어김없이 내게 온다.

상선약수(上善若水), 항용유회(亢龍有悔), 수처작주(隨處作主) 입처개진(立處皆眞), 무한불성(無汗不成), 허실생백(虛室生白), 성어중 형어외(誠於中 形於外), 부쟁(不爭) 같은 말이다.

60세 넘어 변두리 집을 장만해 이사하자, 최근에는 을목(乙木, 필명)이라는 선배가 기념 선물을 보내왔다. '환갑이 되어도 더 공부하고 배우라'는 의미를 담아 절차탁마(切磋琢磨)란 한자를 추사 김정희 선생님의 탁본을 구해서 이를 서각으로 만들어 보내온 것이다. 여기에 일자 무식인 나도 이해할 수 있도록 공자와 공자의 제자 자공(子貢)의 일화를 풀어 함께 보냈다. 보내온 글을 새기면 새길수록 강점 역량의 의미와 프로세스, 지향점이 너무나도 유사했다. 이런 점으로 인해 나는 더욱 꼼꼼히 짚어보게 됐다.

선배가 보내준 해설부터 함께 나누어 보고자 한다.

절차탁마를 말하다

공자의 제자 중 가장 자질이 뛰어났던 안회(顔回)는 늘 가난함 속에서도 기꺼이 편안하게 지내는 사람이었다. 자공(子貢)은 현실적인 능력(사업)이 워낙 뛰어난 터라 스스로는 물론 고생하는 스승 공자의 조직 유지에 가장 큰 도움을 준 존재이다. 안회만큼은 못 되지만, 안회 바로 아래의 자리는 본인이란 말을 스승에게서 듣고 싶어했다. 논어 전반에서 '가난함(貧)'의 대표격은 안회이고, '부유함(富)'은 자공 관련해 이야기하는 것으로 이해하면 쉬울 것이다.

스승으로부터 인정 욕구가 높았던 자공은 공자에게 여러 가지를 자주 물었다.

"이 친구는 이렇게 했고, 저 친구는 저렇게 했는데, 두 사람은 어떻다고 보십니까?"

오죽하면 공자가 '자공은 참 시간이 많은 친구야. 그런 거 비교하려 지켜보거나 이런 말 물어볼 시간이 있으면 난 공부를 더 하겠는데'라고 한 적이 있을 정도였다. 하지만 실제로는 '공자 역시 자공의 현실적인 역할과 재질을 충분히 인정했다'고 한다.

이번에도 자공이 공자에게 물었다.

"(안회처럼)가난해도 재산 있는 이들에게 아첨하지 않고, (저처럼)부유하지만 타인을 업신여기지 않는다면 어떤 사람이라 할 수 있을까요?"(이 말은 '안회 좋은 사람인 건 조금 전에 제가 미리 깔아 놨으니, 이번 경우는 저도 잘 처신하고 있다고 칭찬 좀 해주세요. 제발!'이라는 의미.)

공자가 대답하였다.

"두 경우, 다 나쁘지 않은 수준이지. 하지만 그 정도보다는 '가난하지만 이미 그 안에서 만족하며 즐기며 지내고(貧而樂), 이미 부유하였거든 쓸데없는 생각(자공, 너처럼)않고 사람이 지켜야 하는 예법(禮)을 정말 좋아하고 따르는 것(富而好禮)'이야말로 최고의 경지가 아닐까?"

여기서 자공은 일단 실망하였지만, 그 역시도 뛰어난 인재였기에 아래의 한마디 말을 추가하여 공자의 탄복을 이끌어 내게 된다.

"선생님 말씀은 시경(詩經)의 '여절하고 여차하고 여탁하고 여마(如切,如磋,如琢,如磨)하라'는 말처럼 (산 중의 옥(玉)을 제 값어치 있게 만들기 위해선) 우선 '옥 있는 부분을 깎아내고(切 끊을 절), 목적에 맞게 크기를 재단해 낸 후(磋 갈아낼 차), 필요한 형상을 세세하게 쪼아내고(琢 쫄 탁), 끝으로 표면을 부드럽게 연마(磨 갈 마)'하여 완성됨을 따라야 한다는 것인가요?"

이 말을 듣고 공자가 자공을 제대로 인정하게 되었다. 자기가 자공에게 넌지시 알려준 호예(好禮)하길 바란다는 의미를 이렇게 단번에 깨달은 것을 보고 진심으로 행복해한 것이다.

왜냐하면 진정한 '예(禮)'를 지킬 수 있는 단계는 사람이 기본적으로 갖춰야 하는 인(仁)이 완전히 갖춰진 이후에만 가능한 것이기 때문이다.

"오, 이젠 너와 더불어 시경 구절들을 이야기해도 되겠구나. 지나간 일을 가르쳐 주니 앞으로 올 일까지 미루어 아는 경지에 도달한 것 같구나."

험산에서 땅을 파고 들어가 옥광산에서 숨겨진 옥의 맥을 캐어내고, 크기에 맞춰 하나하나 재단하고 물건을 만든 뒤 그것을 일반 사람들에게 가치 있는 물건으로 쓰이게 하려면 세세하게 연마해야 한다. 이러한 과정은 정말 하나하나가 순서에 맞게 진행하지 않으면 안 된다. 앞의 과정을 완전하게 진행하지 않은 상태에서 다음의 단계로 넘어가면 제대로 된 가치를 발휘할 수 없다는 이야기다. 절차탁마는 옥(玉)을 제품화하는 과정을 말한 것으로 알고 있는 경우가 많지만, 실제로는 한 사람이 끝없는 공부를 해 군자로 완성해 가는 '수련 과정'을 옥작업을 비유하여 말한 것이다.

클리프턴 박사보다 자공이 빨랐다

그냥 지나치듯 재미있는 이야기일 수도 있는데, 선배가 강조하는 절차탁마의 주안점을 들으면서 강점 역량과의 연계성에 확신이 들었다. 그것은 순서를 반드시 지켜야 한다는 것이었다. 호예(好禮)를 위해서는 인(仁)이 먼저 갖춰져야 되듯이, 강점역량/강점코칭 또한 그렇다. 재능을 발견하고 이를 자신의 핵심역량으로 키우기 위한 강점 역량화 계획을 수립, 실천해 나가는 등 반드시 지켜야 하는 순서, 즉 프로세스가 큰 의미를 갖는다.

사이먼 사이넥(Simon Sinek)이 얘기하는 골든서클에서의 첫 단계는 반드시 왜(Why)로 핵심가치(목표)가 무엇인지를 명확히 해야 하는 것처럼 말이다. 굳이 절차탁마의 단계와 강점 역량의 단계를 나름 비교해 본다면 다음과 같다.

[절차탁마]　　　　　　　　　　[강점역량/코칭]
1. 광산에서 옥의 맥을 찾아 내고　vs　사람이 가지고 있는 잠재적 재능을 발굴하고(34 CS 진단)
2. 크기에 맞춰 하나씩 재단하고　vs　자신의 강점테마를 인지하고 확인하고(Name it/Claim it)
3. 원하는 모양으로 쪼아서 만들고　vs　강점 재능을 강점 역량으로 활용 목표를 명확화(Aim it)
4. 목표한 보석으로 갈아서 빛내기　vs　강점역량 육성으로 핵심가치/목표 실현(being->Doing)

※ 절차탁마도 순서가 있음을 분명히 인식해야 하며, 강점역량/코칭 역시 단계별 절차 즉 프로세스가 매우 중요하다는 의미이다.

시경에 나오는 절차탁마를 공자의 제자인 자공이 세상 밖 많은 사람에게 교훈이 되도록 알리는 역할을 했을 때가 기원전 480년 정도이니, 클리프턴(Clifton) 교수가 강점 발견 프로그램을 개발한 1980년대와 비교한다면 자공(子貢)이 많이 빠르지 않았나 싶다. 확실히 강점역량에 대한 의미를 부여하고, 전파한 공로를 본다면 말이다.

측은지심으로 한 가지 더 보탠다면 항상 공자의 최우수 제자로서는 안회에 밀린 서러움을 감안해, 후세가 위로 차원에서 좀 더 밀어드리면 어떨까. '강점 코칭의 원조는 동양의 자공 선생'이라고.

강점 코칭, 대학원 정규과목 되다

삼성융합의과학원은 바이오 메디컬 분야 인재 육성을 위해 2008년에 성균관대학교와 삼성서울병원이 함께 설립한 대한민국 최초의 정규 융합대학원이다. 의료기기 산업학과, 바이오 융합학과, 임상 역학, 디지털 헬스 등의 과정이 있다.

삼성융합의과학원의 원장은 원래 한국 유수 제약사의 연구소인 목암연구소의 소장을 역임하고, 삼성서울병원의 미래 의학 발전 전략을 위해 전격 스카우트 된 입지적 인물이다. 병원에서 어느 정도 소임을 마치고 후학 양성을 하겠다는 의지로 자리를 옮기신 곳이 바로 융합의과학원이다.

나도 융합의학원과 인연이 있다. 나는 삼성전자에서 22년을 근무했다. 그리고 삼성서울병원으로 옮겨 14년을 근무했다. 처음 병원으로 옮겨왔을 때다. 당시만 해도 병원에 대한 지식이 전혀 없던 터라 해당 대학원에서 새로운 지식도 배울 겸 시작한 공부가 어느덧 의료기기 산업학과의 1회 박사 학위 졸업생이 된 것이다. 영광이 아닐 수 없다.

이러한 인연으로 나와 원장은 미래 의료 이슈를 10년 이상 함께 논의해 왔다. 그런 어느 날 원장이 "학생들이 본인 미래에 별 관심이 없는데, 어떻게 가이드해야 할지 고민"이라면서 "본인 스스로가 무엇을 잘하고 무엇에 흥미를 느끼며, 그래서 어떤 분야에 참여하고, 궁극에는 무엇을 이루고 싶은 것인지 아무런 생각이 없다"고 의외의 고민을 털어놓았다.

사실 나도 대학 입학 학과를 선정할 때나, 졸업 후 취직할 때조차, 그리고 입사 후에도 내가 어떤 분야에서 어떤 사람으로 성장하고, 무엇을 이루고 싶은지 묻지도 따지지도 않았다. 그저 주어진 일만 열심히 하며 주구장창 달려온 것이다. 누구에게도 질문을 받아본 적이 없다. 나도 누군가에게 "제가 어떻게 살아야 할까요. 무엇을 이루는 것이 바람직할까요"라고 물어본 적도 없다. 즉 미래를 심도 있게 고민해 본 적이 솔직히 없다.

대학원장 고민에 강점 코칭 제안
어쩌면 군부독재니, 학생운동이니 하는 시대적 상황을 운운하면서 그 핑계로 내 정체성은 그 잘난 민주주의와 일천한 민중 정신의 신발 밑창에 깔아 버린 것인지도 모른다. 입사 후에도 마찬가지였다. 그저 운동권에서 얻어들은 세치 혀와 눈치밥으로 그 밥에 그 나물 중 그나마 겨우 구름 사이로 별뉘를 조금 쬐면 그걸로 난놈인 양 살아왔다. 돌이켜 보면 대학원장이 걱정하는 지금의 학생들 모습이나 그때 나의 모습이나 다를 바 없는 것이다.

그도 그럴 것이 대학원생의 70%는 이미 직장을 다니면서 주경야독하는 사회인이기 때문에 단순히 학과나 전공에 고민이 있는 게 아니다. 그렇다고 직장 내에서의 성장 목표가 뚜렷한 것도 아니다. 막연한 상태인 것이다.

사실 당시 나는 갤럽의 강점 코칭을 학습하고, 조직 내 여러 부서와 리더들에게 강점 코칭을 실행하고 있었다. 그러면서 '강점 코칭은 리더들에게도 중요하지만 좀 더 이른 시기에 본인의 강점을 이해하고 이러한 강점 재능을 강점 역량으로 키워간다면 정말 강력한 자기 성장의 맞춤형 무기가 되겠구나'를 느끼고 있던 터였다.

대학원장의 한탄을 듣고 나는 강점 코칭의 기본 배경과 개요, 그리고 활용 가치를 간략히 설명했다. 그러면서 '그동안의 느낌과 경험을 바탕으로 살펴보건대 정규 과정 학생들과 사회인 대학원생들에게 강점 코칭을 받게 하는 좋을 것 같다'고 제안했다.

앞으로 자신이 누구인지, 어떤 재능 특성이 있는 사람인지를 알게 되면 학생 스스로 어떤 가치관을 갖고 어떻게 살아야 하고, 최소한 무엇을 이뤄야 할지 정도는 생각할 수 있는, 의미 있는 시간일 것이라고 덧붙였다.

순간, 대학원장의 눈빛이 갑자기 바뀌면서 '학생뿐 아니라 대학원 교수들까지 강점 진단과 코칭을 해달라'고 했다. 아, 이놈의 주둥이.

수백 명이 넘는 대학원 학생과 동의조차 구하지 않은 수십 명의 교수를 대상으로 막무가내 추진하는 것은 정말 맨땅에 해당하는 것과 같았다. 오히려 부작용이 우려될 정도였다. 게다가 비용으로도 시간으로도 감당이 되지 않았다. 일단 설득한 석사 3명, 박사 1명, 교수 1명을 대상으로 파일럿 강점 코칭을 진행해 보기로 했다. 이후 설문을 활용해 진행 방법을 결정하기로 했다.

5회차에 걸친 강점 코칭은 내 집무실에서 가열차게 진행되었다.

결과는 대단했다. 그 내용만으로도 의미 있는 케이스 스터디(case study)가 될 만큼 성과가 있었다.

설문도 대상자, 필요성, 시급성, 활용성, 효과성 측면에서 거의 100% 긍정적 결과를 낳았다. 생각지도 못했던 의외의 결론에 다다르게 된 셈이다. 결국 이것이 개개인 강점 진단이 아닌 대학원의 정규 과정 개설로 이어지게 됐다. 3학점 16강의 대학원 정규과목이 된 것이다. 그야말로 사고를 친 것이다.

매 강의의 교안 작성은 물론 학습 목표와 콘텐츠를 명확히 해야 했다. 부담 백배였다. 말하자면 사고와 경사가 겹친 것이고 할 수 있지 않을까. 이름하여 설상첨화? 금상가상?

정규 과목 되자 독수리 5형제 집결

대학원장과 다시 만나 머리를 맞대고 정리했다. 특히 인공지능이 사회 깊숙이 녹아든 4차산업혁명 시대에 필요한 인재는 자신이 누구인지, 무엇을 잘하는지, 그래서 어떻게 그 재능을 키워 나가야 할지 아는 사람이다. 그런데 이를 인지하지 못하고 있다. '그렇다면 우리는 어떤 인재를 길러야 하나?' 이런 질문 속에서 〈4차산업혁명 인재론〉이라는 교과명이 정해졌다.

이제 어찌할까. 깜깜했다. 하지만 누군가 그랬다. '너는 혼자가 아니다. 늘 솟아날 구멍은 있다'는 말이 떠올랐다. SOS를 쳤다. BCM 7기의 독수리 5형제를 불렀다. 이들을 함께 강의할 강사진으로 제출했다. 순간 학과 사무실은 웅성웅성했다. 이렇게 많은 사람이 한 교과목에 강사로 나오다니. 유래가 없는 일이었기 때문이다. 어느 과목에서도 볼 수 없었던 강사진. 그리고 어떤 인생도 커버 가능한 총천연색 시네마스코프(Cinema Scope) 아닌가. 출판사 대표(시인), 목사(종교인), 소재 분야 개발 임원(엔지니어), 글로벌 회사 점장(서비스), 대기업 부사장(병원 행정부원장)으로 구성된 강점 코치 독수리 5형제의 무모한 도전이 시작되었다.

　독수리 5형제는 시대정신을 가늠하는 강점 코칭의 지향점을 정리했다. AI 시대에 컴퓨터가 대신할 수 없는 영역, 휴먼 스킬의 중요성을 재인식하고 인간만의 소프트 스킬을 강점 역량으로 체계화하는 조기 학습의 장을 만들자는 취지였다. 그러기 위해서는 어떠한 경우에도 흉내낼 수 없는 개개인의 강점 재능을 근간으로 한 질문과 인정의 소통 역량, 그리고 창의력 역량이 필요했다.
　이를 위해 5명 모두가 16강 모든 강의에 동시에 투입됐다. 주 강사 한 명에 보조 강사 네 명인 셈이다. 이들은 매 강의에 있는 조별 토의와 코칭에 참여하면서 학생 개개인의 강점 재능의 발굴에서 강점 역량의 확보 계획수립까지 도왔다. 〈4차산업혁명 인재론〉의 실체를 정의하는 새로운 도전은 이렇게 24년의 가을 학기의 밤을 하얗게 지새웠다.
　다음은 이때 작성했던 교과목 개설 개요다.
　'최첨단 과학기술과 인공지능이 융합된 4차산업혁명 시대. 이 시대에 미래 의료를 선도할 융합의과학 분야 인재가 갖추어야 할 핵심역량이 있다. 휴먼 스킬(Human Skill)이다. 융합형 인재는 전문 지식만 갖춰서는 안 된다. 의사, 간호사, 의료기사, 연구원 등 다양한 직종의 인력들과 소통하면서, 제약 및 의료기기업체, 인허가 기관 등 의료산업 내 이해관계자들과 협력하는 능력이 있어야만 한다. 질환 극복을 위한 도전도 마찬가지다. 나와 다른 생각과 경험을 갖춘 팀원들과 협업할 때 비로소 좀 더 의미 있는 창의성으로 발현된다. 이를 위해서는 자신만을 생각하는 이기적이고 자기중심적 사고를 극복해야만 한다. 그것이 융합형 인재가 사회적 가치에 기여하고, 융합 연구에 성과를 얻는 길이다.

그렇기에 AI가 넘어서지 못하는 인간 고유의 감성 역량, 즉 휴먼 스킬로 자신의 재능을 발견하고 강점과 약점을 스스로 인지하면서, 고객의 관점에서 경청하고 질문해야 한다. 그것이 소통과 협력의 방법이기 때문이다.

따라서 이 교과목은 갤럽(Gallup)의 클리프턴 스트렝스(Clifton Strength) 진단으로 자신만의 재능을 발견하고, 강점과 약점을 스스로 인지할 수 있게 한다. 나아가 빙(Being)의 잠재적 재능 상태에서 실행력을 갖춘 두잉(Doing)의 강점 역량으로 발전시키는 실행계획을 수립, 실천하는 등 '씽킹 스트럭처 오브 휴먼 스킬(Thinking Structure of Human Skill)'로 시대정신이 요구하는 인재가 되도록 돕는 게 목적이다.'

이상한 회사, 당신은 몇 차원인가

강점 진단을 한 후 자신의 잠재력을 새롭게 인식하고, 자신만의 강점 재능을 빙(being)에서 두잉(doing)으로의 전환하는 강점 역량화 과정이 반드시 있어야 한다. 그런데 이 과정에서 자신과의 약속과 실천 의지가 중요하다는 사실은 누구나 인정할 것이다. 그래야 올바른 의사결정이나 그에 따른 성공을 담보할 수 있기 때문이다.

이런 내부 지향적 자기 인식과는 완전히 다른 시각, 즉 '외부 시각'으로는 나의 역량이 과연 어떻게 판단되어지는가' 하는 관점이 있다. 그런데 이 관점에서 고민하고 심도 있게 접근했던 20여 년 전의 '차원 평가 제도'가 불현듯 떠올랐다. 잠재의식 속에 숨어있던 상황이 의식 밖으로 달려 나온 것이다.

변화와 혁신의 선봉장이라는 사명감으로 똘똘 뭉쳐 길길이 뛰던 인사팀장 시절이었다. 아침에 출근하자마자 종합기술원 원장의 호출이 있었다. 원장실로부터의 연락은 늘 그렇지만 그리 달갑지 않다. '아, 오늘은 어떤 새로운 도전이 기다리고 있을까.' 항상 질문으로 시작하는 원장과의 대화는 '5왜(Why)', 소위 5번의 질문 고개를 넘어야 한다. 이 질문 고개는 해당 영역의 본질까지 꿰뚫어 보지 않고는 도저히 빠져나올 수 없다. 그야말로 넘사벽이다. 이제야 고백이지만 '욕

하면서 배운다'고, 사실 내 모든 사고 체계와 의사결정 방식, 기획력은 '그때 체질화했다.'

다짜고짜 불쑥 내밀면서 읽어보라고 한 노란 책 표지에는 '이상한 회사'라는 낯선 부제목이 적혀 있었다. 제목은 『메이난 제작소 이야기』. '예사롭지 않을 것 같다'는 느낌이 들었지만, 지시가 간단해 내심 안도의 한숨을 쉬었다. 하지만 역시나 착각이었다.

책의 내용은 일본 나고야의 목재 전문 회사인 메이난(名南)제작소의 회사 비전과 특이한 채용방식, 그리고 인력들의 역량 평가와 임금 결정 방식인 차원 평가 방법을 다루고 있었다. 며칠 후 이를 요약하여 포부도 당당하게 원장에게 보고하는 순간, '아차!' 방심했던 '5왜(Why)'의 마법이 돌진해 왔다.

하세가와 회장 "급여란 무엇입니까?"
"'그래서 그 회사 회장은 왜 그런 제도를 만들었답니까?', '처음 제도와 지금은 무엇이 달라졌나요?', '무엇이 그 변화를 있게 했나요?', '그 효과는 어떠했나요?', '앞으로는 어떻게 될 것으로 예상한다고 하나요?'" 아뿔싸! 책에 담겼을 리 없는 질문들이다.

결국 나는 일본으로 가야만 했다. 나고야에서 멀리 떨어진 어느 시골역에서 다시 택시로 1시간 정도 이동해서야 그 이상한 회사, 메이난제작소의 정문 앞에 도착할 수 있었다.

'어? 이게 도대체 뭐야?'

회사 정문 옆 커다란 바위에 'F=ma'라고 써 있었다. '아니, 이건?' 맞다. 중학교 물리 교과서에서 보았던 힘의 기본 공식이다. '힘은 물체의 질량(m)과 가속도(a)의 곱과 같다'라는 물리학의 생 기초이자 만고의 진리. 그런데 이게 왜 여기에?

사무실 안으로 안내되어 들어간 일본식 응접실은 소박하지만 정교했다. 그 한편에 긴 벤치형 의자가 놓여있었다. 이곳의 하세가와(河川) 회장이 나와 동료를 반갑게 맞아줬다.

70대 중반이라고 자신을 소개한 회장은 따뜻하고 온화한 미소로 질문했다. 이건 우리 원장과 아주 유사한 모습이다. '이 양반들, 미리 짰나' 싶을 정도였다.

"'급여를 무엇이라고 생각하십니까?', '여러분 회사에서는 급여를 어떻게 결정하십니까?', '그것을 결정할 때 가장 중요한 요소는 무엇입니까?', '누가 평가하고 결정하는지요?', '평가 결과를 피평가자들은 긍정적으로 받아들이고 있는지요?'"

앗, 머릿속이 하얗게 되면서 무릎을 조아릴 수밖에 없었다. 답을 원하는 질문이 아님을 알았기에 침묵으로 고개 숙였다.

그는 비서에게 종이와 연필을 가져오라고 하고는 그 종이에 그림을 그리기 시작했다. 홀로선 사람의 모습과 벽, 그리고 화살표들, 주변에 성과물과 같은 보따리들을 그렸다.

"급여란 남들이 생각하는 나의 가치입니다. 즉 내가 받고 싶은 수준의 금액 아니라 남들이 하는 나의 전방위적인 평가 결과입니다. 이것이 곧 나의 가치이고, 이를 환산한 것이 최종 결정된 개인의 급여라는 것입니다."

결국 급여는 개인이 발휘한 종합적인 역량을 산출한 것으로, 직·간접적 모든 유·무형의 긍정 효과를 타인의 시각에서 인정한 결과의 숫자인 셈이다. 하세가와 회장은 이를 활용해 차원 평가제도를 만들었다.

즉 0차원(점), 1차원(선), 2차원(면), 3차원(공간), 4차원(시간), 5차원(에너지), 6차원(신용), 7차원(신뢰)이 그것이었다. 0차원에서 7차원까지의 8단계를 전 직원 200명이 각각의 개인을 모두 상호 평가하여 평균값을 내고, 그 결과가 개인의 당해 연도 차원이 되고, 그 결괏값이 곧 그해 연봉이었다.

차원 평가 결과는 대자보로서 회사의 곳곳에 붙여지고 이름과 차원을 누구나 볼 수 있게 공개했다. 하세가와 회장 자신은 5.5차원이라고 했다.

종교 같은 신뢰와 믿음의 도구, 물리학

왜 하필 차원(次元, Dimension)이라는 단계 기준을 도입했을까? 머릿속에 스치듯 들어온 것은 정문의 사시(社示) 'F=ma'였다. 물리학의 근간을 평가의 단계로 한 것은, 종교인의 교감 같은 것이라는 생각이 들었다. 같은 종교를 가진 분이라면 쉽게 공감할 것이다. 지구 어디를 여행해도 주일 아침이면 교회에 갈 수 있고, 그곳에서 처음 보는 사람들과도 금세 친해지고 공감하지 않는가. 여기에 착안하여 종교처럼 회사에서도 구성원 간의 신뢰와 믿음을 줄 수 있는 도구, 그게 물리학이었던 것이다.

그래서 사시도 'F=ma', 입사 시험도 물리학 시험, 평가 기준도 물리학의 차원으로 설정했던 것이다. 최고 경지에 오른 사람들은 서로 직접 만나거나, 메일이나 통화를 굳이 주고받지 않아도 '신뢰'를 최고의 차원으로 정의한다는 것에 공감할 수밖에 없었다.

하세가와 회장은 '오늘 돌아가야 한다'는 우리 일행에게 갑자기 "오늘 꼭 한국으로 돌아가야 하냐"면서 "석식을 대접하고 싶다"고 했다. 의외의 벤치마킹 성과를 얻은 우리 일행은 부랴부랴 비행기 일정을 미뤘다. 그러고는 안내받은 시골 마을 숙소에 짐을 풀고, 마을에서 제일 큰 고색 창연한 식당으로 자리를 옮겼다.

안내된 방으로 들어서는 순간, 놀랄 일은 또 터졌다. 하루 종일 놀란 지라 더이상 놀랄 일이 없을 줄 알았는데 그게 끝이 아니었다. 엄청나게 길고 큰 방에 20여 명의 50~60대의 리더가 모두 고개를 푹 숙인 채 무릎을 꿇고 있는 것이 아닌가. 가장 한 가운데 하세가와 회장이 있었고, 좌우로 우리들 자리가 비워져 있었다. 회장은 처음에 만났었던 온화한 표정과 함께 두 손으로 술을 주면서 "한국의 훌륭한 회사에서 이렇게 누추한 시골구석의 보잘것없는 회사까지 와 주니 부끄럽고 감사할 따름입니다"라는 감사 인사를 했다. 이후 완전히 근엄하고 굵직한 음성으로 참석한 회사의 간부들에게 오사카 특유의 사투리로 꾸짖었다.

"너희는 30년 동안 나에게 왜 차원 평가를 하는지 단 한 번이라도 물어본 사람이 있는가?, 우리보다 더 훌륭한 이 분들조차 멀리 이국 땅 여기까지 찾아와서 시골의 늙은 촌부에게 그 근원을 배우고자 묻고 있건만, 부끄럽지만 인정해야 한다. 이것이 오늘날 한국과 일본의 성장 차이인 것이다."

그날 새벽까지 밤새 부어라 마셔라 했다. 하지만 아직도 하세가와 회장의 건배사는 잊을 수 없다. 왜냐하면 단 한 가지만 계속 반복했기 때문이다.

"먹고, 마시면, 끝!"

동료들의 차원 평가 시작하다

다시 한국으로 돌아온 이후 원장은 관망만 했다. 무엇을 하려는지 묻지도 않았다. 메이난 제작소는 차원 평가로 평가 대상자의 능력에서 성과, 남에게 얼마나 도움을 주었는지를 모두 포함한 인물의 종합적인 면을 정성적으로 평가하였지만, 한국에서 그랬다가는 문제가 많아 보였다. 일단 객관적 근거를 증명하지 못하면 분명히 시시비비에 날마다 이슈가 될 게 분명했다. 마침내 적용 범위를 좀 더 객관적으로 하기 위해 상호 인정할 만한 영역으로 한정했다.

연구 인력의 기술 수준을 동일 분야 동료들이 측정하는 차원 평가는 이렇게 시작이 되었다. 이것이 기술 역량 평가의 근간이 되었다. 채용도 완전히 달라졌다. 과거에는 몇 명의 경력직 박사 인력을 채용한다고 했지만 이제 해당 팀은 '현재 총 50차원이고, 크리티컬 매스(Critical mass)가 60차원이므로, 현재 10차원이 필요해서 4.5차원 인력 1명과 3.5차원 인력 1명, 2차원 인력 1명을 채용할 예정이다'로 프로토콜이 변경되었다. 그리고 10년 이상 차원 평가가 채용시 기준이 된 것은 기본이고, 역량의 향상 정도 측정이 평가의 근간이 되었다. 이를 바탕으로 누적 연봉에 적용되었다.

강점 역량은 스스로 재능을 발굴, 최적화하여 자기를 인식하고 실천하는 내재적 가치라고 할 수 있다. 하지만 차원 평가는 내가 주장한 바가 아니라, 나에게 발휘된 강점을 종합하여 타인이 나를 평가하고 인정하는 외재적 가치이다. 이 외재적 가치가 강점 역량의 성공 여부를 검증하는 종합 지표가 아닐까. 그러면 강점 역량과 차원 평가라는 내·외부적 가치의 균형이 완성도 높은 성장의 틀로 작용해 넓고 깊은 성과로 이어지지 않을까 싶다.

이제 이런 생각을 해보자.

'나는 과연 몇 차원인가? 급여(수익)는 어떤 가치에서 비롯된 것일까?'

전문 코치의 생업 영위 방안 필요하다

누구든 지식을 체화하는 익숙한 방법이 있다. 삶에서 지식 체화가 그만큼 중요하기 때문이다. 그렇기에 식자들도 나름대로 방법을 내놓는다. 그중 가장 공감이 가는 방법이 있다. 남을 가르치는 것이다. 가르치기 위한 준비에서부터 진행, 그리고 피드백까지의 일련의 과정에서 해당 분야의 지식이 어느 순간 자기 것이 된다. 이런 경험을 해본 사람이 많을 것이다.

자기가 아는 걸 입 밖으로 내놓는다는 것은 대뇌에서 생각하고, 입으로 표출하고, 다시 자기 귀로 검증하는 자기 학습화가 이루어졌다는 것을 말한다. 체계화가 이뤄졌다는 의미인 것이다.

그래서 효과 만점의 학습 방법이라고 한다. 물론 들어줄 대상이 있어야 하고, 적절한 형식과 긴장, 또한 필요 요건이다.

코칭 학습도 그렇다. 이론적 강의로는 개념 잡기가 막연하다. 그러나 고객을 만나 실습하면서 머리로 익혀두었던 프로세스를 흉내 내고, 수정하고, 피드백 과정을 반복하다 보면, 진정한 의미의 코칭이 자기화한다.

등골 서늘한 코치의 생업 유지 불안

열악한 상황에서도 한국에서 이런 코칭 체계를 만들고, 수만 명의 코치를 육성하면서 기업과 공공 부문에 코칭 문화와 코칭 리더십을 자리 잡게 하는데 크게 기여한 사람들이 있다. 선배 코치들이다. 정말 존경스럽고, 엄청난 공공의 선(善)을 실천하신 주인공 아니겠는가.

늘 그런 마음이 가득하다. 그럼에도 불구하고 마음 한구석은 답답함을 떨치기는 어려웠다. 연극의 3요소가 희극·배우·관객이듯이 코칭 강좌가 열릴 때면 관객의 입장에서 '무언가 한 가지 부족한 게 있다'는 마음을 감추기 어려웠다.

누군가는 "하고 싶은 얘기 다 하면서 세상을 어떻게 사냐"고 한사코 말리지만, 그래도 비슷한 생각을 하는 동료 코치가 있다고 믿기에 총대를 메기로 한다.

물론 긍정적인 점은 많다. 그중 하나가 코칭 리더를 육성하는 것만으로도 많은 사람이 자아 인식이 이뤄져 좀 더 나은 삶으로 인도하게 된다. 이런 공로는 누구나 인정하는 부분이다.

문제 역시 존재한다. 전문 자격을 갖추고 생업(生業)으로 살고자 하는 절대 다수의 코치와 잠재 코치들을 생각하면 등골이 서늘하다. 소위 엔지니어들이 '내가 최고의 기술력으로 만든 신제품은 기술력도, 기능도 그 어느 제품보다 엄청나게 좋으니 틀림없이 대박이 날 거야' 하는 전형적인 기술 지향(Technology Push)형의 위태로움(Risk)을 보는 듯하다. 그만큼 불안한 감정을 떨쳐 버릴 수 없다. '교육 잘 시켜 놓으면 다들 밥 벌어 먹고 살 거야. 물론 개인별 차이는 있겠지만.' 이런 건가?

현재 수만 명. 2030년이 되면 틀림없이 X만 명이 넘어설 코치들은 과연 그중 몇 명이 전문 코치로 생업을 영위할 수 있을까? 완전 고등 수학이다.

특정 코스만 마치고 자격을 획득한 코치들은 마치 앞에서 언급한 이론만 열심히 공부하고, 실습의 기회는 상대적으로 적다. 누군가를 가르쳐 보는 기회도 얻기 힘들고, 누군가에게 피드백 받는 과정마저 충분하지 못한 상태다. 그러니 자격 그 자체만을 위한 비효과적, 비체계적 자기 학습 방법이 만연한다. 그로 인한 코치 양산 후 질적 저하는 불을 보듯 뻔한 현실이다.

코칭 1세대 리더십의 노력과 성과는 누구나 존경해 마지않는다. 하지만 지속 가능성이라는 '암묵적 약속의 기본 틀'을 만들어주어야 한다는 전제를 행간에서 읽지 못한다면, 혹은 1세대의 몫이 아니라고 생각한다면 한국의 코칭 2세대는 하나의 방법론으로 회자하다 사라지는 수많은 경영 이론과 같은 운명을 맞이할 것이다.

그러니 지금은 고도성장을 이룰지, 한 시대를 풍미하다 사라져 갈 것인지 하는 '절체절명의 변곡점에 서 있다'고 할 수 있다. 이 불안감은 나만 느끼는 궤변일까?

거의 분기, 반기별로 진행되는 자격증(KAC, KPC, KSC, 그리고 PCC, MCC) 인증 프로그램과 정기적인 시험이 있다. 이를 통과하기 위한 교육 프로그램은 그 단계를 더 세분화하고 고도화하는 것은 물론 더욱 체계화하고 시스템화할 것이다. 이는 전문 코치가 지속적으로 양산된다는 증거이다.

코칭의 영역별 지식기반 전문화해야

물론 코치가 많으면 많을수록 우리 사회가 더욱 바람직한 방향으로 성장 발전할 개연성이 훨씬 높아진다. 그러나 코칭 컨설팅을 받거나 고가의 코칭을 받아온 기업들의 피드백을 곱씹어 보면 코칭으로 기대한 만큼 효과를 얻지 못했다는 이야기가 적지 않게 들려온다. 또 코칭 이후에도 조직의 변화가 없다거나, 개별 코칭을 권유받은 구성원들이 슬슬 피하기 시작했다는 후문을 듣는 빈도수도 늘어나고 있다. 그야말로 내가 느끼고 생각하는 방향과 크게 다르지 않게 흘러가고 있는 것 아닐까? 코치들의 카톡 방에 자격 인증 획득 축하 메시지를 올리면서 나는 왠지 그들에게 미안하다. 그리고 씁쓸하다. 오지랖인가?

코칭계에서 강력한 입지를 공고히 다진 어느 업체가 최근 공개입찰 경쟁에서 고배를 마시는 사례가 점점 증가하고 있다는 얘기를 듣게 된다.

무욕관묘(無欲觀妙). 노자 도덕경 1장에 나오는 말이다. 도덕경에는 무욕이관기묘(無欲以觀其妙)라고 '욕심이 없으면 당연히 묘(빼어나고 훌륭함)를 본다'는 문구로 되어 있다. 이때의 묘는 진실한 사실로도 해석된다. 이를 기반으로 코칭계의 미래 지향점을 생각해 본다.

- 라이프 코칭은 기본이며, 한 단계 깊이 있는 영역별 지식기반(Domain Knowledge Base)으로 전문화해야 한다.
- 1세대 코치들은 역할에 맞게 뒤에 서고, 리딩은 차세대 코치에

게 빠르게 이양되어야 한다.
- 타깃 고객은 경영자(임원)뿐 아니라 성장 포텐셜을 가진 중간 리더와 실무 인력이 되어야 한다.
- 코칭과 강점 역량이 함께 형식과 내용(Container & Contents)을 이뤄 융합형 개인/조직 성장 모델을 가져야 한다. 이를 위해 목표지향적 코칭 및 컨설팅(Objective Oriented Coaching & Consulting)이 되어야 한다.

이게 이뤄지면 기업에서는 가치 있는(Valuable) 성과를 손에 잡을 수 있게 될 것이다. 더불어 구성원들이 미래를 설계하고 핵심 역량을 강점화할 수 있다. 코치의 자기 학습화는 물론이고, 경제 활동이 가능해질 것이라는 게 나의 생각이다. 그러면 비로서 저마다 꿈꾸는 공공의 선(善)을 근간으로 가치 있는 코치의 삶을 실현해 나갈 수 있지 않을까?

만약 전문 코치의 경제 활동이 지금처럼 각자도생으로 이어지면 사회적 현안과 개개인의 이슈를 풀어가야 할 미래의 수많은 코치는 멀지 않아 개그우먼 이수지 씨에게 한 소리 들을 것이 뻔하다.

"니 그래 게지구 어디 밥 빌어 먹고 살겠니?"

장정은 코치

-
-
-

소통을 위한 첫걸음인 자기와 타인 이해에서 고유한 다름을 발견하고 성장을 돕는 'The 다름 코치'이다.
약 80번의 면접 탈락, 경력 단절, 조직 내 치열한 생존 경쟁 속에서 얻은 깊은 깨달음을 바탕으로 개인과 조직의 '다름 이해와 성장'을 위한 코칭을 시작했다.
호텔 신라, 웅진씽크빅, KB금융에서의 실무 경험을 바탕으로 '온전한 다름을 인정할 때 진정한 소통과 성장이 시작된다'는 철학을 품게 되었다. 현재 더다름 연구소 대표코치이자 한국코치협회 인증 코치(KPC), 갤럽 글로벌 강점 앰버서더 코치로서 정부 기관과 기업에서 연 200회 이상의 강의와 코칭을 진행하고 있다.
『남편 대신 출근하는 워킹맘입니다』, 『결국 소통만이 답이다』의 저자이자 SNS에서 〈The 다름 코치〉로 독자들과 함께 고유한 성장 스토리를 써내려가고 있다.

우리 엄마가 달라졌어요!

첫 아이 출산 후, 나는 극심한 산후우울증을 앓았다. 아이를 안고 뛰어내리고 싶었다. 그 선택이 고통을 고스란히 겪는 것보다 나을 것 같았다. 극단적인 생각을 하루에도 여러 번 떠올렸다. 그만큼 삶이 힘들었다.

첫 아이를 출산한 엄마들은 보통 '아이가 행복의 원천'이라고 말한다. 하지만 나의 현실은 그렇지 않았다. 매일 눈물 속에서 아이를 키웠다. 그러다 보니 죄책감도 함께 쑥쑥 자랐다. 결국 도망치듯 출산 3개월 만에 회사로 복직했다.

워킹맘의 삶도 쉽지 않았다. 일과 육아를 모두 완벽하게 해내고 싶은 마음과 뜻대로 되지 않는 현실 사이에서 원망과 좌절을 끝없이 느꼈다. 다른 엄마들은 좋은 엄마 역할을 잘 해내는 듯했다. 가족들도 적극적으로 도와주는 것처럼 보였다. 유독 나만 모든 것이 버겁고 힘겹게 느껴졌다. 나는 끊임없이 다른 사람과 비교하며 자책했다. 그때마다 원망과 절망이 점점 더 깊어졌고 스스로를 괴롭히는 일이 반복됐다. 악순환이었다.

시간이 지나 돌아본다. 당시 나는 출산과 육아라는 커다란 변화에 아무런 준비 없이 노출되어 있었다. 그러면서 예상치 못한 불안감에 사로잡혀 있었다. 나 자신을 인정하고 받아들이는 대신 계속 원망과 자책에 머물러 있었다. 나의 자존감은 바닥을 쳤고, 삶의 모든 것이 무너져 내리고 있었다.

코칭으로 만난 나의 과거
이때 코칭을 만났다. 사실 퇴사 후 강의를 하고 싶다는 단순한 목표로 시작했다. 그런데 코칭을 배우는 과정에서 생각지 못한 진실과 마주했다. 내가 겪은 감정과 생각이 어린 시절의 환경과 부모에게서 큰 영향을 받았다는 사실이었다.
 어린 시절을 떠올리면서 이런 질문을 했다.
 '내 어린 시절 기억은 어떤 색으로 남아있을까?'
 '그 색이 내 삶에 의미하는 것은 무엇일까?'
 질문의 답을 생각하면서 조금씩 나를 이해하기 시작했다. 어린 시절의 상처를 인정하고, 내 삶의 패턴을 돌아보게 되었다. 엄청난 변화였다.

 변화는 가족에게도 여지없이 나타났다. 사춘기를 겪고 있는 두 딸이 어느 날 말했다.
 "엄마가 요즘 우리한테 잘 물어보고, 잘 들어줘서 대화가 편해졌어. 예전에는 엄마가 갑자기 화내거나 무섭게 말할 때가 많았는데 지금은 우리 생각을 존중해 주는 것 같아."이 말을 들었을 때, 나는 비로소 내가 변화하고 있다는 사실을 실감했다.
 남편 역시 말했다. "예전에는 당신과 퇴근 후 대화가 어려웠는데 요즘은 먼저 대화를 시도하고 고민도 함께 나누고 싶어졌다"고.

과거의 나는 가족에게 큰 부담이었다. 하지만 이제는 함께 대화하고 싶은 존재가 된 것이다.

코칭, 나를 먼저 알아가는 여정

코칭은 단순히 타인과의 대화 기술이 아니다. 나 자신을 성찰하고, 내 욕구를 발견하며, 스스로를 인정하는 여정이다. 그렇기에 나를 공감하게 되면, 타인의 이야기를 이해하고 경청할 수 있는 마음의 여유가 생긴다.

어린 시절부터 형성된 정서와 기질은 쉽게 변하지 않는다. 하지만 그것을 인정하고 수용하면 더 나은 나로 살아갈 수 있는 선택이 가능해진다. 삶의 모든 관계를 변화시킬 수 있는 것이다.

인정과 수용의 가장 큰 도구가 바로 코칭이다.

보통 더 나은 삶을 원한다면 '습관·공간·사람을 바꾸라'고 한다. 그중에서도 '코칭 대화' 습관을 추천하고 싶은 이유가 바로 이 때문이다. 코칭 대화는 나 자신은 물론이고, 내가 꿈꾸는 삶의 공간과 사람을 변화시키는 시작점이다.

코치로 살아가면서 나와 비슷한 아픔과 고민이 있는 사람들을 좀 더 깊이 잘 이해할 수 있게 되었다. 사랑하는 가족과의 관계가 변화하는 놀라운 경험도 했다.

하여, 나는 확신한다. '코칭은 단순한 기술이 아니라, 삶의 방향을 바꾸는 강력한 도구'라고.

내 생애 최고의 선물 '코칭'

나에게 코칭과 강의는 단순한 생계 수단이 아니다. 내가 세상과 연결되고, 누군가에게 힘이 되고자 하는 진심이 담겨 있다.

회사 생활할 때도 업무 성과만큼 중요하게 여긴 것이 누군가에게 주는 도움이었다. 그 순간, 경제적 보상 이상의 가치를 느낄 수 있었다. 그 기쁨을 잊을 수 없어 틈틈이 사회 공헌 활동에 참여하곤 했다.

이제 1인 기업으로 홀로서기를 하면서 '내 마음을 어떻게 나눌 수 있을까' 고민하던 끝에 공익 코칭을 시작했다.

마음을 열어주는 경청의 힘

공익 코칭에서 만난 고객은 부득이한 상황 때문에 조카를 양육하고 있는 고모였다. 그는 극심한 우울증과 최악의 경제 상황에 놓여있었다. 하루에도 몇 번씩 '생을 마감하고 싶다'는 생각이 들었다고 했다. 정신과 치료조차 중단해야 할 만큼 경제적으로 힘든 상황이었지만, 조카와 어머니를 위해서라도 살아야겠다는 생각이 들어 코칭을 신청했다고 했다.

총 12회, 약 4개월 동안 진행된 코칭은 시작부터 쉽지 않았다. 내가 이 고객의 삶에 작은 힘이라도 될 수 있을까 하는 걱정이 많았다. 그러나 회기마다 고객은 조금씩 마음을 열었고, 그 안에서 죽고 싶었던 마음이 살아야겠다는 다짐으로, 조카를 잘 양육하며 행복하게 살아가고 싶다는 희망으로 변화하는 모습을 볼 수 있었다.

"지금까지 살아오며 누군가에게 편히 고민을 털어놓은 적이 없었어요. 누구보다 가족에게 버림받았다는 생각이 컸거든요. 그런데 코칭 받으면서 이야기를 들어주고 공감해 주는 시간 자체가 큰 위안이 되었어요. 매주 코칭을 기다리며 조금씩 희망을 가질 수 있었어요."

그의 말은 내게 경청의 힘을 다시금 일깨워 주었다. 누군가의 이야기에 온전히 귀를 기울이는 시간이 때로는 한 줄기 빛이 될 수 있음을 느낀 시간이었다.

마지막 코칭 날, 고객은 "코치님과의 대화를 떠올리며 다짐했던 마음으로 이 작품을 완성했어요"하면서 직접 만든 보석십자수 작품을 선물로 가져왔다.

그의 말에 마음이 벅차올랐다. 작품에는 그의 변화와 회복의 과정이 고스란히 담겨 있었다. 2주 동안 정성을 다해 만든 작품을 건네며 환하게 미소 지었다. 처음 만났을 때와는 너무도 다른 모습이었다.

작은 손길로 시작된 코칭이 이렇게 큰 변화를 만들어낼 수 있다니, 감사함이 밀려왔다. 코칭이란 단순히 기술이나 대화로 끝나는 일이 아니었다. 사람의 마음을 어루만지고 삶에 다시금 희망을 불어넣는 과정임을 이 경험에서 깊이 깨달았다.

나눔이 주는 기쁨, 그리고 소명으로서의 코칭
이번 코칭으로 나는 다시금 확신하게 되었다. 코칭은 문제를 해결하거나 목표를 달성하는 대화 이상의 의미를 지닌다. 누군가의 삶에 따뜻한 빛을 전할 수 있는 이 역할이야말로 내 삶의 소명이다.

고객에게 힘을 주고자 시작한 코칭이었지만, 돌아보면 그 시간에 내가 더 성장하고 삶의 진정한 의미를 배웠다. 그래서 오늘도 나는 누군가의 삶에 작은 손길을 더하기 위해 나아간다. 함께 살아가는 세상 속에서 나누고 기여하며 살아가는 코치로.

감사하다. 그리고 행복하다.

다름을 인정하는 힘

최근 몇 년 동안 MBTI가 주목을 받았다. 걷잡을 수 없이 빠르게 변화하는 세상을 살면서 사람들은 불안이 증폭한다. 이를 타개하는 방편의 하나로 '나는 어떤 사람인가' '어떻게 살아야 하나' 하는 의문이 생겼다. 즉 자신을 더 깊이 이해하고자 하는 욕구가 커진 것이다. 이 때문에 '내가 좋아하는 것과 싫어하는 것', '잘할 수 있는 것과 어려워하는 것'을 객관적으로 파악할 수 있는 MBTI가 인기를 끌게 됐다.

평생 직장이 사라진 요즘, 하고 싶은 일을 지속하는 것에 특히 관심이 높아졌다. 현실은 쉽지 않다. 하고 싶은 일을 한다 해도 사람과의 갈등으로 직장을 그만두는 경우가 적지 않다. 코칭 현장에서 가장 자주 듣는 고민도 동료·상사·가족과의 관계와 소통 문제다.

나는 MBTI 전문 강사이자 코치로서 다양한 조직에서 소통법을 주제로 그룹 코칭을 진행한다. 그중 기억에 남는 한 리더의 이야기가 있다.

"코치님, 제가 미리 팀의 MBTI 조직도를 만들어 봤습니다. 여기서 저랑 안 맞는 사람이 누구인지 말씀해 주세요."

나와 맞지 않는 사람 이해하는 출발점
워크숍 시작 전부터 궁합을 묻는 적극적인 관심에 깜짝 놀랐다. 답변보다 질문을 먼저 던졌다.

"팀장님이 생각하는 가장 안 맞는 팀원은 누구인가요? 그렇게 느낀 계기는 무엇인가요?"

이 질문으로 팀장은 팀원과의 관계를 다시 성찰했다. 워크숍이 끝난 뒤 그는 나와 맞지 않는 사람을 이해하는 출발점이 '다름을 인정하는 것임을 깨달았다'고 했다.

MBTI에 대한 오해 중 하나는 나와 반대 성향의 사람을 무조건 맞지 않는 존재로 간주한다는 것이다. 이러면 피하거나 설득하려는 데만 집중하고 다름 자체를 인정하지 않는다. 이런 태도는 상당히 문제가 있다.

코칭 할 때 가장 중요한 원칙은 '에고를 내려놓는 것'이다. 우리는 본능적으로 자신만의 관점에서 세상을 바라본다. 코치도 예외는 아니다. 고객과 대화하면서 자신의 경험과 판단을 기준으로 상황을 해석하고, 때로는 무의식적으로 멘토링을 하려고 한다. 이런 태도로는 고객의 진정한 고민을 듣지 못한다. 코칭 대화를 일방적인 지시나 조언으로 변질시킬 위험을 만드는 것이다.

특히 오랜 기간 한 분야의 전문가로 활동한 사람일수록 이런 함정에 빠지기 쉽다. 자신의 성공 경험과 방식이 옳다고 믿고 이를 타인에게 강요하려는 경향이 나타난다. 하지만 사람은 스스로 생각하고 결정할 때 진정한 동기부여를 얻는다.

이를 위해 필요한 것은 호기심이다. 상대방이 왜 그렇게 행동하는

지, 어떤 배경과 이유가 있는지 궁금해하며 다가가는 자세다. MBTI가 제공하는 성향 분석은 이 과정에서 유용한 도구가 될 수 있다. 하지만 도구의 결과를 '정답'으로 받아들이기보다 다름을 이해하는 출발점으로 활용해야 한다.

에고를 버리면 호기심이 온다

MBTI는 16가지 성향을 제공한다. 하지만, 같은 성향이어도 똑같지는 않다. 지문처럼 나름의 성향이 있다. 이렇게 각기 다른 사람들이 모여 상호 보완하며 팀을 이루는 것이 조직이다. 이것이 조직의 본질이다. 코칭 대화는 이런 차이를 인정하고 존중하면서 신뢰를 쌓아가는 과정이다.

사람들은 본능적으로 자신과 다른 성향을 불편하게 느낀다. 하지만 코칭으로 다른 관점을 받아들이고, 다름을 인정할 수 있게 되면 관계는 한층 더 깊어진다. 나 역시 코치로서 이 변화를 경험했다.

과거에는 나의 프레임으로 상대를 평가하고 관계의 방향을 결정했다. 코칭을 배우면서 에고를 내려놓고 호기심을 키우는 연습을 했다. '왜 이 사람은 나와 맞지 않을까'에서 '어떤 이유로 이 사람은 이런 생각과 행동을 하게 되었을까'로 관점을 전환한 것이다. 이 변화는 내가 가진 고정관념을 흔들었고, 결과적으로 상대방을 있는 그대로 인정하는 힘을 길러 주었다.

다름을 인정하고 나니 불편했던 관계들이 자연스럽게 편안해졌다. 호기심이 깊어지면서 오히려 소통이 원활해졌고, 서로를 이해하는 과정에서 신뢰도 쌓였다.

MBTI는 도구일 뿐이다. 진짜 중요한 것은 사람 자체에 대한 존중과 이해다. 코칭은 이 과정을 돕는 강력한 수단이다. 다시 말해 성향을 기준으로 사람을 단정 짓는 대신, 그 사람의 배경과 경험을 궁금해하고 이야기를 들어야 한다. 이것이 진정한 소통의 시작이고, 성장의 첫걸음이다.

다름을 인정하는 순간 우리는 더 이상 대립하는 존재가 아니라 서로를 보완하며 성장할 수 있는 파트너가 된다. 소통의 힘은 나와 다른 사람을 인정하는 데서 시작된다. 이를 통해 우리는 더 나은 팀, 더 깊은 관계, 그리고 더 의미 있는 성장을 이룰 수 있다.

질문, 나를 발견하는 첫걸음

강의와 코칭. 어찌 보면 대비되는 단어다. 하지만 강력한 공통점이 있다. 깨달음이다. 강의는 알고 있는 지식과 경험을 청중에게 전달하는 것이다. 더불어 그들이 궁금해하는 내용을 질문받고 답하면서 그들이 몰랐던 것을 깨닫게 해준다. 반면, 코칭은 고객의 이야기를 경청하며 떠오르는 질문을 던지는 과정이 주를 이룬다.

때때로 강의 중 예상치 못한 질문에 당황할 때도 있기는 하다. 하지만 코칭할 때는 '때때로'가 아니다. 매번 어려움에 직면한다. 좋은 질문을 던지는 것, 그리고 고객의 내면을 움직이는 질문을 찾아야 하기 때문이다. 코치로서 가장 큰 고민과 숙제가 이것이다.

우리 교육은 오랫동안 주입식과 정답 외우는 방식을 계속해 왔다. 질문보다는 정답을 찾고, 다른 의견을 내기보다는 기준에 맞추는 것이 더 익숙한 이유이다. 이런 현실에서 자라온 우리는 자유롭게 질문하는 능력을 잃어버렸다. 그러다 보니 질문을 던지고 답을 찾아가는 과정이 어색하고 어렵게 느껴진다. 제대로 된 질문을 할 줄 모르는 사회. 어쩌면 당연한 일이다.

질문을 두려워하던 고객의 변화

얼마 전 코칭 고객과의 만남은 질문의 힘을 다시금 깨닫게 한 경험이었다. 그 고객은 평소 말수가 적고 내향적인 성향이 강했다. 오랜 시간 한 분야에서 성실하게 일한 경력이 있었다. 코칭 당시에는 일을 그만두고 장애아를 키우면서 삶의 방향을 잃어버린 상태였다.

처음 코칭 목표를 설정할 때, 자녀와의 관계, 가족과의 관계, 자신과의 관계에서 원하는 행동에 대한 점수를 0점이라고 표현할 정도로 자신을 돌아보는 데 익숙하지 않았다. 코칭 초기에는 "한 번도 이런 질문을 받아본 적이 없어서 어떻게 답해야 할지 모르겠다"는 반응이 반복되었다. 질문에 답하기 어려워하는 모습에 나 또한 코치로서 자책하며 어려움을 느꼈다.

하지만 코칭이 거듭되면서 작은 변화가 일어나기 시작했다. 자신에게 중요한 핵심 가치를 찾는 과정이었다. 55개의 단어 중 4개를 선택하고, 그 이유를 설명했다. 이게 무려 2시간이나 걸렸다. 그러나 처음으로 고객이 스스로 가치를 발견하고 정리한 시간이었다. 이것이 중요한 터닝포인트가 되었다.

마지막 코칭에서 고객은 '장애 아이를 위해 어떤 엄마가 되어야 할지 구체적으로 그려볼 수 있었다'고 말했다. 그리고 '코칭이 자신을 돌아볼 수 있는 소중한 시간이었다'며 '지인에게 추천하고 싶다'는 말을 전했다. 그 순간 코치로서의 보람과 감동은 이루 말할 수 없었다.

우리는 살면서 풀리지 않는 고민과 마주할 때가 많다. 과거에는 누군가에게 하소연하거나 사주를 보기도 했다. 그러나 코치가 된 이후에는 멘토 코칭으로 고민을 해결하는 습관이 생겼다.

가장 인상 깊었던 경험 중 하나는 책을 쓰려고 마음을 먹었을 때다. 당시 한 글자도 쓰기 어려울 때 질문을 받았다.

"책상에 앉아 있는 자신을 먼발치에서 바라보고 있다면, 자신에게 어떤 말을 해주고 싶은가요?"

그 질문을 받는 순간 "너, 정말 애쓰고 있구나. 너무 힘들면 천천히 해도 괜찮아. 누구도 너에게 뭐라고 하지 않아. 편안하게 하다 보면 너만의 글을 쓸 수 있을 거야"라고 답하면서 눈물을 흘렸다.

질문은 답보다 강하다
이 경험은 질문이 얼마나 깊은 내면의 대화를 끌어낼 수 있는지 보여주었다. 질문은 혼란스러운 생각을 정리하고 내가 진정 원하는 것이 무엇인지를 깨닫게 해준다.

질문은 때로 답보다 강한 힘을 가진다. 우리는 이미 내 안에 답을 가지고 있다. 하지만 자신에게 질문을 던지는 것에 익숙하지 않아 그 답을 찾지 못한다. 타인에게도 질문보다 조언을 더 쉽게 건넨다.

모든 사람은 자신만의 가능성을 가지고 있다. 그 가능성을 발견하도록 돕는 것이 코치의 역할이다. 코칭을 배우게 된 것도 이러한 철학에 매료되었기 때문이다. 덕분에 나 역시 변화하는 삶을 경험하고 있고, 내가 코칭한 고객의 변화를 보며 큰 의미를 발견한다.

질문은 새로운 시각을 열어주고, 마음속 깊이 잠재된 답을 끌어올리는 힘을 가진다. 코칭을 통해 질문의 중요성을 경험한 고객과 나의 이야기는 질문이 삶의 변화를 이끄는 강력한 도구임을 다시금 보여준다.

답을 찾기 위해 고민하고 있다면 먼저 자신에게 질문을 던져보자. 그 질문이 삶을 바꾸는 첫걸음이 될 것이다.

내가 정의한 코칭의 가치 '더(The) 다름'

얼마 전 미국에서 6년째 커피숍을 운영하는 동생이 새로운 영감을 찾아 한국을 방문했다. 매출 하락과 함께 변화의 필요성을 느낀 동생은 한국 카페들의 벤치마킹을 위해서 왔고, 덕분에 나는 오랜만에 새로운 카페 경험을 할 수 있었다.

한 카페에 들어서자 예상치 못한 광경이 펼쳐졌다. 가장 기본 메뉴인 아메리카노가 없었다. 또 의자 하나 없이 고객들은 서서 다양한 에스프레소를 마시고 있었다. 약 15명 남짓이 서 있을 수 있는 좁은 공간은 이미 사람들로 가득 찼고, 그 뒤로 줄이 길게 이어져 있었다. 이런 특별한 경험은 신기함과 함께 '이 커피가 과연 어떤 맛일까'라는 기대감을 불러일으켰다.

더 놀라웠던 것은 서울 도심의 카페임에도 에스프레소 한 잔 가격이 2,500원으로 매우 저렴했다는 점이다. 게다가 그동안 쓰기만 했던 에스프레소가 이곳에서는 부드럽고 거부감이 없었다. 매일 커피를 마시는 나에게도 이 카페의 운영 방식과 마케팅 접근법은 매우 신선했다.

집에서도 같은 커피를 즐기고 싶어 원두를 구매했다. 봉투에 카페의 가치와 철학이 담긴 문구가 적혀 있었다. 이 문구가 내 시선을 확 사로잡았다.

'우리가 추구하는 가치와 약속의 종합적인 상징은 늑대입니다. 늑대는 가족과 일원을 보호하고 함께 협력하여 공동체를 부양하는 본능을 가지고 있습니다. 그래서 우리는 사회적으로 가치를 실현하기 위해 전문 사회 복지사를 통해 어려운 구성원을 부양하도록 후원하며 장애인, 고아 시설에도 후원을 이어갑니다. 좋은 품질의 원두를 합리적인 가격으로 소비자에게 제공하고 자체적으로 블렌딩하는 패키지에 의미를 부여함으로써 우리들의 가치를 전달합니다.'

그 순간, 나는 코치로서의 내 모습을 자연스레 떠올렸다. '나는 코치로서 어떤 가치를 전달하고 있을까?'

커피 한 잔에서, 코칭의 본질 만나다
이 질문은 커피 한 잔의 경험이 불러온 깊은 성찰의 시작이었다. 모든 사람이 고유한 잠재력이 있고, 그것을 발견하고 성장할 수 있도록 돕는 파트너가 되는 코칭의 철학에 매료되어 이 길을 걷게 되었지만 그 안에서 나만의 독특한 가치가 무엇인지 다시 한번 생각해 보게 되었다.

내가 정의한 코칭의 가치는 '더(The) 다름'이다. 모든 고객은 자신이 가진 고유한 '다름'으로 그들만의 방식으로 삶을 살아간다. 또, 자신만의 답을 찾아 성장해 간다. 그 여정을 함께하는 것. 고유함을 인정하고 존중하며, 그것이 꽃피울 수 있도록 도와주는 것. 이것이 내가 코치로서 추구하는 핵심 가치다.

과거 영업 조직의 매니저로 일할 때, 나는 팀원들이 모두 같은 방식으로 일하도록 교육했다. 잘 짜인 프로세스에 맞춰 똑같이 움직이는 게 효율적이라고 믿었다. 현실은 달랐다. 모든 사람이 같은 방식으로 성공할 수 없었다. 각자의 '다름'이 전혀 존중받지 못했던 것이다.

이제 코치로서 나는 그 '다름'의 가치를 깊이 이해한다. 커피숍이 자신만의 독특한 경험과 가치를 제공하듯, 나 역시 고객에게 특별한 경험과 인사이트를 코칭으로 선물하고 싶다.

그것이 색다른 관점이든, 자기 일의 새로운 통찰이든, 변화에 대한 용기와 동기부여든.

누군가 "어떤 코치가 되고 싶은가"라고 물으면, 나는 주저 없이 '소개해 주고 싶은 코치'라고 답한다. 무엇이든 검색하면 바로 알 수 있는 시대에 굳이 주변 사람에게 누군가를 소개한다는 것은 그만큼 그 사람의 가치를 깊이 인정하고 신뢰한다는 의미다.

신뢰는 강력한 힘을 지닌다. 단순한 정보 전달과는 다르게, 경험하기도 전에 긍정적인 마음가짐과 태도를 형성한다. 코치에 대한 믿음이 바탕이 된 고객의 코칭 경험은 자연스럽게 더 풍요로워진다. 또 그런 경험이 다시 다른 이에게 전해지며 선순환의 구조를 만들어낸다.

나는 고객이 코칭 세션을 마치고 이렇게 느끼길 원한다.

"이번 코칭이 내 인생에 있어 잊지 못할 경험이 되었습니다. 제 주변의 소중한 사람에게 꼭 추천해 주고 싶을 만큼 인사이트가 있었어요."

이런 반응은 단순히 기술적으로 뛰어난 코칭만으로는 얻기 어렵다. 고객이 자신의 '다름'을 발견하고, 그 안에서 자신만의 답을 찾을 수 있도록 진정성 있는 동행이 필요하다.

'소개하고 싶은 코치가 되고 싶다'
코칭으로 내 삶이 달라지고 놀랍게 성장한 경험이 있기에 나는 고객에게도 그런 변화의 순간을 선물하고 싶다. 단순히 코칭 기술을 열심히 배우고 연마하는 것만으로는 충분하지 않다. 더 깊이 고민해야 할 것은 내가 코칭으로 고객에게 어떤 고유한 가치를 전달할 수 있는지에 대한 나만의 철학과 신념이다.

카페에서의 우연한 경험이 내게 가르쳐준 것처럼 코치의 눈으로 세상을 바라보면 일상의 모든 순간이 배움과 성찰의 기회가 된다. 에스프레소 한 잔에서 코칭 철학을 발견하고, 카페의 가치 선언에서 나의 정체성을 돌아보는 것처럼.

코치가 되어 가장 크게 달라진 것은 바로 이 '관점'이다. 모든 경험이 질문이 되고, 모든 만남이 인사이트가 된다.

매일 저녁 나는 나에게 이런 질문을 던진다.

- 어떤 모습으로 나이 들고 싶은가?
- 어떤 코치가 되고 싶은가?
- 그 목표를 향해 오늘 어떤 노력을 했는가?

이 질문들은 내가 코치로서 성장하는 여정의 나침반이다. 나는 오늘도 이 나침반을 따라 '소개하고 싶은 코치'가 되기 위해, '더(The) 다름'의 가치를 실현하기 위해 한 걸음 더 나아간다. 그러면 내일의 나는 오늘보다 조금 더 성장한 코치가 되어 있을 것이다.

최규철 코치

-
-
-

36년간 사기업, 공기업, 유럽계·미국계 외투 기업에서 인사, 교육 및 노무 분야를 담당한 HR 전문가다.
두산 계열사와 네슬레 합작법인의 HR 통합에 따른 변화 관리 업무를 주도했다. 또 앤더슨 컨설팅(현 엑센츄어), 켈로그, 인그리디언에서 한국 조직 인사 책임자로 근무하는 동안 다양한 HR 글로벌 프로젝트를 수행했다. 인천국제공항공사에서는 신인사제도를 주도한 인사기획팀장을 역임했다.
면접 전문 위원으로도 활동하며, 다양한 조직에서 채용과 신규 입사자 교육을 담당했다.
현재는 인사(HR) 전문 컨설턴트와 코치로 활동하며, 다양한 기관에서 인사, 변화 관리, 리더십 및 커리어 관련 강의를 하고 있다. 한국코치협회 인증 코치(KPC)다.
저서로는 『퍼펙트 온보딩』, 『AI 대전환시대, Who am I 』(공저) 『AI 대전환시대, 나는 리더』 등이 있다.

코칭, 과거보다 미래에 시선을 둔다

'어떻게 하면 코칭을 잘할 수 있을까요? 코칭 슈퍼비전에서 초보 코치가 상위 코치에게 흔히 묻는 말이다.

인생 2막에 시작한 코칭. 설렘과 불안이 교차한다. 정말 '코칭을 잘하는 방법이 무얼까'하는 궁금증도 있다. 나는 오래전에 코칭을 경험했다. 그 경험을 바탕으로 사내에서 코칭도 해 봤다. 하지만, 실제 코치의 길로 들어서니 갈 길이 멀다고 느껴졌다.

기대 수준이 높아져서일까? 멘토 코치와의 코칭 실력 차이가 크게 느껴져서일까? 조직 경험이 나보다 적음에도 상위 코치들이 숙련된 코치로 내게 인식되는 것은 왜일까?

결국 실제 코칭 경험이 얼마나 많은지가 관건이다. 이론보다 임상 경험을 많이 한 상담사가 숙련되고 노련한 것처럼 말이다.

톰 크루즈가 주연한 〈엣지 오브 투모로우〉가 생각난다. 주인공은 외계 침입자들과 전투하다 죽으면 훈련받고 있을 때의 군인 모습으로 다시 환생한다. 수십 번 죽어도 다시 전 상황으로 되돌아가 시작하는 도돌이표이다. 이 때문에 외계 숙주 생명체를 죽일 수 있게 되고 인류는 위기에서 극적으로 벗어난다.

그래서일까. 영화처럼은 아니더라도 '한 번만 다시 과거로 돌아간다면 조금은 더 잘할 수 있을 텐데'라는 생각이 든다. 내 영혼이 따스

했던 그 시절을 다시 경험하고 싶다. 뒤를 돌아보지 말고 앞을 보라는 의미에서 눈이 앞에 달린 것일 텐데 자꾸 과거를 떠올리곤 한다.

성찰도 배움도 미래 위한 것
나의 이런 모습과 달리 코칭은 과거보다 현재와 미래에 초점을 맞춘다. 존 휘트모어는 "코칭은 과거의 실패가 아닌 미래의 가능성에 집중한다(Coaching focuses on future possibilities, not past mistakes)"고 말한다. 이 말에 전적으로 동의한다. 코칭은 고객이 스스로 답을 찾아갈 수 있도록 내비게이션 역할을 해주기 때문이다. 내비게이션은 어느 지점에 도착하기 위해 활용하는 도구이다. 그 어느 지점이 바로 미래다. 과거로 가는 내비게이션은 없다.

    코칭을 하면 나 자신도 자주 성찰하게 된다. 자연스럽게 부족한 부분을 깨닫는 것이다. 이런 성찰은 내가 전보다 책을 더 가까이하게 된 영향이라고 생각한다. 대학 시절 영문학을 전공했다. 그럼에도 시험 준비에 필요한 책을 주로 읽었을 뿐, 진정 원하는 독서를 하지는 못했다. 통찰을 얻는 책이 거의 기억나지 않는 것도 이런 까닭이다.
    그러나 지금은 코칭이라는 확실한 목적이 있으니, 마음이 끌리는 좋은 책을 선별해서 읽는다. 이것이 성찰을 돕는 것이다. 성찰도 미래를 위해 존재하는 것이다.

    나의 강점에도 미래를 위한 시선이 담겨 있다. 비즈니스 코칭 집중 과정에서 나의 강점 톱(TOP)5를 알 수 있었다. 그 첫 번째가 배움

(Learner) 테마이다. 그동안 내가 지적 호기심이 많다는 것은 익히 알고 있었다. 그래도 배움이 최우선이라고 생각지는 않았다. 하지만 톱(TOP)1이라고 나오자 깜짝 놀랐다. 함께 코칭을 공부하던 한 동기가 말했다.

"최 코치님은 비즈니스 코칭 과정이 끝나도 또 어디선가 무엇을 배우고 계실 것 같아요."

고개가 끄덕여졌다. 나는 항상 배우는 과정에서 재미를 느낀다. 실제로 고객을 코칭하면서도 많이 배운다.

배움은 시선이 미래로 향해 있기에 나타나는 특징이다. 과거를 회고하고자 배우지 않는다. 새롭게 변하고 달라지기 위해 배운다. 코칭이 생각대로 잘되지 않을 때 자신을 돌아보는 것도 같은 이유에서다.

고객과의 대화 중에 감정이 잘 관리되었다 싶었는데 어느 순간 욱하고 올라오는 경우가 있다. 그러면 코칭 성찰 일지를 작성하면서 '내가 놓치고 있는 것이 무엇일까' 생각한다. 때로는 셀프 코칭을 한다. 내면의 감정을 들여다보기 위해서다. 그럼에도 또 비슷한 상황이 닥치면 감정이 흔들리곤 한다.

'아직도 수양이 너무 부족하구나' 반성도 한다. 한편으로는 이럴 때일수록 나를 스스로 인정하며 자존감을 좀 더 키워야겠다는 생각도 한다. 자존감으로 마음의 여백을 만들면 부족함을 포용할 수 있을 테니 말이다. 모두가 내 시선이 미래로 향해 있어 드는 생각과 행동이다.

자기 취약성 드러내는 대화가 소통 낳아

그 어느 때보다 갈등이 심한 사회다. 조직에서도 코칭 리더십이 필요한 때다. 코칭 리더십은 지속적인 커뮤니케이션이 기반이다. 이때의 커뮤니케이션은 구성원의 성장 가능성이라는 믿음이 바탕이다. 성장 가능성이라는 것도 곧 미래를 향한 시선이다.

설문조사를 해보면 늘 구성원들은 '리더의 커뮤니케이션이 부족하다'고 느낀다. 리더에게 물어보면 거의 모든 리더가 '자신은 잘하고 있다'고 답한다. 조직의 형태가 달라도 이런 인식의 차이는 거의 비슷하다. 리더는 자신이 하고 싶은 이야기만 하고, 구성원은 듣고 싶은 이야기를 듣지 못한다. 재미있는 사실은 이런 답답함을 가지고 있는 구성원이 리더의 자리에 올라가도 선배 리더처럼 행동한다는 것이다. 그래서 의사소통 설문조사에서 만족도 지수는 늘 낮게 나온다. 자신이 못마땅해하던 리더만큼도 리더십을 발휘하지 못하는 경우가 많다. 리더십 발휘가 이처럼 매우 어려운 게 현실이다. 무엇 때문에 앞으로 나아가지 못하고 과거로 돌아가는 걸까?

개인적으로 이 주제에 관심이 많다. 나는 리더가 말하고 싶을 때 먼저 글로 써보라고 권하고 싶다.

어느 세미나에서 강사에게 인상적인 이야기를 들었다. 그 강사는 결혼 후 의견 다툼이 심했다고 한다. 이를 해결하기 위해 부부 노트라는 것을 생각해 실천했다고 한다. 말하고 싶은 것을 노트에 써서 서로 교환하는 방식이다. 말로 소통하는 것과는 매우 다른 양상이 나타났다고 했다. 아내의 노트를 보고 한없이 운 적도 있다고 했다. 마음이 짠했다. 지금은 서로의 처지를 잘 이해하게 되어 아내를 더욱 사랑하게 됐다고 한다.

이를 보면 말은 글보다 위험하다. 말은 지금 기분이 그대로 튀어나올 수 있지만 글을 미래의 시선으로 현재와 과거를 볼 수 있기 때문이다. 글은 말보다 한 번 더 생각하게 되고, 한 번 더 앞으로 어떤 상황이 전개될 것인가를 생각하게 된다.

그럼에도 말의 힘은 강력하다. 굳이 글보다 말을 우선해야겠다고 생각한다면 솔직함을 드러내는 말을 해야 한다. 특히 자신의 취약성을 솔직하게 드러내는 커뮤니케이션이라면 소통을 담보하게 된다. 자기 취약성을 드러내는 것은 솔직함이고 진실함이다. 뿐만 아니라 과거와 현재를 버리고 미래로 나아가겠다는 의지이기도 하다.

그러기에 대화에서 상대가 솔직하고 진솔할 때 듣고 싶어진다. 즉 자연스럽게 경청이 이뤄질 수 있는 것이다. 이때의 경청이 소통을 낳는다.

코치로서 나의 취약점도 부끄럼 없이 드러내는 진솔함으로 고객을 대할 생각이다. 이 진솔함이 신뢰로 이어져 고객은 자신의 속내를 말하지 않겠는가? 나의 숨은 잠재력인 경청 능력이 이런 과정 속에서 개발되었으면 좋겠다. 이것이 코칭을 잘할 수 있는 비결 아니겠는가.

AI 시대, 코치는 무엇이 달라져야 하나

스마트러닝 컨퍼런스에 다녀왔다. 컨퍼런스 전반에 흐르는 화두는 생성형 'AI 시대에 무엇을 어떻게 대비해야 하는가'였다. 올해 미국에서 시행된 한 조사기관 자료에는 '생성형 AI가 생산성을 향상하는데 기여한다고 답한 임원이 96%였다'고 한다. AI 등장에 인간은 무력감을 느낄 수 있다. 이제 일하는 방식과 일의 내용이 바뀌고 있다. 무엇을 해야 하는가, 어떻게 일하는가, 이 물음에 새롭게 답변해야 한다.

한 유명한 작곡가가 협회로부터 들었다는 말이 생각난다. 이 작곡가는 "어느 공모전 당선작이 'AI를 이용해서 작곡한 곡'이라고 들었다"며 "앞으로 자신은 무엇을 해야 할지 고민"이라는 자조 섞인 말을 했다고 한다.

생성형 AI가 글쓰기, 그림, 디자인, 질문에 답하는 일 등에도 엄청난 효율성을 보인다. 사람이 해 오던 일을 빠르게 대체하고 있다.

AI 활용이 일반화하면서 시니어 직원과 주니어 직원의 스킬 간격도 좁혀지고 있다. 시니어들이 수십 년 동안 축적해 온 지식과 경험이 도전받는 상황이다. 이는 시니어들이 왜 높은 연봉을 받아야 하는지 의문을 품는 상황으로 이어지게 된다.

앞으로 기업에서는 AI를 활용해 실시간으로 직원의 업무 성과나 학습 진행 상황을 분석하면서 개선점을 찾고 해결 방안을 고민하게 된다. 이때 당연히 AI가 제안하는 방식에 주목하게 될 것이다. HR에서 그동안 관심을 가져온 분야다. 뿐만 아니라 대학에서도 학생들의 수업 향상을 위해 AI 활용 다양하게 연구하고 있다.

AI가 코치보다 못하는 것은 뭘까

인간의 뇌 기능을 연구하면서 AI 기반 감성인지 분석 기술 또한 계속 발전하고 있다. 2014년 개봉한 영화 '그녀(Her)'의 장면이 떠오른다. 컴퓨터 운영체제 인공지능 '사만다(스칼릿 조핸슨 연기)'와 사랑에 빠지게 되는 주인공 '테오도르(호아킨 피닉스 연기)'의 모습이 현실이 될지도 모르겠다.

컨퍼런스 세션 마지막에 등장한 연사가 힘주어 한 말이 떠오른다. "이제 AI를 동료처럼 가까이하세요." AI가 잘하는 분야는 활용하고 협업하라는 말이었다. 'AI가 우리를 대체하는 것이 아니라, AI를 잘 활용하는 사람과 아닌 사람으로 구분될 것'이라고 했다. 이 마지막 장표가 눈에 확 들어왔다.

코칭은 어떨까. 스마트폰에 탑재한 코칭 앱들은 미국기업에서 이미 그 효과를 인정받고 있다고 한다. 머지않아 한국에서도 유사한 환경을 직면할 것으로 보인다. 이렇게 되면 AI 코칭과 협업도 필요해지고, AI 코칭과 차별화한 코칭을 위해 새로운 학습도 있어야 할 것이다.

코칭이 질문하고 답하는 것에 주안점을 둔다면, AI 코칭의 경쟁력을 따라갈 수 없다. 고객의 숨어있는 의식을 일깨우고 사고의 확장을 추구하는 강력한 질문은 숙련된 코치가 여전히 강점이 있다고 판단하지만 말이다.

그렇다면 어떻게 해야 할까. 'AI가 인간의 복잡한 감성과 맥락적 의사소통 능력을 대체할 수 있을까'하는 의문점에 단서가 있지 않을까 싶다. 또 고객은 코치에게 어떤 이야기를 해도 괜찮다는 심리적 안전감을 느끼는 것이 중요한데, 'AI 코치는 이 부분이 가능할까.' 이 또한 단서가 될 수 있겠다.

이 외에도 '코칭 주제를 정하고 목표를 합의하는 절차는 어떻게 될까' 등 여러 가지가 점점 궁금해진다. 분명한 것은 AI 코치는 데이터를 기반으로 한 코칭에 효율적이고 유용하게 활용될 수 있다는 점이다. 이미 데이터로 이뤄지는 스포츠 코칭 분야에서 고객의 효율적인 목표 달성을 위해, AI 코치와 스포츠 코치가 협력하는 시도가 이뤄지고 있다. 정밀한 스포츠 코칭이 가능하다는 것을 의미한다.

코치 역할 재정립이 필요하다

이즈음 우리는 분명하게 생각해야 한다. 최근 내가 하는 셀프 코칭의 주제이기도 하다.

"AI 시대 필요한 코치의 핵심 역량은 무엇이고 어떻게 개발할 것인가?"

이를 위해 첫째 'AI 코칭은 무엇이고 어떻게 하는 것일까'를 알아야 한다. 둘째 'AI 시대의 코치 역할이 어떻게 달라져야 하나'를 고민해야 한다. 셋째 'AI 코칭과 비교하여 예전에는 중요했지만 이제 중요하지 않은 역할은 무엇일까'도 찾아야 한다. 넷째 'AI 코칭과 비교하여 새롭게 중요하게 된 코치의 역할은 무엇일까'도 중요한 문제다. 아직 적합한 해답을 찾은 것은 아니다. AI 코칭의 실체가 명확하지 않기 때문이기도 하다.

그러나 AI 시대의 도래와 함께, 몇 가지 중요한 관점을 고려해 볼 필요가 있다. 우선 AI 코칭과 인간 코칭의 시너지 효과다. AI는 데이터 분석과 패턴 인식에서 탁월한 능력을 보이지만, 인간 코치는 감정과 감성 포착에 뛰어나다. 또 AI를 적극적으로 활용할 수 있다는 것도 장점 중 하나다.

이 때문에 코치의 역할 재정립이 필요하다. AI가 제공하는 데이터와 인사이트를 고객 상황에 맞게 해석하고 적용하는 능력이 더욱 중요해질 것이다. 윤리적 고려 사항도 더욱 중요해진다. AI 코칭이 확대될수록 개인정보 보호, 데이터 활용의 투명성, 그리고 AI 의존도에 대한 윤리적 판단이 필요하기 때문이다.

이제 코칭 분야도 중요한 변화의 갈림길에 있다. 내가 하는 코칭이 AI 코칭과 무엇이 다를까? 인간 코치로서 내가 제공할 수 있는 가치는 무엇일까? 그러기 위해서는 AI 코치가 무엇을 잘하고, 무엇이 미흡한지 알아야 한다. AI와 힘들게 경쟁할 필요가 있을까? 아직 실체가 명료하지 않지만, 전문가들은 인간은 AI가 잘못하는 부분을 파악해서 거기에 집중하는 것이 효과적이라고 한다.

나 또한 공감한다. 빠르게 진화하고 있는 기술의 발전 시대에, 코치로서 끊임없이 학습하고 적응하는 일이 중요하다. 특히 AI가 단순히 도구를 넘어 코칭의 새로운 패러다임을 만들어가고 있다는 것은 매우 주목할 만한 부분이다. 동료일지 경쟁자일지는 코치가 어떻게 하는가에 달려있다. 그렇다면 지금부터라도 AI 도구에 대한 이해도와 활용 능력을 코칭 역량으로 키워야 할 때가 아닐까. 이런 생각이 너무 앞서 나간 고민일까.

면접은 서로를 알아가는 시간이다

지금까지 얼마나 많이 회사 지원자를 면접했을까. 셀 수 없을 정도다. 면접의 목적은 한 가지다. 적합한 사람을 채용하기 위해서다. 나는 오랜 시간 회사의 면접관으로 활동했다. 더불어 많은 취준생의 면접을 코칭했다.

지원자들은 면접을 '시험'이라고 생각하고 준비한다. 그렇지만 면접관을 오랫동안 해 온 나는 관점을 바꾸어서 이야기하고 싶다. 면접은 아주 특별한 만남이다. 누군가의 꿈과 열정, 그리고 삶의 이야기를 나누는 시간이다. 아쉬움은 늘 있다. 짧은 순간에 얼마나 적절한 이야기를 후회 없이 잘 나누었는가에 관한 판단 때문이다.

지원자 마음속에 맴도는 생각을 한 문장으로 표현하면, '저는 이 회사에 입사하고 싶습니다'이다.

'왜 이 회사여야 하는지', '어떤 준비를 해 왔고 어떤 역량을 가졌는지', 면접관은 그것을 파악하고자 한다. 짧은 시간에 적합한 사람을 결정한다는 것은 쉽지 않은 일이다. 대부분 면접관이 겪는 공통적인 애로사항이다.

면접은 진실한 대화가 값지다

지원자는 자기소개서와 관련 있는 수치나 지원동기를 쓴다. 하지만,

면접관은 '왜 이 일을 하고 싶은가요'를 묻는다. 면접은 미래에 어떤 꿈을 가졌는지, 어떤 열정으로 이뤄낼 것인지를 이야기하는 소중한 시간이어서다.

그래서 면접은 단순한 질문과 답변의 연속이 아니다. 서로를 이해하고 알아가는 대화를 통한 소통의 장이다. 면접에서는 정답을 찾는 것이 아닌 진실한 대화가 더 값진 순간을 만들어낸다.

얼마 전에 봤던 〈나는 솔로〉(SBS)라는 프로그램이 생각났다. 참여자들이 한 사람씩 앞에 서서 자기는 어떤 사람이고, 자기가 원하는 이상형은 어떤지 솔직하게 이야기하는 장면이 인상적이었다. 스토리텔링은 자신의 경험을 진솔하게 표현할 때 상대가 공감할 수 있다. 면접도 그렇다. 모범답안을 외워서 하는 게 아니라 자기 이야기를 구체적으로 명료하게 잘 전달하는 것이 관건이다. '지원자가 어떤 사람인가'는 면접관의 주된 관심사이다. 그렇기에 지원자 또한 스스로 어떤 사람인지 알고 면접에 임하는 것이 필요하다.

면접장에서 '저는 이런 사람'이라고 자신을 잘 표현하는 것은 어려운 일이다. 떨리는 목소리로 시작한 자기소개가 어느새 술술 잘 풀리면서 과거의 나와 현재의 나, 그리고 미래의 꿈을 이야기하는 경우를 보게 된다. 그때 자신의 강점과 개선점을 보완하기 위해 애쓴 노력에 뭉클해진다.

취준생 면접 코칭 때 가끔 듣는 이야기가 있다. '별다른 스펙이 없을 때는 어떻게 하는가'라는 물음이다. '위축되지 말고 자기 경험, 자신만의 특별한 이야기를 하면 된다'고 설명해 준다. 자신의 노력과 열정이 호소력이 있는 진솔한 공감을 줄 수 있기 때문이다.

'긴장하지 마세요'라는 말은 면접관이 하는 이야기이다. 면접관도 과거에 지원자 경험이 있어서 떨리는 느낌을 잘 안다. 긴장을 너무 많이 해서 자신이 해야 할 이야기를 못하는 지원자도 종종 마주하게 된다. '자신이 경험하지 않은 질문이 나오면 어떻게 하나', '답변을 잘 못하면 어떡하나' 이런 걱정과 불안이 앞서기에 더 긴장한다. 예전에는 의도적으로 지원자가 스트레스 상황을 어떻게 대처하는지 판단해 보기 위한 압박 면접하는 일도 있었다. 요즈음은 그런 방식을 취하지 않고 '스트레스 관리를 어떻게 하나요'라고 질문한다.

면접의 달인이 되려고 애쓸 필요는 없다. 최종 면접까지 가면 합격의 가능성이 큰 것이다. 경력직의 경우 복수의 후보자 중에서 '내가 얼마나 더 직무와 조직에 적합한 후보자'인지를 말하면 된다. 면접자는 과거의 성취 경험을 보고 앞으로 잘할 것이라는 믿음을 확인한다.

합격하지 않았다고 실망할 필요도 없다. 같은 회사에 지원했는데 최종 면접에서 떨어진 지원자가 훗날 자신이 다니는 회사에서 대표까지 한 경우도 있다. 면접에서 떨어졌다고 긴 인생 여정이 실패한 것이 아님을 보여주는 사례. 면접 이후의 삶이 어떻게 바뀔지는 아무도 알 수 없다. 그저 새로운 도전의 시간이 주어진 것으로 받아들이면 된다.

실패 경험 질문은 얻은 게 뭐냐 묻는 것

면접관의 성향에 따라 즉흥적인 질문을 받을 때도 있다. 당황하거나 불편한 생각 말고 '흥미 있는 질문이네요'하면서, 말을 이어가면 된다. 답이 생각이 나지 않으면 잠시 생각할 시간을 달라고 양해를 구한다. 생각이 정리되면 답변 시간을 요청한 후 솔직한 이야기를 잘 전달하면 된다. 그 면접관을 원망할 필요도 없다. 조직 생활하다 보면 상사로부터 즉흥적인 질문을 받는 경우가 수도 없이 많다. 미리 연습했다고 생각하면 그만이다. 그 질문 하나로 합격 여부의 당락이 결정되는 것도 아니다. 지원자들도 면접 연습을 많이 하기 때문에, 포장된 인터뷰를 하는 것인지 아닌지 판단하기 위해 즉흥적인 질문도 상황에 따라 필요한 것이다.

"후회되는 실패 경험은 무엇입니까?" 이 질문 앞에서 지원자는 보통 답변을 망설인다. 자신의 취약성이 드러날까 염려하기 때문일 수도 있다. 면접자가 관심 있는 것은 그 실패로 인해 무엇을 깨닫고 어떤 교훈을 얻었는가를 알고 싶은 것이다. 지원자의 가능성을 발견하고자 하는 것이다. 실패가 성장 요인으로 작용한 솔직한 경험담이 의미 있는 소통의 단초가 될 수 있기 때문이다.

면접 후에 남는 아쉬움과 미련도 성장의 시간이다. 면접의 정석, 면접의 기술에 관한 가이드를 읽고, 코칭을 받으면서 연습하는 것이 필요하지만 그것이 면접의 본질은 아니다. 중요한 것은 '자신이 어떤 의미 있는 경험과 경력을 만들기 위해 얼마나 노력을 해왔는가'다. 면접장에서 나오며 깨달음이 있었다면 그 면접은 생각의 문이 열리는 배움의 시간인 것이다.

셀프 코칭, '현재 나 vs 미래 나'의 대화

심쿵하게 기억에 남는 충고가 있는가? 아니면 누군가에게 조언이나 충고를 듣고 귀에 거슬리는 경험이 있는가?

분명한 것은 신뢰하지 않거나 존중하지 않는 사람이 지적할 때는 반발심이 든다는 점이다. 영화 〈친절한 금자씨〉에서 주인공이 얘기한 '너나 잘하세요'라는 말이 훅 올라온다. 직속 상사로부터 수많은 피드백을 들었지만 정작 기억에 남는 말은 별로 없다. 특히 긍정적인 말은 휘발성이 강한지 다 사라져 버린다. 부정적인 말만 기억 한구석에 남는다. 마치 꺼지려는 모닥불처럼 희미하게 말이다. 구성원들에게 내가 했던 많은 말도 같은 운명을 겪고 있을 것이다. 씁쓸하다.

최근에 배운 코칭 기법을 나에게 적용해 보기로 했다. 스스로에게 질문하고, 실수의 원인과 해결책을 찾는 여정이다. 옴니버스 책으로 『AI 대전환시대, Who am I』를 집필하면서 정체성을 더 많이 생각하게 되었다. 타인의 기대에 부응하기 위해 때로는 나의 삶이 아닌 타인의 삶에 오랫동안 시간을 쏟았다. 그러면서 나의 내면에 귀 기울이는 시간은 점점 줄어들었다. 진정으로 내가 원하는 것이 무엇인지는 망각하고 말았다. 셀프 코칭은 바로 이런 상황에서 중요한 의미가 있다.

의도적이고 체계적인 자기성찰 여정

셀프 코칭이란 자신을 객관적으로 바라보고, 스스로에게 적절한 질문을 던지며, 내면의 목소리에 귀 기울이는 과정이다. 이는 단순한 자기 대화가 아니라, 의도적이고 체계적인 자기성찰의 여정이다.

매일 아침 조용히 앉아 '오늘 내가 감사할 일은 무엇이고, 나를 기쁘게 할 일은 무엇인가', '오늘 꼭 우선적으로 해야 할 한 가지는 무엇인가'와 같은 질문을 던지기 시작했다. 처음에는 어색했지만, 점차 하루 중 가장 의미 있는 시간이 되었다. 코칭에서 나의 삶을 진정으로 이끌어갈 수 있는 지혜는 내 안에 이미 존재한다는 게 코칭 철학이다. 셀프 코칭은 그 지혜를 끌어내는 열쇠이다.

다혈질(hot temper)인 직속 상사 때문에 힘들었던 때가 떠올랐다. 나도 비슷한 성격 특성이 있어서 마찰이 심했다. 26년 전 일이다. 그와 헤어질 결심을 하는데, 오랜 시간이 걸리지 않았다. 상사도 원하는 바였으니 떠나는 게 최선이었다. 외국인 사장에게 마지막 작별 인사를 하러 갔다. 그는 '직속 상사와 좀 더 잘 지낼 방법이 없을까요'라고 물었다. 하지만 매일 그 상사와 같이 지낸다는 것은 괴로운 일이기에, 결국 회사를 나왔다. 그날 이후 상사 때문에 조직에서 떠나는 결심을 더 이상 하지 않기로 다짐했다. 코칭을 배우면서 이러한 내 감정을 먼저 다스려야겠다고 생각했다. 셀프 코칭을 했다. 나는 어느새 내 감정을 어루만지고 있었다.

슬픔으로 힘들 때도 셀프 코칭을 하면 도움이 된다. 『메트로폴리탄의 미술관 경비원입니다』의 저자 패트릭 브링글러(Patrick Bringley)는 암 투병으로 세상을 떠난 형의 죽음을 겪고 그 슬픔에 삶의 의욕을 잃어버린다. 그러던 중 미술관에서 일을 하며 자신의 상처를 극복해 나간다. 저자는 예술 감상이 삶의 고통을 견디는 힘이 될 수 있고, 감정적 치유에 기여할 수 있다고 말한다. 나도 힘들 때 미술관 전시를 종종 찾곤 한다. 나만의 안식처, 생각의 시간을 갖기 위해서다. 이때 그림과 나의 상황을 연결해 셀프 코칭을 하면서 힘듦을 이겨내곤 한다.

인간만 할 수 있는 고유 영역

셀프 코칭의 여정은 종종 불편한 진실과도 마주한다. 내가 얼마나 타인의 인정에 의존하고 있는지, 실패에 대한 두려움 때문에 많은 것을 시도조차 하지 못하는지를 깨닫게 한다. 마주했던 그 불편함을 통과할 때마다 나는 더 단단해졌고, 내 삶의 주인으로 한 걸음 더 나아갈 수 있었다.

셀프 코칭의 가장 큰 매력은 어떤 상황에서든 활용할 수 있다는 점이다. 중요한 결정을 내려야 할 때, 갈등 상황에서 감정이 격해질 때, 혹은 단순히 일상의 작은 선택을 할 때도 내면의 지혜를 끌어내는 방법이다. '이 상황에서 내가 가장 존중하는 가치는 무엇인가', '미래의 내가 오늘의 이 선택을 어떻게 평가할 것인가'와 같은 질문이 나침반이 되어주었다.

셀프 코칭은 내 안에 있는 두 사람의 대화다. 하나는 혼란스러운 현재의 나, 다른 하나는 지혜로운 미래의 나. 이 둘의 만남이 성장의 원동력이 된다. 그러면서 태어나는 셀프 코칭의 성찰. AI가 할 수 없는 인간만의 고유 영역이다.

어느 화가의 외침, "나 좀 코칭 해줘요"

"모든 아이는 예술가로 태어난다." 피카소의 말이다. 그러나 성인이 되어서까지 예술가 재능을 유지하기가 쉽지 않다. 일단 예술가의 삶이 경제적으로 어렵다. 문체부와 한국문화관광연구원이 발표한 2024 예술인 실태 조사에서 예술인 개인의 2023년 연소득은 평균 1천55만원이다. 그것을 월급으로 환산하면 최저임금도 못 번다는 이야기가 된다. '예술가는 배고프다'는 게 현실이다.

"나 코칭 좀 해줘요." 오랫동안 주목해 온 작가가 코칭을 요청했다. 그녀의 작품 세계는 독특하다. 동양철학을 탐독하고 추상과 구상을 접목한다. 그러면서 대학 강의도 하고, 전시회도 의욕적으로 한다. '최근에 힘든 게 무엇이냐'는 질문에, '작품 판매가 잘 안된다'고 답한다. 비평가나 미술에 조예가 있는 전문가들이 자신의 작품에 좋은 평을 하는데도 팔리질 않는다는 것이다. 더 힘든 것은 터무니없이 작품값을 깎으려는 경우다. 마음의 상처를 받는다고 하소연한다. 나는 이런 부류는 구매자라고 통칭한다. 작품의 가치를 제대로 인정하지 않고 이문을 생각하는 사람은 컬렉터가 아니라 구매자이다.

작품의 가치, 가격 지키는 게 힘들어

'작가로서 후회하지 않는 결정은 무엇인가' 물었다. 작가는 '자기 작품의 가치, 가격을 지키는 것'이란다. 진열된 작품을 다시 수거할지라도 할인된 가격으로 팔지 않겠다는 작가의 고충을 알 것 같았다.

여기에 재료 값이 오르고 전시에 따른 부대비용이 증가하는 경제적 현실이 작가를 더욱 힘들게 했다. 그녀의 작품을 보고 있으면 이탈리아 화가 모란디 작품이 떠오른다. 대상의 세부 묘사를 최소화하고 본질적인 형태만 남겨놓은, 추상적인 느낌이다. 절제된 색감이 미묘한 감정을 일으킨다.

'대중은 가볍고 화사한 그림을 좋아한다는데 어떻게 생각하느냐'고 조심스럽게 물었다. 그녀는 잠시 생각하더니 작가는 '본래 자신이 가지고 있는 스타일을 대중에 맞춰 바꾸는 게 쉬운 일이 아니다'고 했다.

작가는 자신만의 정체성이 생명이다. 정체성에 맞는 그림 아이디어가 떠오르지 않을 때 그녀는 하염없이 빈 캔버스만 쳐다보고 있기도 한단다. 그림을 아무 때나 마구잡이로 그릴 수는 없고 영감이 떠올라야 하니 이해가 간다.

순간, '예술이란 무엇인가'라는 질문이 떠올랐다. 클라이브 벨(Clive Bell)은 '예술이란 단순한 재현이 아니라 형태와 구성이 갖는 미적 가치를 통해 감동을 주는 것'이라 했다. 톨스토이는 『예술이란 무엇인가』에서 예술을 감각적 쾌락이나 미학적 기준으로 정의하지 않고, 인간 감정의 전달과 소통의 도구로 봤다. 톨스토이가 '위대한 예술 작품은 그것이 만인에게 받아들여지고 이해되기 때문에 비로소 위대한 것이다'라고 말한 이유도 여기에 있다.

기업은 고객 요구에 따라 제품 구성을 바꾸려고 부단히 노력하는데, 예술가는 힘들어도 자신의 가치와 철학을 지키려는 점이 달랐다. 그러면서 고흐(Vincent van Gogh)가 떠올랐다.

그녀가 작품이 팔리지 않아 고민하는 것처럼, 고흐도 생전 힘든 삶을 살았다. 세상이 그의 진가를 알아보지 못해서다. 고흐는 자신을 알아주는 세상을 얼마나 기다렸을까? 그녀는 또 얼마나 자신을 알아봐 주길 갈망하고 있을까?

'한국이 아닌 외국은 어떤가' 물었다. '캐나다 등 서양의 경우 예술가에 대한 예우가 다르다'고 한다. 그래서 그녀는 해외 전시를 계속할 생각이란다. '캐나다에 있는 컬렉터가 자기 작품에 관심을 보이기 시작한다'고도 했다. 긍정적인 반응이다. 작품 운반비와 비용이 한국 전시 때보다 비싸지만 자신의 커리어에는 도움이 된다는 점을 강조한다.

새로운 니치 마켓, 작가 코칭

그녀는 나의 인문학적 배경과 미술에 대한 조예를 생각해서일까? 해외 전시에 제출하기 위해 작성한 도록 교정을 부탁한다. 검토하는 과정에서 그녀의 작품 세계를 더욱 잘 이해하게 되었다. 언젠가 그녀의 전시를 도슨트(전시 해설)해 달라고 요청을 받아도 충분히 가능하겠다 싶었다.

한국 작가들이 해외로 나가 다양한 분야에서 활동하며 주목받고 있다. 이들이 한국적인 미감(美感)을 세계적으로 확장하고 있다. 특히 김환기 화백, 박서보, 이우환, 윤형근, 하종현과 같은 작가가 단색화(Dansaekhwa)로 2010년 이후 급부상하고 있다. 하지만 먼저 세계시장에 진출한 일본 작가들보다 숫자가 부족하다. 앞으로 새로운 가능성을 찾아야 한다.

'작가로서 가치를 높이기 위해서는 무엇을 해야 하는지' 물었더니, 집중해서 많은 작품을 그려야 하고, '학계에서도 인정받기 위해서 끊임없이 연구도 해야 하므로 바쁘다'고 말했다. 예술가의 삶은 쉽지 않은 것으로 생각했지만 재능이 있더라도 그 세계에서 인정받는 것은 또 다른 문제일 것이다.

그림 그릴 때 가장 행복하다는 작가, 커피를 좋아하고 석양의 노을을 보면 막 소리치는 소녀 감성을 가진 작가, 그 예민함이 때로는 자신을 힘들게 하지만 사물을 통해 사물과 하나 되며 세상의 이치를 깨닫는다고 한다.

비즈니스 코칭 세션 때 나의 새로운 니치 마켓(Niche market)을 작가 코칭이라고 썼다. 특정한 취향, 필요, 관심사를 가진 소규모 고객 집단을 대상으로 하는 만큼 애정이 간다. 그녀와의 코칭으로 코칭의 세계에 작가와 예술이 스며들었다.

한준희 코치

-
-
-

서울에서 태어나 공부했고 이후 경기도 안양에서 줄곧 살고 있다. 30년간 기업에서 배운 경험과 가치를 개인과 조직에 나누는 '함께 성장하는 코치이자 컨설턴트'가 되기 위해 노력하고 있다.

㈜삼성SDI (前 삼성전관)에 입사하여 계속 HR 부서에서 근무하였고 사업장 인사팀장을 지냈다. 재직 중 MBA를 취득하기도 했다. 현재는 ㈜한중엔시에스 인사팀장으로 근무하고 있다.

한국코치협회 인증 코치(KPC), 갤럽 글로벌 강점 코치, 美 프로페셔널 에이치알(Professional HR, PHR), 국제공인 컨설턴트(CMC), 에니어그램 및 통합예술 강사로서 기업, 소그룹, 개인에게 리더십 및 비즈니스 관련 컨설팅과 강의, 코칭을 병행하고 있다.

이제 나의 코치 여정이 시작되었다

 A씨는 나의 코칭 고객이다. 그를 만나러 가는 길은 힘들었다. 그의 회사로 가는 길에 크고 작은 일이 매번 일어났기 때문이다.
 그를 세 번째 만나러 가는 길도 그랬다. 차가 과천 의왕 고속도로를 빠져나와 외곽순환도로에 들어서자, 먹구름 낀 하늘이 터널처럼 나를 둘러쌓았다. 움찔하는 순간 엄청나게 많은 비가 쏟아졌다. 와이퍼도 놀랐는지, 있는 힘을 다해 운전대 앞 유리를 닦아댔다. 이번 길도 순탄치 않은 것이다. 그나마 와이퍼 덕에 앞을 보며 조심스럽게 운전할 수 있었다.
 하지만 내 머릿속은 아무리 닦아내도 앞이 보이지 않았다. 앞서 두 번의 코칭 후 막막함 때문이었다. 마음을 다잡고 막막함을 닦아내려 해도 빗물 같은 상념이 주룩주룩 흘렀다. 마음의 앞 유리에는 먹물이 번진 듯 뿌연 상태였다. 아, 이게 아닌데….

 코칭 입문 초기, 나는 가끔 내 안에서 올라오는 작은 흥분을 느꼈다. 코칭을 하면 목적상 상대를 잘 대해 줄 수밖에 없으니, 칭찬을 들을 수 있을 것이다. 또 자격증이 생기니 잘 만하면 이를 빌미로 은퇴 후 일거리로 삼을 수 있으리라는 계산 때문이었다.
 코칭 프로그램 중에 강점 진단이 있었다. 진단 결과 나는 전략적

테마가 많았는데 코칭 입문도 전략이 앞섰던 것 같다. 코칭의 개념, 철학 등 코칭의 기본을 배우는 과정에 '코칭은 목표가 있는 대화다' 라는 정의가 맨 앞에 있었다. 이건 '내가 자신이 있는 분야'라는 생각 이 들어 '잘할 수 있어'하고 속으로 외쳤다.

혼자 무대에 선 코미디언 느낌
"매일 야근이라 지친 상태로 늦게 집에 가면 잠깐 TV 보다가 잠드는 것이 일상입니다. 왜 사는지 모르겠어요."
 "직원들과 개인적으로 만나고 싶지 않아요. 불평·불만만 늘어놓 고…. 이제 후배들이 두려워져요."
 "이걸 전공하기 위해 재수까지 해서 들어왔는데 학점은 왜 이렇게 낮은지. 이제 뭘 해야 할까요?"
 "코치님 질문을 이해 못하겠어요. 답변할 말이 생각이 안 나요. 할 말이 없어요. 모르겠는데요."

 코치들끼리 코칭 연습을 할 때는 몰랐다. 현실에서 실제 고객을 코칭하면서 코칭 대화가 불편하고 어색하고 두려웠다. 나만 그런 게 아니라는 그런 코치가 하나둘씩 늘어가기 시작했다. 고객들의 코칭 시간이 다가오면, 해당 코칭이 어떤 사유로든 '취소되면 좋겠다'는 바람도 망상처럼 따라다녔다.
 고객의 배경을 분석하고 대화 시나리오도 구상해서 질문까지 외웠는데 막상 코칭 대화에 들어가면 '어… 어…' 하며 제대로 하지 못했다. 때려치우고 나오고 싶은 마음이 굴뚝 같은 대화가 전개되는 것이었다.

최악은 고객이 냉소적이고 회의적인 태도로 말할 때였다. 질문하던 자신만만한 코치의 모습은 어느 순간 사라지고 홀로 무대에 서서 마이크만 들면 어쩔 줄 모르는 스탠드업 코미디언이 되었다.
'나, 뭐 때문에 코칭을 시작한 거지?' 괴로움이 몰려들었다.

새로운 고객을 만나 코칭 질문을 하고 경청하는 기회가 늘어나면서 고객의 가슴에 얹힌 돌들이 조금씩 치워지는 경험이 쌓이면 그제야 코칭이 주는 편안함이 스며든다.
이즈음 '고객 사고력이 부족한 것 같아', '함께 참여한다는 자세가 아닌데' 등 먹물처럼 번졌던 심통 가득한 잡념에서 벗어난다.
"이야기를 들어주는 것만으로 감사하다"며 고마워하는 고객의 표정, '무엇이 되고 싶냐'는 간단한 질문에 "몇 년 만에 자신에 대해 진지한 고민을 하게 되었다"고 또박또박 답하는 모습에서 나는 그렇게 변하고 있었다. 이렇게 코칭 고객 분위기가 바뀌는 모습을 보게 되면서, 코칭은 전략이 아니라 '프레즌스가 중요하다'는 것을 알게 되었다.

코치의 보람 이런 것이구나
낙엽이 빨갛게 물든 화창한 가을 한 가운데였다. 한 통의 문자를 받았다.
"기대했던 것보다 코칭 대화가 너무 좋았고 여운이 많이 남아요. 저에게는 너무 유익한 시간이었습니다. 다음에 제가 맛난 식사를 대접하고 싶습니다."
코칭 세션 후 1개월 만에 식당에서 A씨를 만났다. 식당 문을 열고 들어오는 그의 표정이 무척 밝았다. 옷차림도 세련되어 있었다. 한눈에 모든 일이 잘 풀리고 있는 느낌이었다.

"회사도 무리 없이 돌아가고 팀원들과의 관계도 편합니다. 운동도 열심히 하고, 친구들도 많이 만납니다. 함께 여행도 다녀왔어요."

그가 활짝 웃었다. 함께 먹는 김치볶음밥이 정말 맛있었다.

'아하! 코치의 보람이 이런 것이구나.'

어느덧 코칭의 길로 들어선지 2년이다. 휴대폰 앞에서 가슴이 콩닥거리는 가벼운 두려움은 여전하지만 처음 만나는 어색함과 불편함은 어느 정도 사라진 느낌이다. 그러면서 코칭이 고객의 인생에 크고 작은 도움을 준다는 사실을 서서히 알게 되었다.

고객의 욕구를 함께 탐색하고 스스로 답을 찾아가는 파트너로서의 역할이 아직도 완전히 몸에 배지는 않았지만 말이다.

이 때문에 아무리 기계문명이 발전해도 코칭을 통한 코치와 고객의 상호작용과 관계는 대체가 안 될 것이라는 확신이 든다.

시간의 백미러를 본다. 코치의 길에 '고객이 원하는 것이 무엇인지 알게 하고, 변화와 성장을 돕는 모습'이 있었다. '모든 사람은 무한한 잠재력이 있고, 모든 사람은 자신의 내면에 자신의 문제에 대한 답을 가지고 있다'는 코칭 철학이 그 길을 응원하고 있었다.

이제 나는 고속도로처럼 정해졌던 삶의 길을 벗어나 코칭이라는 외곽도로로 빠져나왔다. 어느덧 하늘에 먹구름이 걷히고 비가 그쳤다. 햇살이 서서히 내려오며 방긋 웃었다.

이제 나의 코칭 여정이 시작되었다.

리더의 지혜, 비로소 알게 되다

'리더'라는 단어는 언제나 나의 상념 속에서만 존재했다. '리더가 변해야 조직이 산다' '리더가 중심을 잡아야 한다' '리더는 협력과 공생을 해야 한다' 등 리더를 설명하는 말이 많지만, 나에게는 잘 보이지 않는 안개 속 꽃이었다.

그럼에도 나는 리더 역할을 수행했다. 참으로 아쉽고 어설픈 경험이다. 그 기억들이 타고 남은 재처럼 내 뇌리에 남아있다.

과거 나의 업은 HR이었다. 처음에는 리더십 이론에 나오는 기준과 원리대로 인재 선발·평가·양성을 하면 될 줄 알았다. 하지만 그렇지 않았다. 내가 처한 상황과 여건은 매번 미묘하게 바뀌면서 예상하지 못한 사건이 계속됐다. 누군가에게 상위 평가를 주면, 다른 누군가에게는 하위 평가를 해야만 한다. 이런 상대 평가가 매번 곤혹스러웠다. 승진에서 떨어진 사원과 면담하면 뭐라 말해줘야 할지 몰랐고, 조직 내 갈등을 조정할 때는 명확한 해답이 없었다.

처음에는 내가 본 선배 리더들을 모방했다. 하지만 내 성격상 똑같이 활용하기는 어려워 비틀다 보면 더 많은 문제가 나타났다.

내 고민은 '조직 내 구성원들과 함께 성과도 내고, 행복한 기업은 어떻게 만드는 것일까'였다.

현 리더들의 고민, 나의 데자뷔

"옆 부서는 일찍 퇴근하는데 저희는 매일 야근입니다. 이건 회사 차원의 문제잖아요. 그런데 팀장이 죄인이 됩니다."

"MZ 사원이 이해가 잘 안돼요. 실력도, 의욕도 모자라요. 나도 싫지만, 강압적으로 밀 수밖에 없어요."

"제가 이번에 맡은 부서는 제가 잘 모르는 직무라 부서원들을 이끌기가 솔직히 두려워요."

"일이 많은데 어쩔 수가 없어요. 야근과 주말 근무도 시켜야 하는데, 나도 어떻게 해야 할지 모르겠어요."

"회사 제품이나 기술이 바뀌어서 리더로서 역할이 축소됐어요. 점점 위축되는데 어찌해야 할까요?"

코칭에서 만나는 많은 리더의 말과 행동은 나의 '데자뷔'다. 내가 이미 경험한 상황이다. 이 상황을 코칭하러 간 기업에서 또 마주치게 됐다. 문제는 해결의 방법을 찾기 위해 대화가 어디로 향해야 할지 아직도 잘 모르겠다는 것이다.

리더로 재직할 때 하던 대로 내가 재판관이 되어 판결을 내리고, 컨설턴트처럼 대안 A/B/C 안을 주고 싶을 때도 있다. 코치는 그렇게 할 수 없다. 스스로 깨닫게 해야 한다. 그러다 보니 코칭을 시작할 때마다 혀끝이 말라갔다.

코칭을 하면서 리더들이 본인의 주체적인 삶을 위해 얼마나 많은 생각과 감정을 담아 두고 있는지를 알게 되었다. 그들은 의지할 사람이 없어서 자력으로 극복했고, 힘들고 어려운 고비를 홀로 참아내기도 했다. 분노와 열등감에 시달리면서도 묵묵히 제 일을 감당하고 있었다. 이를 차츰 느끼면서, 코치로 만나기보다 마주 보는 파트너가 되어갔다.

'그 상황에서 어떻게 반응하셨나요' '기대했던 내용이 무엇인가요' '이를 위해 무엇을 하면 될까요' 등의 코칭 질문으로 스스로 성찰하고 답을 찾게 한다. 자신감이 생기기 시작했다. 그렇게 나는 앞서 몸담았던 조직을 떠나면서 상실했던 조각들을 주워 담기 시작했다.

"제가 저의 조직장을 비판했는데 그 비판을 지금 내 구성원들이 나에게 하고 있을 것 같아요. 나 먼저 돌아봐야 할 것 같아요."

"MZ는 다를 거라는 선입견이 강했네요. 먼저 만나서 이야기를 좀 해야 할 것 같아요. 돌이켜보니 별로 만난 적이 없어요."

"제가 모른다는 것을 공개적으로 인정하고, 학습 모임을 만들어서 같이 참여하겠습니다."

"이제 회사 업무로 다른 부서와 공식적인 대화를 하겠습니다. 지금까지 개인적인 대화만 해서 갈등만 만들었네요."

파트너로 코치 있으면 답 찾을 수 있다

코칭을 하면서 파트너가 있으면 누구나 자기에 맞는 리더십을 개발할 수 있다는 사실을 알게 되었다. 미로처럼 얽힌 직장 생활, 막막하고 모호하고 불확실한 상황들의 연속이다. 이런 와중에 혼자서 심리적 안정감을 유지하기는 쉽지 않다. 파트너가 필요하다.

파트너와 함께 마주하면 상황을 구체적이고 명확하게 사실과 해석으로 구분하게 돼, 예상외로 간단한 곳에서 해답을 찾을 수 있다. 그러면 상황은 막막하고 모호한 것이 아니라 구체적이고 확실한 일이 된다. 그렇게 나는 파트너로 변신했다.

자신의 역할이 축소되면서 우울감을 떨치지 못하고 회사를 떠날지 말지를 고민하는 리더를 다시 전화로 만났다. 멘토처럼 답을 주고 싶지 않아서 계속 질문만 하던 나는 더이상 대화의 동력을 찾지 못하겠다고 느꼈다. 마지막에 떠오른 것은 '메타 인지'였다. '내가 할 수 있는 것과 없는 것', '알고 있는 것과 모르는 것'을 질문하였다. 그러자 자신의 기술과 역량을 활용해, 옆 부서를 도우면서 자연스럽게 상호 직무를 배우는 걸 해보고 싶다는 의견을 제시하였다.

"오늘 대화가 유익했습니다. 어디 가서 내놓지 못한 고민을 이야기한 것도 좋았는데, 시도할 방법도 찾게 되었네요. 감사합니다."

그 리더의 우울감에 함께 휩싸였던 나의 마음에 안개가 걷히는 순간이었다.

리더들을 위한 코칭으로 시작했는데, 이제는 내 리더십 문제를 해결하는 시간이 됐다. 인생의 꽃은 내가 아니라 항상 동료와 주위 사람들과 함께 있을 때이다. 나는 그동안 실망했던 바로 그 지점에 머물러 있었다. 하지만 다시 그곳을 찾아가 리더로서 내 모습을 다시 직면하게 됐다. 코칭이 나에게 준 보너스이다.

리더들을 만나서 함께 호흡하고 교류하는 것이 리더들을 도와주는 것이자 나를 돕는 것이라는 작동 원리를 알게 된 것이다.

나는 고객인 리더들과 같이 움직이고 있다. 그러면서 상념 속에서만 존재했던 '리더'라는 개념이 재 속에서 씨앗을 뿌리더니 꽃이 되었다. 나는 리더의 지혜를 '리더들과 함께 하는 시간'에서 비로소 알게 된 것이다.

나는 내 인생 소설의 히어로다

직장 생활 30년을 페르소나로 살았다. 원칙을 중시하고 끝까지 마무리해 내는 완벽주의자였다. 그 긴 여정을 끝낸 1월의 어느 날 저녁, 어스름이 몰려들 때였다. 나는 책상 앞에 앉아 있었다. 읽고 있던 책 몇 페이지를 뒤척이다가 문득 떠오르는 생각이 있었다.

'지금까지 살아온 내 인생이 소설이라면 어떨까?'

남자 주인공은 내가 아닐 것 같았다. 내 인생 소설인데 왜 이런 생각이 든 걸까?

입사하면서 많은 교육을 받았다. 특히 입사 초기 한 달간은 합숙하며 주야로 강의를 듣고 실습을 했다. 여기서 기업의 비전, 가치, 역사, 예의, 실무 기초, 직업 정신을 집중적으로 배웠다.

일정 따라가기 급급했던 나는 교육 목적이나 절차에 자의식을 가지고 비판적으로 보지 못했다. 이런 교육이 직장 생활할 때 가지게 되는 의식구조와 정신세계에 얼마나 많은 영향을 미치는지 생각지 못한 것이다.

내 삶의 주인공은 내가 아니었다
이후 직장 생활은 긴장의 연속이었다. 조직 안에서 일어나는 이해 충돌과 갈등, 보이지 않는 권력 다툼, 성취와 실패, 동료애가 롤러코

스터를 타고 있었다. 무조건 가까운 선배와 상사들을 따라 했다. 그러면서 조금씩 그들을 닮아갔다. 내가 옆에서 보고 성공한 사람이라 믿고 신뢰했기에 그들의 특성을 체득하는 것은 매우 자연스러운 일이었다.

그렇게 조직과 주변 사람의 영향을 수용하면서 이뤄진 내 직장 생활은 그럭저럭 원만하게 유지되었다. 오랜 세월 한 회사에만 재직하며 생활 범주를 벗어나지 않아서였을까? 주위 사람이 만들어준 틀에 맞춰 사는 것이 편하기도 했다.

'잘했네. 앞으로도 부탁해.' '지금까지 잘했어, 좀 더 힘내자.' '그럴 수도 있어, 앞으로 잘 해줘.' 때때로 이런 인정과 격려가 곁들여져 좋았다.

하지만 문득문득 공허함을 느꼈다. 내가 삶의 진정한 주인공이 아니라는 느낌 때문이었을까?

어느덧 코치가 되어 타인을 바라보는 시간이 늘어나면서 나를 바라보는 일도 잦아졌다. 고객은 고민하는 주제를 놓고 코치와 대화하면서 새로운 성찰을 하고 생동감 어린 분위기로 바뀌었다. 행동에 옮길 방안도 찾아냈다. 나도 나에게 똑같은 질문을 하고, 똑같이 성찰하고 싶은 마음이 점점 깊어졌다. 일명 셀프 코칭이다.

그런데 그 답이 잘 찾아지지 않았다. 고객의 답 찾기는 잘 도와줬는데 정작 나는 못하고 있었다. '나는 왜 그럴까' 의문이 들었다. 이런 의문은 '나는 어떤 사람이지'로 이어졌다. 이 궁금증은 코칭에 필요한 여러 성격 진단 도구를 접하게 해주었다. 내가 어떤 사람인지를 알아야 문제가 풀릴 것 같아서다.

'에니어그램(Enneagram)'이라는 진단 도구는 사람을 9가지 성격 유형으로 구분한다. 나는 6형 헌신가형이면서 5번 관찰자형도 일부 나타났다. 이를 6W5라고 표현하는데, '안전을 추구하고, 매사 평가하며, 사물을 관찰하는 경향이 있다'고 한다.

'Disc 성격유형검사'는 자기 보고식 행동 유형 검사인데, 나는 4가지 성격 유형 중 신중형 C(Conscientious)로 '내향적이면서 업무 지향적인 행동을 한다'고 보았다.

또한, 많은 사람이 알고 있는 MBTI도 16가지 유형 중 Disc 결과와 유사 유형인 'ISTJ(규범/논리주의자)'로 나타났다.

미국 갤럽 강점 진단에서는 34가지 유형 중 상위 Top5가 '절친·회고·분석·전략·체계'였는데 이는 내가 매우 전략적인 사람이라는 뜻이었다. 특히 Big5 성격 테스트는 내게 깊은 고민을 안겨줬다. 수치상으로 높게 나타난 항목을 분석하니 통제적, 경쟁적, 규범적, 억압적이면서도 감정표출형으로 나타났다. 차분하고 이성적이라는 이미지로 알려진 내 모습과는 다른 내용이었다.

이렇게 다양한 방식으로 보고 배우고 확인하는 작업은 나를 새롭게 보는 즐거움이자, 동시에 고통이었다. 내가 경험한 성격 및 특성 진단 테스트의 신뢰도나 타당도를 믿는다면 나는 타인과 다른 특정 범주에 속해 있었고, 그 안에서도 유독 차별화된 언어를 표현하고 있던 것이다.

나는 코칭할 때 고객에게 다음과 같은 질문을 하기도 했다.

"만일 두려움이 사라진다면 무엇을 할까요?"

"앞으로의 5년이 특별한 시기라면 이때가 중요한 이유는 무엇일까요?

"지금 당장 그만두어야 하는데도 그러지 못하고 미루고 있는 것은 무엇인가요?"

"선천적으로 타고 났으면서 펼치지 못하고 있는 것은 무엇인가요?"

내가 누구인지 알면 주인공 가능

이런 질문을 받아 든 고객은 고민스러울 수 있다. 자신의 취약점을 드러내야 하는 질문일 수도 있어서다. 하지만 이런 과정을 거치면 진짜 나와 나의 페르소나를 서서히 알게 된다. 이 때문에 나도 가끔 자원해서 다른 코치의 고객이 되어 이런 유형의 질문을 받곤 했다.

그러면서 점점 내 머리 위를 술렁이던 기억들은 '외부에서 투영된 삶이었다'는 생각을 갖게 했다.

하지만 내 삶은 나의 성격과 특성이 드러난 것이다. 나를 유혹한 것은 직장 교육과 주변 사람들이 아니다. 나였다. 타인과 조직의 영향력이 담긴 달콤한 선악과를 딴 것이다. 내게 중요한 것은 타인의 시선이었다. 타인에게 나의 발가벗은 몸을 보여주기 싫어서 내 몸을 가리면서 살았던 것이다. 그러다 보니 어느 틈엔가 내 본성의 동산을 떠났다. 이후 나의 일상적 생활은 가짜의 모습으로 채워졌다.

'도대체 나는 누구인가?', '나는 어떤 과거를 살아왔고, 현재를 어떻게 살아가고 있나?' 그리고 '앞으로 30년 동안 나는 내 미래의 간척지를 어떻게 일구어 나갈 것인가?'

이런 질문과 답을 지속적으로 하는 게 나의 직업 정신과 정체성, 그리고 내 존재와 관련된 일이다. 이 일을 잘하다 보면 종합적인 인생 경영에 성공할 수 있지 않을까?

  지금까지 살아온 인생 소설 속 주인공은 내가 아니었다. 하지만 앞으로 쓰일 소설의 주인공은 내가 되어야 할 것이다. 내 인생 전반부에 있었던 긍정적인 면과 부정적인 면은 모두 나의 것이다. 이를 겸허하게 수용하고 인정한 후 이제부터 새로 쓰기 시작하는 진짜 나의 인생 소설. 그 소설의 히어로(hero)는 나다.

내가 보았던 꽃, 풀, 나무

나는 주변 사람 바라보는 것을 좋아한다. 가만히 보고 있으면 말로 형용할 수 없는 안정감이 내 안에서 우러나오곤 한다. 마치 된장찌개와 함께 끓이는 냉이나 달래 같은 봄나물의 향기 같다. 나는 누군가와 함께 있기보다 혼자 있기를 좋아했다. 하지만 바라봄이 주는 이런 기분 좋음 덕분에 사람들과 만나고 엮이는 것을 굳이 피하지 않았다. 친구들이 나를 보면 내성적인 사람인데 외향적인 면모가 동시에 보인다는 것도 이런 성향에서 비롯된 것이다.

2년 전 코칭을 배우기 위해 들어선 첫 강의장은 낯선 야산 같았다. 산길은 어디서 끝나는지 보이지 않았고, 산에는 이름 모를 낯선 나무와 꽃, 그리고 풀들이 가득했다. 코칭을 배우는 사람도, 가르치는 사람도 출신이나 나이·성별·경력이 다양했다.
그들의 말과 행동에는 열정과 부드러움이 조화를 이루며 균형을 잡고 있었다. 난 그런 풍경 속에서 자주 주눅이 들었다.
아직 친밀하지도 않은 사람들에게 하루 종일 반응해야 하는 상황이 불편했다. 얘기를 나누면서 분위기상 서로 공감하는 척하는 것은 솔직히 더 불편했다.
특히 강의에서 배운 코칭 기법의 중심 단계인 신뢰 부분은 가장 체감하기 어려웠다. 심리적 안전감을 준다는 것이 어떤 것인지, 함께 있어 준다는 것은 무엇인지 경험하지 않으면 알 수 없는 내용이었다. 그게 정말 무엇일까?

자기 인식을 끌어준 고마운 코치들

그 궁금증을 해소하지도 못한 채 어느덧 초급 배움의 과정이 끝이 났다. 코칭은 배움으로 끝나지 않는다. 끊임없이 연습과 실습을 해야 한다. 계속 고객을 코칭했다. 고객이 되어 코칭을 받기도 했다. 그러면서 비로소 조금씩 알게 되었다. 실마리를 준 사람은 코칭에서 만난 코치 선배들이었다. 그들은 자기만의 방식으로 한 발짝 한 발짝 나를 돕고 있었다. 어떤 분은 꽃으로, 어떤 분은 풀로, 또 다른 분은 나무로, 나의 자기 인식을 끌어주고 있었다.

꽃. 처음에는 지나가며 무심히 본 들판의 꽃 같았다. 나를 칭찬해 주고 공감하는 것이 다른 사람과 차이가 없다고 생각했다. 코치로서 수련이 점차 익숙해지고 패턴이 눈에 익을 즈음, 꽃이 크게 보이기 시작했다. 그것은 아름다움이었다.

"준희 코치님은 누구보다 부드럽고 친절하세요."

내가? 스스로 딱딱하다고 생각한 터라 내심 당황스러웠다. 그는 내 당황에도 아랑곳없었다. 끊임없이 나의 긍정적인 면을 알아주고 맞장구쳐주고 감탄하며 호응해 줬다. 그러자 나의 내면에서 열정의 샘물이 올라오는 듯했다.

"겉으로는 냉정해 보이지만 진짜는 그렇지 않다는 걸 저는 알고 있어요."

그가 평안하게 웃으며 말하면 내가 믿어야 할 것 같았다. 아니 믿기 시작했다. 이후에도 그 코치는 나를 꾸준히 인정해 주었다. 결국 내 안에 숨어있던 작은 꽃은 스스로 꽃다발이 되어 나타났다. 그리고 내 주변에도 활짝 꽃을 피워내게 됐다.

풀. 내 감정에 이렇게 집중해 본 적이 없다. 감정은 날씨와 같아서 항상 바뀐다. 감정 코칭을 받으며 나의 감정이 풀처럼 흔들리기도 하고 점점 커지고 있다는 것을 알게 되었다. 나의 감정, 욕구, 바람을 이해하는 것은 타인의 그것들을 이해하는 것이었다.

"나와 너를 연결하고 그 다음에 서로의 주제를 연결해 보세요. 그렇게 해서 시너지를 만드세요."

나는 지금껏 과제 해결에 초점을 맞추며 살아왔다. 그게 일상이었고 삶의 동력이었다. 그것이 나의 전반전이었다.

나의 후반전은 어떠해야 할까? 산길 옆으로 눈길을 주니 길가 풀들이 보였다. 길만 보고 걸어왔기에 풀들을 보지 못했다. 이제는 풀들의 움직임을 좀 살피면서 가야겠다고 생각했다. 풀들이 어떻게 생겼는지, 길이 생기기 전에는 어떤 풀들이 있었는지 섬세하게 살피면, 그 풀이 앞으로 나의 길에 어떤 풍경을 만들고 어떤 감정을 낳을지 알게 될 것이다.

나무. 그의 코칭은 뿌리를 깊게 내린 굵은 나무였다. 사람을 품고 가려는 열정이 뿌리에서 올라와 줄기와 잎까지 물들였다. 그에게서

뿜어져 나오는 향취는 온몸을 감화하고도 남았다. 미래의 나를 보며 내가 어떤 사람이 되어야 할지, 그렇게 되기 위해 무엇을 해야 할지 묻고 치유하는 시간이었다.

"자신에게 가장 중요한 분이 바라는 것을 생각해 보세요. 미래의 나는 그것을 위해 무엇을 하고 있을까요?"

현재 나에게는 답이 없었다. 미래의 내가 갖고 있었다. 미래에서 보는 현재의 나는 부끄럽고 수치스러웠다. 그렇다고 현재 보기를 피할 수 없는 노릇이었다. 그 답 덕분에 나는 코치의 길을 지금까지 가고 있다.

리더라는 나무 그늘에서 벗어나다
나무처럼 느꼈던 다른 코치가 더 있다. 작년 여름 모 세미나에서 우연히 인사를 드렸는데 그 코치가 먼저 나를 불러 커리어 코칭을 해주겠다고 했다. 내 상황을 말했더니 이른 나이에 회사에서 밀려나듯이 나온 것이 아쉽다고 했다. 그와의 코칭에서 내가 어디까지 와 있는지, 내가 가진 것이 무엇인지 내가 보았던 길가의 풍경은 어떤 것인지 하나씩 정리해 나갔다. 그로 인해 나는 리더라는 나무 그늘을 벗어나 편한 마음을 갖게 되었다.

이제 나는 주변 코치들이 품은 꽃, 풀, 나무를 잘 볼 수 있게 되었다. 가만히 바라보고, 열심히 바라보고, 진지하게 바라보게 되었다. 차츰 내가 왜 사람들을 바라보는 것이 좋았는지를 알게 되었다. 그들이 곁에 있어 안심하게 되었던 것이다.

그동안 야산에서 새로운 길이 어딜지 궁리하느라, 갈 길을 찾느라 헤매곤 했다. 또 길을 빨리 걸어가느라 분주했다. 그런 삶을 코칭으로 알게 되었다. 내 주위에는 필사의 노력으로 자리를 잡고 멋지게 핀 나무, 꽃, 풀들이 있었다는 사실을. 그들의 열매와 가지, 이파리, 꽃향기에서 우러나는 영향력이 내게 지속적이고 은근하게 다가왔다.

이제 나도 이런 야산의 일부가 되고 싶다. 내가 보았던 꽃, 풀, 나무 같은 존재가 되고 싶다.

나의 삶은 야곱과 같았다

나는 정의롭지 않았다. 평범한 삶에 내재한 속고 속이는 상황을 대부분 외면한 채 살았다. 가정에서의 20년, 사회에 나와 꾸려온 30년. 이 세월 동안 남들처럼 살아왔지만, 남들만큼 성찰하지는 않았다.

이 때문에 안에는 부끄러움이 가득하곤 했다. 진정한 성찰의 부재가 그 이유였다. 다만 겉으로는 남들에게 자부심을 가진 것으로 보이려 했다.

올해 초였다. 겨울의 새벽은 매우 추웠다. 지방에 있는 모 업체의 경영진과의 미팅이 있었다. 새벽 6시에 집에서 나와 택시를 타고 광명역으로 이동했다. 퇴직한 올해부터는 개인 경비를 써야 했기에 새벽 할증 시간까지 확인해 가며 콜택시를 불러서 이동했다. 결재는 온라인 페이로 했다.

코칭 덕분에 자기기만 발견
광명역사에 도착해 커피를 마시면서 휴대폰으로 택시 요금을 확인했다. 내릴 때는 분명 요금 숫자가 1만3천 원이었는데, 결제 금액이 2만 원이었다. 아, 아무리 생각해도 내릴 때 어수선한 상황을 틈타 택시 기사가 바가지요금을 매긴 것 같았다. 순간 감정이 상했고, 마시던 커피는 한없이 썼다. 커피잔에 내 마음에서 쏟아진 하얀 분노가 담겨 있었다.

우두커니 커피잔을 바라보는데 문득 어제 읽었던 성경이 떠올랐다. 성경 속 야곱의 이름은 '뒤꿈치를 잡는 자'이다. 쌍둥이로 태어나면서 형의 발꿈치를 잡고 나왔다고 지은 이름, 히브리어 원문의 뜻은 '속이는 자'이다.

실로 야곱의 삶은 속고 속임의 연속이었다. 형을 속여서 장자권을 취했고 아버지를 속여서 축복을 가로챘다. 외삼촌도 속였다. 그러자 외삼촌도 야곱을 속였다.

과연 나의 삶은 다를까? 나도 야곱 못지않게 속이고 속이는 삶의 연속이었다. 학교에서는 커닝을 했고, 회사에서는 보고서에 내 잘못이나 실수를 적지 않았다. 성공은 과장했고, 실패는 살짝 왜곡했다. 심지어 어떤 사건은 적극적 거짓말로 상황을 모면했다.

나의 생활 방식은 정직하지 못했고, 그러한 배경 때문에 진실이 밝혀질까 근심과 걱정이 많았다. 그랬던 내가 그동안의 내 모습은 돌아보지 않고, 다른 사람의 모습에 분노하고 있었던 것이다.

나는 야곱이었다. 나의 실체에 직면하지 않고 자신을 속이는 자기기만의 상자 안에 갇혀 있었다.

자기기만을 발견하게 된 것은 역시 코칭 덕분이었다. 생각할 계기를 많이 갖게 된 때문이다. 돌아보면 과거 수십 년간 누군가 내게 '그렇게 하는 게 최선의 방법'이라고 알려주면 무작정 그렇게 하려고 했다. 그럼에도 잘되지 않는 경우가 많아 복잡하기만 했다.

나중에 나도 다른 사람에게 그 최선의 방법을 알려주려고 했다. 하지만 그것은 효율적이지 않았다. 이를 해소하기 위해 면담도 많이 했고 인문학 학습도 많이 했다. 그대로였다.

코칭을 배워 코치로서 살려고 작정하면서 조금씩 그 삶이 바뀌고 있었다. 사람의 마음과 행동을 바꾸려면 사람에게 집중해야 했다. 무의식적인 믿음과 가정이 무엇인지 탐색하고, 깊이 있게 고민해야 했다.

> 코칭은 질문의 연속이 아니라 탐구의 과정이어야 한다. 탐구 활동의 목적은 문제의 해결책을 찾는 것이 아니라, 우리 자신의 생각에 대한 비판적인 사고를 불러일으키는 것이다. 탐구 활동은 고객 스스로 자기 신념을 평가하고, 선택에 영향을 미치는 두려움과 욕망을 명확히 해준다. 이로 인해 생각이 재배열되고 확장되면 비로소 해결책이 나온다.
> 우리의 생각을 들여다보게 해 주는 말은 거울과도 같다. 그리고 그것은 성찰을 유발한다.
>   - 마샤 레이놀즈, 『문제가 아니라 사람에 주목하라』 중에서

코칭을 하려면 내가 먼저 제대로 된 코치여야 했다. 코치로서 자기 검증이 되지 않으면 코칭을 온전히 할 수 없었기 때문이다. 여전히 최선의 방법을 전달하고 있는 내 코칭을 보면서 불합격 통보를 받은 것처럼 '망했다'고 수차례 생각했다.

나에게 주목하며 성찰했다

그렇게 코칭 시간이 늘어갔다. 코칭할 때마다 늘 다시 배우는 것이 있다. 코치는 이슈가 아니라 사람에 주목하는 사람이라는 점이다. 사

람에 주목하는 코치가 되기 위해 먼저 상대방이 아니라 나부터 주목하기 시작했다. 나에게 주목하면 좀 더 자주 성찰을 하게 되었다. 커피를 마시며, 운전을 하며, 거리를 걸으며, 택시를 타면서 나에게 주목했다.

이제는 나의 기만을 인정하고 나의 상자를 벗어나서 살아야 한다. 그럴 때가 되었다. 온전한 코치가 되고 싶다면 그렇게 해야 할 것 같다. 야곱처럼 살지 말아야겠다.

광명역사는 점차 분주해지기 시작했다. 사람이 더 많이 줄을 서고 말소리도 많아졌다. 기차 출발시간이 가까워질 때쯤 마음은 안정을 찾고 있었다.

'택시 기사가 잘못 입력할 수도 있고, 빈 택시가 많던데 야간택시로서는 도저히 하루 일당을 메울 수 없어서, 힘들어서 그랬을 수도 있다. 다만 앞으로 그런 일이 없도록 영수증을 잘 볼 필요는 있겠다.'

커피잔을 반납하고 새벽바람을 뚫고 역사를 가로질러 기차에 올라탔다. 차분히, 안정감 있게 기차가 출발했다. 멀리서 해가 떠오르고 있었다.

허승호 코치

·
·
·

서울대 경영학 학사, 한양대 커뮤니케이션 석사를 졸업하고 미UC버클리 초빙연구원으로 있었다. 동아일보 경제부, 사회부 기자로 잔뼈가 굵은 언론인 출신이다. 우루과이라운드(UR)와 쌀시장 개방(1993), 외환위기(1997) 당시 주무 기자였고, 금융위기(2008) 때는 경제부장으로 보도를 총괄 지휘했다. 법조 데스크로 대선자금 수사 및 노무현 대통령 탄핵소추(2004) 취재를 지휘하기도 했다. 이후 부국장, 논설위원, 기명 칼럼니스트로 활동했다.
발 빠른 특종을 하는 것보다 감춰진 진실을 보도하려고 애썼다. 언론이 '공적 담론의 장' 기능을 올바로 함으로써 공동체를 더 나은 곳으로 이끌 수 있다는 신념에서다. 코치로서도 '더 좋은 삶'을 넘어 '더 좋은 세상'의 구현에 초점을 두고 있다.
신문사들이 출연한 단체와 출자한 기업에서 10년간 CEO로 지냈다. 현재 한국코치협회 인증코치(KPC), 국제 인증 전문 코치(PCC), 갤럽 글로벌 강점 코치로 세이브더칠드런, 전국재해구호협회, 서울미디어대학교 등에 이사로 있다.
저서는 『윤리경영이 온다』 등 다수가 있다.

기자의 언어, 코치의 언어

나는 6개월 전 코칭 세계에 입문한, 그야말로 초보 코치다. 그러나 그 반년은 충격의 시간이었다. 좋게 말하면 '개안(開眼)의 나날'이었다.

인생 대부분을 신문기자로 살았다. 기자의 일은 단순히 말하면 4요소로 구성된다. 묻고, 듣고, 읽고, 쓰는 일이다. 밥벌이 수단이 언어였고, 언어 다루는 일이 낯설지 않다는 뜻이다. 코칭의 주된 도구도 언어다. 그러나 기자로서의 경험이 코칭 공간에선 별 도움 안 되는 것 같다. 이렇게 말하는 것은 지금껏 쓰던 기자의 언어와 이제 배우는 코치의 언어가 너무 다르기 때문이다.

기자는 '견고한 사실의 세계'에 사는 사람이다. 그들은 실재하는 실체·현상을 최대한 정확하게 반영(mirroring)하여 제3자에게 전달하는 언어를 다룬다. 그것이 생업이다. 무슨 일이 일어났고, 지금은 어떠한지가 주된 관심사다. 그의 시선은 대개 '현재→과거' 방향이다.

이는 언어의 발생 및 발전 과정과 거의 비슷하다. 우리가 사는 세상은 다양한 사물과 행위가 펼쳐져 있는 시공간(時空間)이고, 이 사물과 행위에 대한 정보를 전달하기 위한 수단으로 인간은 언어를 발명해 꽤 정교하게 발전시켰다. 구체적 실체가 있어 그것을 반영하려는 도구가 언어였던 것이다. 그러니 적도에 사는 언중(言衆)에게 '얼음', '눈'이라는 단어가 있을 리 없고, 농사지을 수 없는 에스키모에게는

'거름'이라는 낱말이 없다.

생각을 여는 문고리, 코칭 언어
한편 언어는 진화하면서 스스로 거대한 힘을 획득하게 된다. 사람이 언어를 통해 소통하는데 그치는 것이 아니라 그것을 매개로 세계를 인식하고, 해석하며, 구상하기 때문이다. 언어가 생각의 틀이 됐고 사상의 집이 된 것이다. 예컨대 '메타인지' 혹은 '공화주의'라는 용어가 없으면 메타인지나 공화주의의 개념을 활용하여 생각을 전개하고 사고를 확장하는 것이 불가능하다. 공화주의 구현을 위한 이념적 연대나 정치활동 역시 기대할 수 없다. 여기까지는 기자로서 이해한 '실재와 언어의 상호관계'이다.

하지만 코칭 세계에서 언어의 쓰임은 아주 달랐다. 미러링 대상은 바깥세상의 우수마발이 아니라 '고객의 말'이다. 코치는 방금 고객이 한 말 중 핵심어라고 생각하는 단어의 의미를 짧게 물을 뿐이다. 그 핵심어라는 것도 주로 고객의 느낌, 생각, 혹은 욕망에 관한 것이며 사실(fact) 관련성은 떨어져, 쥐어짜면 건더기가 남을 것 같지 않다.

그럼에도 그 답변이 문고리 역할을 하면서 고객 생각의 문을 열어젖히고, 전환케 하고, 결단케 한다. 코치는 짧게 질문할 뿐 대화의 전 과정에서 고객이 주제를 택하고, 목표를 세우며, 실행계획을 마련하는 방식으로 진행되는데도 그런 일이 벌어진다. 이 과정에서 고객은 자기 마음의 근저(根底)를 드러내거나 심지어 '발견'하게 된다. 나아가 코칭 교사들은 "코치가 고객의 당면 문제를 해결하도록 돕는 것 정도로는 부족하다"고 하며 "고객이 자기 내면 깊숙한 곳, 본인 삶의 근본적 가치 영역을 되돌아보도록 밀어붙여야 한다"고 후배들을 다그친다.

주고받는 언어가 역동의 방아쇠요 변화의 장약(裝藥)으로 작동하는 곳이다. 언어가 사람의 마음을 바꾸고, 행동을 바꾸고, 종내 사람 자체를 변화시킨다면? 아, 실로 어마어마한 일이다. 대화가 사람을 바꾼다면, 세상을 바꾸지 못하라는 법이 있을까?

이런 잡다한 상념이 머리를 스칠 즈음, 문득 영화의 한 장면이 떠올랐다. 긴 복도를 걸어가는데 좌우의 벽엔 문들이 즐비하다. 그중 하나를 열었는데, 어라! 네모난 방이 아니라 전혀 다른 세상이 전개되는 장면 말이다. 수년 전 나온 판타지 영화 〈나니아 연대기〉에서는 주인공 소년 소녀가 골방의 벽장 문을 열자, 초원과 숲으로 이뤄진 신비의 나라 나니아가 펼쳐졌다. 사자와 마녀가 선악(善惡)을 다투는 세상이었다.

코칭이 사람을 바꾼다고?

필자가 코칭의 문을 열었더니 실체 없는 언어가 가공할 위력을 발하는 몹시 낯선 세상, 또 하나의 '평행우주'가 열린 듯한 느낌과 겹쳐진 것이다.

코칭이 사람을 바꾸기도 한다고? 그렇다. 내가 경험하고 있다. 경청·반영하고, 존중·인정하며, 공감·공명하자는 코칭의 대기에 노출돼 조금씩 호흡하면서 가족과의 관계가 바뀌고 있어 하는 말이다.

15년 전 대화가 끊어졌다가, 7~8년 전부터는 용무가 있을 때만 필요한 말을 주고받아 온 아들이 있다. 둘째다. 그와의 대화가 복원된 것이다. 여기서 그 구체적인 과정을 상술하지는 않겠지만, 오직 코칭 덕분이다. 무엇보다 셀프 코칭의 힘이 컸다. 애비가 바뀌니 부자 관계가 호전됐다는 것이며, 결국 문제는 애비 쪽이었다는 얘기다. 부끄럽다. 그러나 경이로운 경험이며 벅찬 기쁨이다. 코칭 입문이 내게 준 최고의 선물이기도 하다.

코칭이 탄생한 것은 고객에게 도움을 주기 위해서다. 코칭이 빠른 속도로 확산한 것은 그 도움이 실재할 뿐 아니라 크기도 하다는 사실이 널리 입증되고 있기 때문일 게다.

하지만 그에 앞서 새삼 다짐해야 할 것이 있는 것 같다. 코치가 된다는 것은 고객에 앞서 코치 자신에게 더 도움 되며, 더 큰 변화를 일으키기도 한다는 사실 말이다. 나아가, 진정한 코치가 되고 온전한 코칭이 이뤄지기 위해서는 코치의 내면에서 먼저 변성(變性)이 일어나야 한다는 점 말이다. 석회석이 대리암 되듯, 탄소가 금강석 되듯, 개안을 넘어 개심(開心)으로….

주장이 턱 없이 생경하고 겁 없이 당돌한가? 인정한다. 그래서 반년짜리 초보 코치다.

- **성찰 질문 : 코치로서, 당신은 석 달 전보다 조금이라도 더 나은 사람이 되었는가?**

15년 만에 이뤄진 아들과의 대화 복원

이 책은 코치들이 쓴 글 모음이다. 하지만 이 글은 코칭 고객으로서의 경험담이다. 고객이 겪은 '코칭의 파괴력'에 관한 얘기다.

코칭 공부를 시작한 지, 반년쯤 됐을 때 공부하던 코칭 회사(코칭경영원) 웹사이트에 '기자의 언어, 코치의 언어'라는 제목의 글을 올린 일이 있다. 이 책의 바로 앞글이다. 게재 후 몇 분으로부터 연락을 받았는데 취지는 두어 갈래로 나뉜다. ① 그 글에서 언급된 '아들과의 대화 복원' 경험의 구체적인 내용을 묻거나, ② 관련된 조언 혹은 코칭을 청하기 위해, ③ 어떻게 셀프 코칭했는지 궁금해서. 이 자리에서 이들 질문에 간단하게나마 답할까 한다. 이 글을 쓰는 이유다.

아들에게 코칭 고객 부탁으로 시작
처음에 아들에게 건넨 것은 조그만 부탁의 말이었다.

> 나 : 어이 아들, 부탁이 하나 있어. 아빠가 요즘 코칭이라는 것을 공부하고 있는 것은 알고 있지? 최근 무슨 과정을 하나 끝냈는데(※'강점 코칭' 과정이었다), 이수 인증을 받으려면 그 코칭을 6회 해야 해. 고객 여섯 분이 필요한 건데, 내가 초보라 마땅히 부탁할 사람이 없네. 네가 아빠에게 1시간쯤 빌려주면

안 될까? 고객 역할을 하면서.

아들 : (어쩔 수 없다는 듯이) 네, 그럴게요.

　　　(이렇게 코칭 날짜가 잡혔다. 코칭이 끝난 후)

아들 : 꽤 재미있네요. 코칭이란 게 원래 이런 식으로 이뤄져요?

나 : 그건 아냐. 코칭은 크게 라이프, 커리어, 비즈니스 분야로 나뉘는데, 방금 한 건 3분야 어디든 가능한 강점 코칭이란 거야. 특화 기법의 하나지.

아들 : 아, 예.

나 : 코칭의 본류는 라이프 코칭이야. 우리 인생사 가정사의 일반적인 문제에 대한 코칭이지. 사실은 아빠가 너와 코칭하겠다고 마음먹은 것도 아빠가 코칭 고객으로서 라이프 코칭을 받고 난 뒤 결심한 결과야.

아들 : 그게 무슨 말씀이세요?

나 : 응, 아빠가 '아들과의 대화 복원'이라는 주제로 라이프 코칭을 몇 번 받았거든. 그러면서 '이 문제를 아주 정직하게, 정면에서 마주해야겠다' 생각했어. 그리고 '네게 강점 코칭을 해주면서 이 얘기를 꺼내자'라는 결심에 이르렀고, 오늘 이렇게 얘기하고 있는 거지.

아들 : 네?

나 : 내 생각에는…, 내 인생에 있어 가장 큰 상실, 가장 큰 공허가 있다면 너와의 관계가 원만치 못하다는 거야. 서로 말을 잘 안 하지 않니. 그런데 암만 생각해도 이 상실을 메울 수 있는 시간이 얼마 없어. 네가 벌써 32세, 언제 결혼할지 모르는 나

이야. 이 상태에서 분가 하고 나면 우리 관계는 영영 현 상태에 고착된 채, 둘 다 남은 인생을 살다 죽게 될 확률이 크거든.

아들 : 음.

나 : 그래서 내가 결심했어. 네가 결혼하기 전, 그러니까 아빠와 같은 집에서 사는 기간에 음 …, 충분히 대화하고, 훗날 추억이 될 만한 경험을 더 많이 나누고, 서로를 제법 이해하는 상태로 만들고 싶다, 그렇게 된 이후 네가 분가하면 참 좋겠다, 그리고 이 같은 내 바람을 네게 솔직하게 얘기하고 그에 대한 네 생각을 물어봐야겠다…, 이렇게.

아들 : 음.

나 : 이제 내가 하고 싶었던 얘기는 다 했다. 내 제안에 네가 지금 대답을 해도 좋고, 며칠 생각 해본 후 대답해도 좋다. 네 답변을 기다린다.

아들 : (한참을 앉아 있더니) 좋아요. 그게 좋을 것 같습니다.

나 : 그래, 그렇게 대답해 줘서 정말 고맙다. 네가 그렇게 대답했으니 이어지는 얘기를 조금만 더 할까?

아들 : 예?

나 : 이렇게 말만 주고받는다고 변화가 일어나는 것이 아니야. 구체적인 노력과 행위가 뒤따라야 하거든.

아들 : 어떤?

나 : 대화 복원을 위한 구체적인 노력. 그래서 내 미리 생각해 봤는데, 네 직장이 여의도에 있지 않니? 내 사무실은 구로에 있고. 내 출근 동선(動線) 위에 네 회사가 있는 거지. 아침에 가능

하면 아빠 차로 함께 가는 게 어떨까? 나도 시간 맞출 테니.
20~30분간 차 안에서 이런저런 얘기 나누고, 할 말 없으면
농담도 하고, 그것도 없으면 음악 들으면서 같이 가는 거지.
어떠냐?

아들 : 좋아요. 그렇게 해요.

나 : 좋아, 언제부터 할까?

아들 : 뭐, 내일부터 하시지요.

코칭은 제법 힘이 세다

이후 매일 오후 6시께 '익일 출근 계획'을 문자로 교환한 후 여건이
맞으면 다음날 함께 출근했다. 좁은 차내 공간에서 30분을 둘이 있
어 보면, 아무 말도 안 하면서 그 시간을 보내는 것이 매우 어색하다.
무슨 얘기라도 하게 돼 있고 자연스럽게 말길이 다시 열리는 것이다.
최근에는 내 사정에 변화가 생겨 함께 출근하는 일이 드물어졌다. 하
지만 대화 통로는 그런대로 유지되고 있다는 느낌이다.

다음을 정리하는 것으로 글을 마칠까 한다.

가. 코칭은 제법 힘이 세다.
나. 코칭의 주제는 진실해야 하며, 목표는 명료해야 한다.
다. 실행계획은 SMART(Specific 특정 행동을 수반, Measurable 측정 가능, Achievable 성취 가능, Relevant 목표와 관련 있는, Time-bound 시한 있는)할수록 좋다.

라. 실행계획에 상대가 존재하는 경우에는 '상대의 반응에 따른 시나리오별 대응안'까지 마련 돼 있어야 한다.

마. 결심이 서면 힘차게 실천하면 된다. 그게 제일 중요하다.

바. 무엇보다, 마치 기다렸다는 듯 내민 손을 잡아준 아들에게 가장 고맙다.

근데 ③셀프 코칭은 어떻게 했냐고?
생각보다 간단하다. 자신에게 아래와 같은 본질적인 질문 몇 개를 던진 후, 고객으로서 정직하게 진지하게 답하면 된다.

* 허승호, 넌 지금 네 상황을 어떻게 느끼노?
* 그대로 놔두면 결국 어떻게 될까?
* 네가 진심 바라는 건 뭔데?
* 그게 이뤄지면 뭐가 좋지? 네게 어떤 의미가 있지?
* 그걸 얻으려면 뭘, 어떻게 해야 할까?

- **성찰 질문 : 허승호, 넌 네 문제에 늘 정직하게 직면하는가?**

"코칭 주제가 고갈됐어요"

코칭을 공부하면 코칭을 많이 할 뿐 아니라, 많이 받게도 된다. 코치들끼리 역량을 갈고 닦기 위해 버디 코칭(상호 코칭)을 많이 해서다. 버디 코칭은 코치 자격시험 응시를 앞두고 더욱 잦아진다. 기량뿐 아니라, 응시에 필요한 코칭 누적 시간도 쌓아야 하기 때문이다.

그러다 보면 정례적으로 버디 코칭을 주고받는 파트너가 생기기도 하는데, 그런 파트너와는 몇 차례 반복된 코칭으로도 마치 오랜 친구처럼 친밀감을 느끼곤 한다. 일상에서는 좀처럼 꺼내지 않을 주제(자녀와의 갈등, 시댁 문제, 직장에서의 억울한 일, 진로 문제, 사업과 관련된 고민 등)로 솔직하고 깊은 대화가 오가기 때문이다.

코칭은 관계를 다시 쓰는 작업
필자의 경우 주변의 친구들에게 '내 코칭 고객이 돼 달라'는 부탁을 했다. 그러다가 수십 년을 함께해 온 친구의 전혀 몰랐던 내면을 처음 접하게 되는 경험을 여러 번 했다. 코칭은 '관계를 다시 쓰는' 작업이기도 하다.

하지만 버디 코칭의 특성상 반드시 고객 역할도 해야 한다. 이 과정에서 빈번히 부딪히는 문제는 '코칭 주제의 고갈'이다. 특정 주제로 몇 차례 코칭을 받다 보면, 대개 그 문제는 샅샅이 헤쳐지고 분석된다. 설혹 해소되지는 않았다 해도 어떤 실천을 어떻게 해야 하는지가 거의 정리된다.

그 실체가 무엇이며 어떻게 대응해야 할지 번연히 알게 된 이슈를 또다시 코칭 주제로 가져가기는 힘들다. 그래서 점점 더 소소한 고민거리까지 주제로 등장하지만, 그마저도 한계에 부딪히는 시점이 온다. 나 같은 경우 '코칭 주제가 없어 고민이다'는 주제로 버디 코칭 시장에 나가기도 했다. 여러 번.

코칭에서 이 고민은 어떻게 처리되었을까? 코칭을 받던 도중 문득 내가 현장 기자로서 기사 발굴에 골몰하던 상황을 떠올렸다. 무릇 기자는 고품질 기사를 쓰고 싶다는 욕심이 크지만, 동시에 산출량도 일정 수준을 채워야 한다는 압박감 속에 산다. 그래서 심지어 사건기자 때는 '길을 걷다가 눈앞의 건물이 하나쯤 무너져 주면 좋겠다'는, 절대 해서는 안 될 농담까지 주고받았다. 경제부 기자로서 정책 기사를 다루던 시절에는 새로운 전략으로 접근했다. 기사 생산방식을 나름대로 유형화한 것이다.

① 추적형 : 대형 특종을 좇는 사냥 방식. 큰 짐승을 잡을 수 있지만 산출량이 들쭉날쭉. 일용할 양식 마련에 적절치 않다.
② 그물형 : 특정 이슈의 흐름을 읽은 후 길목에 그물을 치고 기다림. 조금 안정적이다.

③ 농사형 : 장기적 안목에서 아이템을 조금씩 키워가면서 후속기사를 계속 쓰는 방식.
④ 공장형(온실형) : 정책 주체 혹은 분석 주체에 아이디어를 제공해 협업 방식으로 기사를 생산. 날씨와 무관하게 기사가 생산된다.

다음은 이 주제(코칭 주제가 고갈됐어요)와 관련해 코치의 질문에 대해 코칭 고객으로서 내가 답변한 대사의 복원이다.

- 살다 보면 생겨나는 고민과 문제, 내 의지와 무관하게 떠오르는 생각·감정·기대·욕망이 코칭의 좋은 주제가 되겠지. 하지만 맨날 그 같은 주제가 적시에, 신선하게 공급될 리는 없어.
- 오히려 그런 이슈가 매일 생겨난다면, 그건 내 삶이 지금 몹시 불행하다는 신호일 거야.
- 그렇다면 농사형이나 공장형처럼 안정적으로 코칭 주제를 길어 올릴 방법은 없을까?
- 이 고민은 내 삶의 일거수 일투족(一擧手 一投足)을 코칭의 시선에서 다시 바라보는 작업으로 이어져야 하겠군.
- 매일 아침 다이어리를 쓰며 하루를 계획할 뿐 아니라 저녁에도 일삼성오신(日三省吾身·하루 세 번 내 몸을 살핌)하는 시간을 내야 하는 걸까?
- 글쎄. 그것보다는 내 생각과 언행, 삶 자체를 늘 성찰의 눈으로 재해석 재정의하며 살펴야 할 것 같은데.

주제 부족이 준 망외(望外)의 선물

처음에는 코칭 주제 확보를 위한 목적에서 시작했지만, 망외의 결과를 낳는 것 같았다. 나의 '하루'를 돌아보는 데서 그치지 않고, 그 하루의 '나'를 돌아보게 되고, '그렇게 돌아보는 나'를 다시 돌아볼 수도 있음을 깨달은 것이다. 이런 걸 메타-인지적 자기성찰이라고 한다던데….

코칭 공부가 주는 기쁨의 가짓수는 열거하기 힘들 만큼 많지만, 고민 있을 때 같은 길을 걷는 도반(道伴)에게 언제든 고품질의 코칭을 요청할 수 있다는 것도 빼놓을 수 없는 특권이다. 버디 코칭이다. 그리고 (코치가 아닌 사람은 믿기 힘들 수도 있겠지만) 내가 가져가는 고민이 크고 깊을수록 버디 상대는 좋아한다.

그에 더해 늘 하루를 돌아보고 나를 돌아보는 삶을 산다는 것, 돌아보는 나를 다시 돌아보기도 한다는 것. 버디 코칭이 준 가장 뜻밖의, 그리고 값진 즐거움이다.

- **성찰 질문: 돌아본 네 마음, 지금 어떤 표정인가?**

영문도 모르고 입문했는데

코칭에 입문한 것은 우연이었다. 누군가 '어떻게 코칭 공부를 하게 됐나'하고 물으면 난 웃으며 짧게 대답하곤 했다.
"영문도 모르고….”
난 기자였다. 동아일보에서 28년. 경제부, 사회부에서 잔뼈가 굵었고 경제부장, 부국장, 논설위원을 거친 전형적인 언론인 경력이다. 그러다가 신문사들이 출연·출자해 설립한 단체와 기업에서 CEO직을 맡아 10년간 일했다. 마지막 직장이었던 기업의 대표로 옮길 당시 양해된 조건은 '두 번의 임기, 6년 근무'였다.
신문 산업의 구조적 쇠퇴로 그 회사의 경영은 지속적으로 악화하고 있었지만, 나는 열정적으로 일했고 경영 성과도 뚜렷했다. 그러던 어느 날 기자 시절에 좋은 인연과 애매한 인연을 동시에 맺었던 한 사람이 우리 회사에 인사 영향력을 행사할 수 있는 자리에 앉았다. 첫 임기가 끝났을 때 나는 납득할 수 없는 퇴임을 강요받았다. 전혀 예상치 못한 일. 분노와 울분의 시간이 시작됐다.

"코칭 잘 맞을 것 같으니 해봐"
기자 시절, 일이 뜻대로 풀리지 않을 때 입버릇처럼 하던 말이 있다.
'사무는 사무적으로.'

최선을 다하되 뜻하지 않은 결과가 나왔다고 해서 지나치게 실망, 좌절하는 등 '감정에 휘둘리지 말자'는 취지였다. 실망한 후배들은 물론 나 자신을 다독일 때 하던 말이다. 좀 더 강한 처방이 필요하면 이런 말도 했다.

'사나이 가는 길, 바람 불고 비 온다.'

다시 외우던 이 주문이 통했을까, 약간의 시간이 지나면서 '더 이상 분노의 늪에서 내 남은 삶을 살 수는 없다'는 생각을 하게 되었다. 그즈음 코칭을 공부한 지 10년 가까이 된 지인이 제안했다.

"코칭을 공부해 보는 것은 어때? 당신과 잘 맞을 것 같은데."

사실 수년 전 그가 삼성전자 등 유수한 기업의 임원을 대상으로 코칭을 한다는 얘기를 들었을 때 난 좀 의아했다. 그는 서울대 경제학과와 미국 스탠퍼드대 MBA 출신으로 금융권에서 주로 일하며 금융사 CEO까지 지낸, 단단한 경력의 소유자다. 그의 유능함, 전문성, 그리고 인품에 대해서도 잘 알고 있었지만 그래도 의문이 있었다. 물어봤다.

"네가 훌륭한 것은 잘 안다. 그런데 대기업에서 임원까지 올라온 사람이면 웬만한 조직인 이상일 것이다. 그렇다면 본인이 후배들을 코칭해야지 왜 네게 코칭을 받는 거지? 그리고 흔쾌하게 받기는 하는가?"

그는 "짧게 설명하기 힘들다. 지금은 당신 일이 바쁠 테니 그 일부터 열심히 하라"며 웃어넘기곤 했다.

그러던 그가 이번엔 먼저 코칭 얘기를 꺼낸 것이다. 그리고 며칠 후 연락이 왔다.

"이러저러한 교육 과정에 얘기해 뒀으니 바로 등록해."

말 그대로 엉겁결에, 영문도 모르고 입문한 것이다.

하지만 공부를 시작하고 얼마 지나지 않아 내 마음속에 이런 생각이 자리 잡기 시작했다.

'존중하고 경청하며, 인정하고 공감하는 것이 모든 것의 시작이라는 코칭. 내 어찌 이제야 접했단 말인가. 더 젊었을 때 새겨 익혔다면 얼마나 좋았을까. 더 좋은 사람, 더 나은 리더가 될 수 있었을 텐데.'

몇 달 후부터는 주변에 코칭을 적극 알리고 다니기 시작했다. 인생사나 가정사 문제를 감지하면 자연스레 코칭 대화에 스며들었고(라이프 코칭), 진로 문제로 고민하는 사회초년병 조카 혹은 대학생을 보면 코칭을 시작했다(커리어 코칭). CEO로 일하는 지인과의 대화 중 경영 이슈가 감지되면 무료 코칭을 제안했다(비즈니스 코칭). 이렇게 말하기도 했다.

"임원 모두가 함께 코치 자격을 따도록 해보세요. 조직 전체의 리더십을 코칭 리더십으로 바꾸는 겁니다."

이 제안도 제법 수용됐다.

내 인생의 의미를 재정의하다

얼마 전 'From Transition To Transformation'이란 제목의 강의를 들었다. 혹 원치 않은 퇴직을 할 경우 전직(轉職)에 그치지 말고 변신(變身)을 하라는 메시지였다. 강의 중 등장한 공식 하나가 유독 와 닿았다.

'좌절=고통-의미'

보자마자 '와, 이건 내 얘기다'라는 생각이 들었다.

내가 겪은 퇴임은 분명 고통이었다. 하지만 이후 코칭이라는 새로운 학습과 실천을 통해 발견한 의미가 커지면서 좌절의 무게가 드라마틱하게 줄어드는 경험을 했다. 그리고 반년쯤 지나자, 다음과 같은 생각도 하지 않았던가.

'그때 내가 대표직에서 잘린 것이 더 잘된 일 같아. 만약 연임했다면 사양산업의 사장으로 3년 더 일하는 것에 그쳤을 테고, 퇴임 후엔 새로운 도전을 시도하기 힘들었을 거야. 그런데 코칭은 내 몸이 건강하고 열정이 닿는 한 계속할 수 있지. 내가 기자로서 세상을 조금이라도 좋은 방향으로 이끌려 애쓰며 그 일에 보람과 자부심을 느꼈듯이, 이제 코치로서 내게 남은 사회적 삶을 살 수 있게 됐잖아. 나와 주변 사람의 잠재력을 극대화하고 최상의 가치를 실현할 수 있도록 도우면서 말이야. 얼마나 멋지고 가치 있는 일인가.'

생각이 여기에 이르자 한때 나를 짓눌렀던 울분과 좌절은 봄눈 녹듯 사라지고 내가 더 좋은 삶을 알게 되었다는 느낌을 받을 수 있었다. 말하자면 스스로 내 삶을 재구성하고, 새로운 의미로 재정의한 것이다. 마법 같지 아니한가.

• 성찰 질문: 넌 코치로서 세상에 무슨 일을 할 수 있을까?

변함없는 사람의 마음 생김새를 보다

서울 인왕산 자락, 독립문 근처에 '딜쿠샤'라는 이름의 건물이 있다. 1923년 미국인 앨버트 테일러가 지은 2층 붉은 벽돌집이다. 일제 강점 당시 서울에서 AP통신사 기자로 일하던 테일러는 3·1운동의 발발을 타전해 한일(韓日)병합이 일본의 주장과는 달리 조선인의 의사에 반하여 이뤄진 일임과, 조선의 깨어있음을 외부 세계에 처음 알렸다. 이 일로 6개월간 경성감옥(현 독립문공원)에 갇혔고, 훗날 태평양 전쟁으로 미국과 일본이 교전국이 되자 적국민(敵國民)으로 조선에서 추방되기에 이르렀다. 복원을 거쳐 2017년 국가등록문화재 제687호로 지정된 딜쿠샤는 이처럼 역사성이 풍부할 뿐 아니라 아름답기도 하다.

인도에선 '마음의 평화'가 이상향
딜쿠샤는 힌두어로 '이상향'이다. 단어 원래의 의미는 '마음의 평화'라고 한다. 이상향을 가리키는 단어는 언어권마다 다르다. 고대 중국인들은 복사꽃 핀 곳, 무릉도원(武陵桃源)이라 했으나, 현대중국어로는 안락향(安樂鄕), 즉, 편안하고 즐거운 곳으로 바뀌었다. 중국인들의 의식 변화를 반영하는 것일까? 일본어로는 세속으로부터 숨겨진 마을 가쿠루자토(隱る里)이다. 고대 영어로는 아서왕의 궁전 카멜롯, 혹은 켈트어에서 기원한 사과의 섬 아발론이며, 라틴어로는 현세(現世)에 없는 곳, 유토피아(Utopia)라 한다. 스페인 사람들은 황금향이라는 뜻의 엘도라도라고 해 그들의 현세 지향성을 유감없이 과시했다.

언어는 사고의 집이자 은유된 철학이다. 이상향을 가리키는 단어로 마음의 평화를 택한 인도인들이 놀랍고, 자기 집을 그리 이름한 기자 테일러가 궁금하다.

문득 딜쿠샤 얘기를 꺼낸 것은 요즘 심리학을 공부하면서, 특히 인지심리학의 한 갈래인 수용전념치료(ACT, Acceptance & commitment Therapy) 이론을 접하면서 '마음의 평화'라는 주제에 몰두해 있기 때문이다. 아마 최근 몇 개월 동안 내 마음의 평화가 깊숙이 위협받는 상황이 한둘 펼쳐져 고통이 심했던 탓인 듯하다. 그러다 ACT를 공부하면서 현실을 기꺼이 수용하기, 심리적 유연성, 지금-여기에 머무르기, 자신을 메타-인지 하기 등 ACT의 개념들이 설득력 있게 다가온 것이다. 그리고 군(軍) 전역 이후 40년간 하지 않던 명상도 다시 시작했다.

20대 초중반, 병사로 복무하던 시절 난 일요일이면 영내 법당에서 많은 시간을 보냈다. 불교에 대한 관심이 있었다기보다는 '불편한 고참들이 포진한 내무반을 떠나 있고 싶다'는 피신(避身)의 목적이 더 컸다. 그러나 법당에 머무르다 보니 자연스럽게 불교 관련 책을 접했고 예불하면서 명상도 하게 됐다.

붓다 가르침 베낀 듯한 심리학 이론

지금 코칭을 배우고 심리학을 공부하면서 코칭이나 심리학에서 등장하는 많은 개념이 그때 읽은 선불교의 내려놓음, 지관(止觀), 명상 등과 통한다는 사실을 발견하며 놀라고 있다. 2,600년 전 고타마 싯타르타라는 사나이가 인생을 고해(苦海)라 하고, 그 고통의 바다에서 벗어나는 방법으로 깨달음과 자기 발견, 내려놓음, 그리고 지금-여기에 머무르기를 제시하면서 이를 득도(得道)라 불렀는데, 1990년대 들어 미국 캘리포니아의 영성주의자들은 물론 현대 심리학자들까지 베낀 듯이 닮은 얘기를 하고 있다니…. 참으로 신기하고 경이로운 일이다.

내가 잠정적으로 내린 추론은 이렇다.

'아마 이같은 일치는 2,600년 전이나 지금이나 사람 마음의 구조, 마음 생긴 모습이 완전히 동일하기 때문일 거야. 마치 인간의 심장이나 콩팥의 생김새가 전혀 진화하지 않고 그때 그대로이듯이, 마음의 얼개와 모양이 똑같으니 고통을 느끼는 기제(메커니즘)도 동일하고, 그것으로부터 벗어나는 길도 다들 비슷한 방향을 찾은 것 같아.'

그리고 이런 생각도 들었다.

'엇, 더 좋은 코치가 되고 좀 더 완성도 높은 코칭을 하고 싶어 심리학을 읽기 시작했는데 그 가르침을 바탕으로 셀프 코칭, 셀프 테라피를 하게 됐어. 그러면서 내 마음의 고통이 조금씩 완화되고, 더 좋은 삶을 살며, 나아가 더 좋은 사람으로 나아가는 듯한 경험을 하고 있네. 고마워 코칭, 고마워 ACT!'

• 성찰 질문 : 네 마음 지금도 평화로운가.

참으로 이상한 '코칭역량해설'

'뭐, 이걸 지키라고?'

KAC 자격시험에 응시하기 위해 한국코치협회의 『코칭역량해설』을 정독하자마자 떠오른 생각이다. '목차'와 '개요'를 지나 마주한 본문의 첫 문장은 이렇다.

(사)한국코치협회 소속 코치는 고객의 잠재력을 극대화하고 최상의 가치를 실현하도록 돕기 위해 부단한 자기 성찰과 끊임없이 공부하는 평생 학습자가 되어야 하며, 자신의 전문 분야와 삶에서 고객의 롤 모델이 되어야 한다.

이 문장은 곧이어 읽게 된 협회 〈윤리규정〉의 제1조와 동일했다.

코치 윤리규정과 코칭 역량해설은 2001년 협회가 창설된 이후 생산한 수많은 공식문서 중에 가장 중요한 두 개일 것이다. 두 문서가 같은 문장으로 서두를 연다는 것은 '이것이 그 조직의 핵심 가치'라는 의미일 텐데….

코치 역시 전문 직업인으로의 직업윤리가 있을 것이다. 하지만 '부단한 자기 성찰' '평생학습' '삶에서 타인의 본보기 되기' 등을 포함하는 것이 과연 상식적인가? 과도한 요구 아닌가?

무엇보다, 내가 이걸 어떻게 지키나? 난감했다.

인격적 완성 요구하는 코치 윤리강령

역량해설의 구성도 의아하기는 마찬가지였다. 전체 8개 장 중 앞의 4장은 '코치다움'을, 뒤의 4장은 '코칭다움'을 다루고 있다. 전후의 페이지 분량도 7:9로 대등하다. 비유하자면 의과대학 6년 과정 중 3년은 히포크라테스 선서를, 3년은 임상 의술을 가르치는 꼴이다. 물론 '코치다움'을 구성하는 요소—윤리실천, 자기인식, 자기관리, 전문계발—의 중요성을 부인할 수 없다. 그러나 이런 구성과 배분이 과연 적절한가?

궁금증을 참지 못해 의사, 간호사, 변호사, 변리사, 공인회계사, 보험설계사, 재무관리사, 부동산중개사, 상담사 등 다른 직종의 윤리강령을 찾아 비교해 봤다. 예상했던 결론에 이르렀다. 코치협회의 기준은 '독보적으로 이례적'이었다.

다른 전문직들도 제각기 직업윤리가 있지만 인간적·인격적인 완성이나 개인 삶의 자세까지 언급하지는 않는다. 예컨대 의사는 히포크라테스 선서 등으로 환자의 존엄성과 복지 건강을 보호할 의무를 명시하지만, 모두 직무 수행과 직결된 가치다. 변호사는 정의·자유·진리의 추구를 규정하고 있으나 이는 법이 지향하는 가치이지 변호사 개인의 삶의 방식에 대한 구체적 요구로 보기는 힘들다. 상담사의 윤리강령이 코치의 그것과 가장 유사한데, 고객의 존엄성 및 자율성 존중, 비밀 유지, 문화적 감수성 등이 명시되어 있을 뿐 개인의 인격이나 삶의 태도에 대한 요구는 없다.

그런데 더 놀라운 사실을 발견했다. 만나본 많은 코치가 코치협회의 이 '난감한 요구'에 충실하려고 나름 애쓰며 사는 것처럼 관찰된다는 것이다. 지금까지의 나로서는 그 어휘의 무게감 때문에 함부로 입에 올리지 못했던 '성찰'이라는 단어를 일상어처럼 사용하는가 하면, 세상에 부지런한 학습자로 살기를 서슴지 않으며, 언행을 조심스럽게 가다듬는 모습이 수시로 관측됐던 것이다.

뿌듯함과 숙연함 동시에 느껴져

왜 이런 일이 일어나는 것일까? 코치라는 직(職)과 업(業)의 어떤 특성 때문일까?

이 의문에 대한 답은 제법 시간이 흐른 후, KPC 자격시험을 준비하면서 그리고 '고객의 존재(Being)에 집중해야 한다'는 말을 주문처럼 되뇌면서 어렴풋하게나마 형체가 보이는 것 같았다. 나름대로 도출한 추측(혹은 가설)은 대충 다음과 같다.

- 고객이 가져온 문제의 직접적 해결을 겨냥하는 다른 전문직과 달리 코치는 고객의 직업적·인간적·내면적 성장 및 잠재력의 극대화를 추구한다. 코치가 고객의 문제를 직접 만지는 것이 아니라, '고객의 자각과 변화'가 해결의 열쇠로 작동하도록, 즉 고객 스스로 해결할 수 있도록, 코치는 오로지 옆에서 거드는 것이다.
- '고객의 이슈가 아니라 존재에 집중하라'는 말도 이런 뜻일 것이다.

- 상담과 비교해도 상담이 '정신적-심리적 어려움을 겪는 내담자'와의 만남을 상정하는 반면 코칭은 '온전하고 창의적이며 자원이 충분한 고객'을 전제하므로, 문제 해소라는 직접 경로가 아니라 고객 성장 촉진의 우회 경로를 지향할 수 있는 것 같다.
- 고객 성장에 대한 이같은 열망으로 인해 코치는 스스로 '기능 수행자'를 넘어 '존재 자체로 고객에게 긍정적인 영향을 주는' 방식을 모색한다. 도구나 기법을 펴기에 앞서 코치 자신이 코칭의 매개체가 되기를 추구하는 것이다.
- 이는 코칭 과정의 핵심 요소로 이해된다. 자기 성찰, 지속적 학습, 롤 모델 등이 코치로서의 존재 조건이 되는 이유이다.
- 역량해설에서 '코치다움'에 대한 높은 가중치 배분도 이와 같은 코치들의 공유된 자각을 상징적으로 보여준다.
- 코치들의 이러한 인식 공유는 코칭이 '직업적 서비스'를 넘어 '인간적 진정성의 토대 위에 고객 성장을 지원하는 매우 특화된 전문 분야'로 진화하는 데 기여할 수 있을 것 같다.
- 이는 궁극적으로 코칭 품질 향상, 고객 만족 제고, 코칭 생태계 발전으로 이어질 수 있다. 또한 코칭의 진화는 이처럼 확장·고양된 윤리 및 역량 기준을 한층 더 강조하게 될 것 같다. 일종의 '상호 되먹임' 효과다.

뭐, 이런 추측이 옳은지는 알 수 없다.

그러나 한 가지는 분명하다. 많은 코치가 협회의 난감한 요구를 '기꺼이' 수용하고 있으며, 집단적인 자각과 실천의 모습으로 나타나고 있다는 점이다. 한 사람의 코치로서 이같은 기이한 현상에 뿌듯함을 느끼며, 한편으로는 숙연해진다.

그리고 이러한 현상이야말로 우리 코치들이 공유하는 집단 자부심과 책임감의 근거로 삼아 크게 문제 될 것 없다는 생각에 이른다.

황보종현 코치

-
-
-

대기업 임원으로 재직하다 퇴직 후 코치가 됐다.
'티끌 같은 보탬이라도 주는 삶을 살자'가 인생 모토이다.
그래서 일명 '뜨아 코치'이다. '뜨아 코치'의 의미는 '뜨거운 아메리카 한 잔이면 코칭을 해 드린다'는 의미이다.
내년쯤엔 "한 냥(금 한냥)의 가치를 가진 '한 냥 코치'가 되는 것이 목표이다.
한국코치협회 인증 코치(KPC), 갤럽 글로벌 강점 코치, 버크만 강점 코치, 에니어그램 강사, 통합예술 코칭 1급 자격을 가지고 활동하고 있다.

갈등과 절망에서 피어난 코치 자격

'이런 걸 계획된 우연이라고 하나?' 코칭을 배우게 된 계기와 배우는 과정에서의 갈등과 번민, 그리고 온전한 코치로서 자리 잡기까지의 여정이 그렇다.

어느 날 회사에서 팀장이 됐다. 업무 능력이 출중하거나 관리 능력이 좋아서가 아니다. '착할 것 같다'는 게 그 이유였다. 상사에게 물었다.
"왜 팀장이 된 건가요?"
그때 상사의 답변이 '응, 착할 것 같아서'였다. 팀장이 됐다고 기분이 좋다거나 그런 것도 없었다. '알았다'고 대답하고는 아무 일도 없다는 듯 일을 했다. 팀장이 되고 나니 교육이 많았다.

팀장이 되고 받은 첫 교육이 100일간의 액션러닝(Action learning)이었다. 이 교육은 내 인생의 터닝포인트가 되었다. 연구원 출신인 나는 그때 처음으로 '비즈니스라는 건 이렇게 해야 하는 거구나'하고 알게 됐다. 그때 든 생각. '언제가 될지 모르지만, 회사를 그만두면 액션러닝을 가르쳐 준 강사처럼 멋진 강사, 컨설턴트가 돼 봐야겠다'였다.
덕분일까. 교육 이후 프로젝트를 수행하면서 컨설턴트와 만날 때

'잘할 수 있을 것 같다'는 막연한 희망과 기대감이 생기게 되었다.

"퇴임하면 코칭해 보세요"

나는 금전운 즉 돈복은 그리 많지 않은 사람이다. 하지만 교육 운은 대단히 많다. 그룹에서 새롭게 시작한 교육의 대부분을 참가할 수 있었다. 첫 교육 이후 없어진 프로그램이 꽤나 많았음에도 모든 교육을 받을 수 있었다는 것은 어찌보면 참 감사한 일이다.

강점 코칭 프로그램도 그랬다. 신입 임원 교육 프로그램으로 그룹에 처음으로 도입되었고, 나는 첫 수혜자였다. 그때 만난 강점 코치가 10번의 강점 코칭을 마쳤을 때 나에게 말했다.

"상무님 퇴임하시면 코칭을 한번 해보세요. 목소리가 신뢰 가는 목소리입니다"라고 했다. 난 그때까지 목소리가 별로라고 스스로 생각했었다.

얼마나 지났을까. 회사를 그만두라는 통보를 받게 되었다. "나이 많다"는 게 그 이유였다. 누우면 가슴을 짓누르는 답답함이 몰려왔다. 한숨도 잘 수가 없었다. 2주 동안 그랬다. 분하고 억울하다는 생각이 컸다.

하지만 이런 생활을 계속해서 할 수는 없었다. 또 해서도 안 되었다. 그동안 알고 지내던 지인들에게 내 인생 처음으로 도움을 요청했다. 그때 만난 사람이 '평생 코치가 되어 주겠다'고 한 강점 코치였다. 그와 저녁 식사한 후 코칭 회사(코칭경영원)에 거금의 등록비를 내고 코칭을 배우기로 했다. 코치의 길을 시작하게 된 것이다.

2023년 7월 7일 9시. 코엑스 컨퍼런스 룸 403호. BCM 코칭 과정의 첫 강의가 시작된 곳이다. 내 장밋빛 제2의 인생을 책임져 줄 배움이라고 생각했다. 그때까지는.

시작하자마자 자기소개를 하란다. 시인, 작가, 목사, 병원 부원장, 대기업 퇴직 임원, 현직 CEO 및 임원, 변호사 참 다양한 사람이 있었다.

'이들은 왜? 코치가 되려고 하는 걸까? 내가 모르고 지낸 새로운 세계였단 말인가?'

궁금했다. 강의가 시작됐는데 상대의 기분·생각·욕구(이하 기생욕)를 알아차리란다.

나의 회사 생활은 '주어진 목표를 어떻게 하면 잘 달성할 수 있을까' 하는 고민과 노력이 전부였다. 나의 강점인 전략적 사고와 발상, 최상화를 활용해서 열심히 고민하고 열심히 뭔가를 시도했다. 조언·충고·평가·판단(이하 조충평판)은 팀장으로, 관리자로, 임원으로, 회사 생활의 기본 수칙이었다. 어찌 보면 조충평판하기 위해 회사에 출근했다.

그런데 느닷없이 기생욕을 알아차리라고 한다. '내가 왜 그걸 알아야 하지'라는 생각이 들었다.

'이게 코칭인가? 그걸 알아서 어디다 쓸려고 하는 거지? 일하다 보면 기분 나쁜 일도 있고, 서로 간의 감정 갈등도 있고, 상하 간의 트러블도 있는 것이 조직 생활이지? 그래서 회식이라는 게 있는 거지. 술 한잔 먹고 회포 풀고 다음날 좀 어색하지만 그냥 지내다 보면 감

정도 풀리고 그러는 게 직장 생활이고 조직 생활이지, 무슨 놈의 기분·생각·욕구인가?'

생각이 여기에 미치자 문득 '이 일에 정말 내 인생 2막을 맡겨도 될 멋진 일인가'라는 의구심이 일었다.

처음 들은 코칭 용어, '뭘 어찌해야 하나'

'아, 이 문과 것들, HR 것들, 우리와 뇌 구조가 달라도 너무 달라. 자기네 호구 연명하겠다고 별걸 다 만들었네. 리더십, 변화 관리, 경청, 질문 관련 교육을 수십 년 받았지만, 변한 게 아무것도 없지 않나. 그럴 시간에 시장과 고객 잘 파악하고, 고객이 원하는 제품을 만들기 위해 필요한 기술이 무엇이고, 그것을 어떻게 개발할지 고민하는데 온 힘을 다 쏟아도 모자랄 판에 무슨 기생욕인가 말이다.'

그런데 이번에는 상대에게 신뢰감과 안전감을 주기 위해 라포를 형성하라고 한다. 평생 살면서 라포라는 단어는 그때 처음 들었다. 이를 어쩌나. 정말 미칠 것만 같았다. 제2의 장밋빛 인생을 찾는다는 것은 물 건너간 것 같았다. 이미 거금을 드렸는데 집사람한테 '이건 아닌가 봐' 할 수도 없었다. '에라, 그냥 비싼 네트워크 쌓는다고 생각하자'하고 강의장에 앉아 있었다.

과정이 중간쯤에 이르렀을 때였던가. 이번에는 3인 1조로 15분간 데모 코칭을 하란다. 그때 실습 동기의 코칭 주제는 '잘 알고 친하게 지냈던 후배와의 관계가 틀어져서, 다시 관계를 회복하고 싶다'였다. 난 15분 동안 라포는 커녕, 머릿속에 새하얀 히말라야산맥만 떡 자리 잡고 있었다. 하얀 것 이외에는 아무것도 생각나지 않았다. 답답한 나머지 동기들이 '이렇게 해보고 저렇게 해보라'는 등 이런저런 말을 해줬지만 '무슨 (개)소리를 하는 건지, 내가 어떻게 해야 하는 건지' 전혀 알 수가 없었다. 바보 같아서 화가 났다. 가슴이 터져버릴 것 같았다.

그날 강의 끝나고 집에 가는 버스에서 그 코칭 장면을 생각했다. 창피해 죽을 것 같았다. 앞으로 동기들의 얼굴을 어떻게 본단 말인가. 나 자신에게 쌍욕이 마구마구 튀어나왔다.

'아, 이걸 계속해야 하나?' 번민이 또 치고 올라왔다. 그날 이후 강의장을 오고 가며 난 GOD의 〈길〉이라는 곡을 무한 반복해 수백 번 들었다.
"오, 지금 내가 어디로 어디로 가는 걸까. 나는 무엇을 위해 살아야 살아야만 하는가. 나는 왜 이 길에 서 있나. 이게 정말 나의 길인가. 이 길의 끝에서 내 꿈은 이뤄질까."

번민과 고통에도 시간은 갔다. 2023년 12월 11일, 나는 한국코치협회 인증 KAC 자격 취득했다. 그리고 BCM 7기 마지막 강의 날, "누가 KAC 코치 수준이 낮다고 할 수 있습니까"라는 회사 대표의 말에 감동해 울컥하기도 했다. '그래, 이렇게 고생했는데 나도 인정받을 만한 것 아닌가' 하는 생각이 들었다. 하지만 BCS 송년회 마치고, 강남대로에서 집에 가는 버스를 기다리고 있는데, '18세가 되면 고아원을 나와야 한다'는 광고가 생각이 났다. 그러면서 강남대로 한복판에 내팽개쳐진 느낌이 확 일어났다. 아, 자격증 따고 여기서 제2의 인생을 다시 시작할 줄 알았는데 마치 배신당한 기분이 들었다.

"누가 KAC 코치가 수준 낮다고 할 수 있습니까'라는 말은 영혼 없이 날아다니는 공허한 메아리 같았다. 그걸 깨닫는 순간, '아, 각자도생해야 한다'는 소리였는데 '괜한 희망을 가졌구나' 싶었다.

어느덧 전문 코치가 돼 강의도
그런 와중에 갤럽 강점 강의를 들어야 코칭이 풍성해진다'는 말이 떠올랐다. 이게 뭔가? 나를 위한 안내인가? 아니면 그들의 상술인가? 갤럽 강점 코치 자격을 취득해도 결국 각자도생해야 하는 것을 또다시 확인하는 결과가 될 터인데, 어찌해야 하나.

며칠 후 번민과 불평으로 가득한, 그러나 줏대 없이 이런 고민 저런 고민을 하는 나에게, 그래도 사람은 좀 착해 보여서인지 동기 코치들이 '함께 강점 코칭 공부하자'고 충동질했다. 어쩔 수 없이 동기들 손에 개 끌리듯 끌려가서 갤럽 강점 코칭 과정도 수강했다.

'아, 이게 무슨 일이란 말인가.'

그렇게 시간이 흘러 지금은 한국코치협회 인증 전문 코치인 KPC가 되었고, 갤럽 강점 코치, 버크만 강점 코치, 에니어그램 강사와 FT 자격을 취득하여 나만의 프로그램도 만들고 강의도 하고 있다. 스스로 생각해도 대견하고 많이 컸다는 생각이 든다.

이왕 이렇게 됐으니 다음에는 사람의 기생욕을 잘 표현하는 시인 코치가 되어볼까? 아니면 리더십, 변화 관리, 경청, 질문 등을 강의하는 인문학 코치가 되어볼까? 뇌 구조를 잘 아는 뇌 과학 코치가 되어볼까?

이런 기막힌 생각도 해본다. 이럴 때 코치는 묻곤 한다.
"지금까지 잘해 온 본인에게 응원이나 격려의 메시지를 보낸다면 뭐라고 하시겠어요?"
답은? "하나라도 잘해라." 물론 자문자답이다.

엉성한 리얼 코칭 또 다른 기회 만들다

첫 대면이었다.
    코치 : 안녕하세요? 오늘 코칭을 진행할 황보종현 코치입니다.
    고객 : 안녕하세요. 저는 ○○대 4학년 ○○○입니다.
    코치 : 약 5회 정도 코칭을 진행하려고 하는데, 코칭에 대해서 먼저 설명해도 될까요?
    고객 : 아니요, 저는 코칭 필요 없고요. 제 얘기만 들어주면 좋겠어요.

아, 이 암울하고 음침한 목소리는 뭔가? 어린 친구 목소리가 왜 이렇게 어두운 것인가? 대학생이라면 밝고 통통 튀는 목소리로 자기 고민 좀 해결해 달라고 해야 하는 것 아닌가? 그런데 이 학생의 목소리는 매우 무겁고 어두웠다. 내 가슴에 장풍처럼 뭔가 '두웅'하고 들어오는 느낌이었다. 이게 뭐지?

나는 새로운 것을 마주할 때면 설렘과 두려움이 공존한다. 그런 성향의 소유자이다. 새로운 상황보다 새로운 사람을 만나는 일은 두려움 쪽에 더 가깝다. 상대방이 나이가 많고 적음이 문제가 아니다. 새로운 사람과 이야기하는 것 자체가 그렇다. 많은 사람 앞에서는 더 긴장하게 된다. 가끔은 후들거리게 떨리기도 한다.

이 대학생과 첫 리얼 코칭이 매칭되었을 때도 마찬가지였다. 많은 사람 앞에서 이야기해야 하는 것처럼 긴장되고 떨렸다. '잘 해야 한다'는 강박 때문이었다고 생각한다. 그런데 그 학생 상태가 암울하고 음침한 느낌으로 다가온 것이다. 이를 어쩌면 좋은가.

'코칭 시작한 지 2달밖에 안 돼, 프로세스도 어리버리, 다른 사람 감정 알아차리는 것은 잠방이 수준인데 근데 5회기를 어떻게 진행하지? 큰 일이네, 괜한 짓을 했나? 뭘 안다고 그렇게 대책 없이 무모한 짓을 한 거야'하는 자책을 계속했다.

그러다가 '그냥 이렇게 넋 놓고 있을 수는 없지? 조직에 있을 때 무슨 일이든지 해결하는 솔루션 실장이었는데'하며 다시 마음을 다잡았다. 아, 그런데 대책이 안 떠오른다. 고민 고민하다가 급한 마음에 아는 코치에게 전화했다. '강점 진단을 받게 하고, 강점으로 코칭하라'고 한다. 이때는 내가 강점 코칭을 배우지 않았을 때다. 그저 회사에 있을 때 어깨너머로 본 게 전부였다. 코칭할 수준은 아니었다. 그래도 할 수 있을 것 같아 용기를 내 짝뚱 강점 코칭을 진행하기로 했다.

초보 코치에게 닥친 크나큰 벽

이 대학생이 자신의 삶을 이야기하기 시작했다. 이야기를 들으며 가장 먼저 든 생각이 '아, 얼마나 힘들었을까'였다. '그래서 자기 이야기만 들어 달라고 했구나' 싶었다. 그렇게 1회기 차에는 온전히 들어주기만 했다. 그는 집안 이야기, 입대했다가 훈련소에서 퇴소한 이야기, 콩 알러지 이야기, 왕따당한 이야기 등 많은 내용을 쏟아냈다. '아, 이래서 목소리가 어둡고 우울했구나'하고 비로소 이해할 수 있었다.

2회기 차에 코치니까 질문해야 한다고 생각했다.

코치 : 뭘 해보고 싶나요?

고객 : 음⋯. 저는 뭘 해보고 싶은 게 없어요.

코치 : 이건 뭐야?(속으로, 침묵)

고객 : 하나님이 하라고 하는 일만 하고 살 겁니다.

코치 : (속으로)오, 마이 갓!

마음 안에 당황이 뽀글대며 올라왔다. '오, 신이시여! 어찌 저에게 이런 시련을 주시나이까? 저 코칭 시작한 지 겨우 2달밖에 안 되었다고요. 이건 아니지요.' '내가 뭐라고 해야 하나요?'

신을 붙잡아 봤지만, 답이 없었다. 지금이야 '아, 고객님 대단하십니다, 우리 고객님은 신앙심이 대단히 깊으신 분 같은데, 어떠세요?' 이렇게라도 질문했겠지만, 그때는 너무 당황해 길이 보이지 않는 듯했다.

코치 : '그럼, 하나님께서는 ○○○님께 뭘 해 보라'고 하실까요?

나도 모르게 나왔다. 오우, 대박! 내가 이런 질문을 한다고? 나 코칭에 소질이 있나? 내가 나에게 놀라고 있었다.

고객 : '글을 써 보라'고 하실 것 같아요.

이야기를 이어 나가기 시작했으니 다행이다 싶었다. 더 큰 문제는 그 이후였다. 모든 질문의 답에 하나님이 계셨다. 즉 '어떤 글을 써보라고 할까요?' 물으면 '하나님이 쓰라는 대로 쓸 거예요.' 이런 식이다.

그 학생과 코치인 나 사이에는 '하나님'이 떡하니 자리 잡고 있었던 것이다. 이건 정말 어떻게 코칭을 진행해야 할지 모를 일이었다. 그나마 다행인 것은 그 학생이 글을 쓰고 싶다는 것을 알게 됐다는 사실이다. '이것만으로도 수확이지'라고 생각했다. 나의 천부적인 긍정 마인드 아닌가.

코칭 경력 2개월 차에 온 코칭 슬럼프
동기 코치 중에 목사인 코치에게 연락했다. 이름이 명정이어서 별칭이 '구명정' 코치다. 그에게 상황을 설명하고 어떻게 하면 좋을지 물었다. 비 종교인이 너무 깊이 관여하지 말라고 한다. 동기 작가 코치에게 또 전화 걸어 조언을 구했다. 비슷한 답을 줬다. 오프라인 코칭 수업 시간에 동기들에게 이야기했더니, 많은 동기가 너무 감정 이입하지 말라고 한다. 내가 다친다고.

'아, 내가 할 수 있는 게 많지 않구나.' 그런데 마음이 계속 쓰였다. 왜 그런 걸까? 이렇게 마음 쓰이는 것을 감정이라고 하는 건가? 난 2주 동안 코칭 슬럼프에 허우적거리고 있었다.

물론 코칭 시작한 지 2달밖에 안 되었는데, 무슨 슬럼프냐고 하겠지만, 나는 진짜 슬럼프여서 버디 코칭이니 코더코니 아무것도 할 수가 없었다.

그럼에도 야속하게 시간이 흘러 3회기 차 코칭 날이 되었다. '3회기 차에는 무슨 이야기를 하지?' 하루 종일 고민하다가 '그래, 난 비종교인이어서 당신의 문제를 해결해 줄 수 없으니, 코칭을 그만하겠다'고 말할 생각을 하고 3회기 차 코칭을 맞이했다.

그런데 이 학생이 내가 살아온 삶을 이야기해 달라고 한다. '코칭 그만두겠다'고 이야기하려고 했는데. 내 얘기를 하다 보니 3회기 차가 마무리됐다.

3주 후쯤 4회기 차를 시작했는데 이 학생이 이전과는 전혀 다른 목소리로 등장했다. '3주 동안에 무슨 변화가 생겼느냐'고 질문했다. 그는 '졸업한 선배들의 강연을 듣고 왔고, 자기랑 비슷한 경험을 한 선배들과 많은 이야기를 나누고 자기가 어떻게 살아야 할지를 찾았다'고 했다.

'휴, 정말 다행이다'며 안심하고 축하와 응원, 격려 메시지를 전했다. 그러고는 더이상 구체적으로 어떻게 살지 물어보지 않았다.

그때 나는 '왜 물어보지 않았을까' '내 마음에 무엇이 있었을까'를 간혹 생각한다. 얼마 후 그 대학 코칭 단체 카톡방에 내가 '자신의 미래를 향해 한 걸음 내딛게 해줬다'고 감사의 글을 남긴 것을 봤다. 그럼에도 찝찝한 기분은 계속 남아있었다.

마인드 맵으로 새로운 기회 만들다

그 학생을 코칭하려고 준비한 강점 코칭은 써보지도 못하고 끝난 게 아쉬웠다. 갑자기 도전 정신이 불끈 솟았다. 대학 교수로 있는 친한 후배에게 전화해 대학원생을 소개해 달라고 했다. 그렇게 야매로 대학원생 강점 코칭을 시작하게 되었다.

이 대학원생은 너무너무 착해서 코칭은 '누워서 식은 죽 먹기'였다. 그는 나에게 '자기의 삶이 코칭받기 전과 후로 나누어진다'고 했다. 과연 그랬을까 싶기도 하다. 그 대학원생의 강점 TOP 1, 2는 사교성, 커뮤니케이션이라고 했다. 립 서비스일 수도 있겠다 싶었다.

하지만 누군가의 삶에 작게나마 영향을 줄 수 있음을 알게 한 강점 코칭이었다. '이걸 야매로 하는 것은 좀 아니지 않은가' 싶었다. 그때 결심했던 게 '그래 거금을 투자하자', '한 번 더 속는 셈 치자'였다. 동기들이 강점 코칭 수강하자고 했을 때 끌려가듯 갔지만 내심으로는 이런 생각이 바탕이 됐던 것이다.

그러다 보니 나에게 강점 코칭을 받은 사람에게 어떤 성과물, 결과물을 더 주고 싶다는 의무감마저 불현듯 들었다. '무엇을 주어야 할까?' 고민 끝에 5회기 차 코칭 내용과 좀 심화한 강점 레포트를 제공하면 좋을 것 같았다. 엑셀로 정리했다. 그런데 왠지 멋있지 않은 것 같았다. 이번에는 파워포인트로 정리했다. 이것도 좀 허접해 보였다.

그때 운명처럼 마인드맵(MindMap)이 찾아왔다. 나는 마인드맵을 꽉 잡았다. 갤럽 강점 리포트를 마인드맵으로 만들되, 나만의 방식으로 정리했다. 여기에 자기 인식 리포트, 워크넷의 직업 선호도를 추가했다. 이렇게 해서 코칭 완료할 때 그럴싸한 개인 맞춤형 강점 리포트 제공했다.

오, 멋졌다. 하지만 나는 마인드맵 연간 구독료 6만원을 결재하고 있었다.

나를 알고 너를 아니 '좋다, 좋아!'

몇 살인지는 알 수 없다. 눈을 떠보니 하얀 백발에 피부가 뽀얗고 살집이 있는 하얀 외할머니가 내 머리를 말려주고 있었다. 아마도 머리를 감겨 주었던 것 같다.

내가 기억하는 세상과 마주한 첫 장면이다. 어린 시절 이런 기억도 있다. 이모가 나를 화투 방으로 데리고 다니다가 길을 잃어 파출소에 간 적이 있다. 또 외사촌 누나가 이모부 코끼리 저금통에서 핀셋으로 동전을 뽑아내서 아이스케끼를 사주는 것을 순진하게 받아먹었다. 나중에 들통나서 누나가 이모한테 혼날 때 나는 마치 아무것도 모르는 것처럼 가만있었다. 그때 신혼인 이모, 이모부는 조카인 나를 데리고 살았다.

어린 시절 나는 부모가 아닌 다른 사람들 손에 자랐다. 그래서일까. 눈치가 있었다. 다른 사람의 감정이 어떤지 귀신같이 알아차리는 감각이 발달한 것이다. 물론 그냥 나 혼자 느낄 뿐이지 그것을 다른 사람에게 말로 표현하거나 느낌을 전한 적도 없다.

버디 코칭이나 코더코를 진행할 때 '오늘 어떤 이야기를 나눠볼까요.' '그 이야기를 하고 싶은 특별한 계기가 있으셨나요'라고 질문하고 고객이 하는 이야기를 들으면 신기가 있는 무당처럼 온몸에 그 느낌이 전해지곤 한다. 그 느낌을 말로 표현할 수는 없다. 마치 신 내린 벙어리 무당처럼, '어어' 하다 대충 얼버무리고 넘어간다.

얼버무리는 게 싫어서 그 대안으로 자연스럽게 추임새를 한다. '아, 그러시군요.' 그런데 이게 영혼 없는 멘트로 치부될 때가 있다. 언젠가 코더코를 하는데 '아, 그러시군요'를 8~9번 했다고 상대방 코치와 상위 코치가 하는 이야기를 들은 적이 있다. 그러면서 '아, 그러시군요 코치네요'했다.

감정 표현 방법을 알고 싶었다
감정이 그 사람의 삶의 전부이고, 존재 그 자체라고 한다. 그만큼 감정이 중요함을 말하는 것이리라. 그것은 알겠다. 문제는 중요하다는 감정은 느껴지는데, 그 감정을 표현하지 못하는 것이다. 어떻게 표현할지 알고 싶었다. 버디 코칭, 코더코할 때도 나의 단골 주제로 삼을 만큼 절실했다. 말 못하는 심정이 정말 너무 답답했다. 감정 표현 갈망을 주변 사람에게 얼마나 하소연하고 다녔으면 어떤 사람은 『감정의 발견』이라는 책을 읽어보라고 추천했다. 또 나의 멘토 코치는 『당신이 옳다』는 책을 선물해 주기도 했다.

나는 아직도 고객에 대한 감정 표현이 서툴고 잘못하는 연구원 출신 코치다. 그러던 어느 날 업사이클링(Upcycling) 관련 강의를 하러

완도를 가게 되었다. 강의 도중에 여러 번 질문하고, 강의를 마친 후 선물도 챙겨 준 친절한 수강생이 있었다. 완도에서 전복, 다시마 양식 사업을 하면서 사는, 자신감만큼은 강남의 재력가 같은 사람이었다. 저녁을 먹고 난 후 명사십리 해변가 벤치에서 우연히 만나 함께 앉게 되었다.

이런저런 이야기를 하다가 '요즘 마음이 어떠세요'하고 습관적인 코칭 질문을 하게 되었다. 그런데 갑자기 울먹울먹하더니 눈물을 펑펑 쏟는 게 아닌가? 부인과 이혼하게 됐다고 했다. 뼈 빠지게 모은 재산의 1/2을 아내에게 위자료로 지급해야 하는데 그게 아까워서가 아니라, '도대체 왜? 아내가 자기와 이혼하려고 하는지 모르겠다'고 하소연했다. '자기는 아직도 아내를 사랑한다'고.

이때 나도 모르게 내 입에서 '얼마나 답답하셨어요. 사랑하는 사람한테 그런 알 수 없는 이야기를 들으시니'라는 말이 나왔다.

'앗, 감정의 말 문이 트인 건가? 나도 감정 표현을 할 수가 있구나.' 속으로 엄청 기뻤다. 그 이후 더 이상의 감정 표현 없이 2시간 정도 들어주기만 했다. 그는 '어느 누구한테라도 자기 속마음을 이야기하고 싶었다'면서 '속시원하다'고 고마움을 표현했다.

집으로 돌아오는 길에 내가 감정 표현을 잘 못하는 이유를 아주 곰곰이 생각했다. 특유의 이과의 뇌를 작동시켰고, 분석의 강점 바퀴를 데굴데굴 굴리기 시작했다. 돌리고 또 돌렸다.

그러고 나온 결론. '인풋(Input)과 연습이 없으니 아웃풋(output)이 없는 것이다'였다. 속으로 자문자답했다. '그럼 어떻게 해야 하지?' '뭘 어떻게 해? 감정 단어를 깡그리 정리해야지.'

아침에 모닝 페이퍼를 쓰면서 감정 표현을 연습하기로 했다. 짧게 짧게 나의 아침 감정을 적어 나가기 시작했다. 감정 표현 연습 고개를 몇 번 넘어가자, 내가 어떻게 살아왔는지가 보였다. 조직 생활을 할 때 많은 사람이 '차기 바이오 사업 본부장이 될 것'이라 이야기해 주었고, 나도 그렇게 될 것 같았다. 그런데 청천벽력 같은 통보를 받은 것이었다. '나이가 많다'며 그만두라는.

나의 아침 감정부터 적기 시작해
나는 성공하기 위해 다른 누군가가 정해 놓은 마라톤 코스를 달려온 것 같았다. 이제 '내가 하고 싶은 일을 하면서 살아야겠다'는 생각이 들었다.

'티끌 같은 보탬이라도 주는 삶을 살자' '후회하지 말자'는 인생 선언문도 작성했다. 그러자 버디나 코데코 코칭 때 상대 코치님이 '어떤 삶을 살고 싶으세요'라는 질문에 비로소 답을 할 수 있게 되었다.

하루하루, 아침에 일어나 아무 생각 없이 그냥 마음 가는 대로, 생각나는 대로 모닝 페이퍼를 적다 보니 '나는 어떤 사람일까'가 궁금해졌다. 나는 왜 스트레스를 받으면 움츠러들고 소심해지고 사람들과 멀리하려는 성향이 나타나고, 망상의 날개를 훨훨 펼치는 걸까?

그동안 한 번도 생각해 보지 않고, 방치했던 '나에 대한 호기심'이 그때 불현듯 들었다. 마치 거리를 지나갈 때 내게 '도를 아세요'하는 바람에 깜짝 놀라 고개를 돌리는 것처럼 말이다.

멘토 코치가 한 말이 떠올랐다. '에니어그램을 아세요?' 내가 어찌 알겠는가. 당연히 모르지. 그러자 '인간의 특성을 알 수 있고 코칭하는데 도움이 된다'고 했다. 그러면서 '에니어그램 스터디 함께 하자'고 했다. 나는 그 제안을 덥썩 받았다. 그런데 대박! 내가 거기에 고스란히 있었다.

나는 5유형이었다. 나는 어떤 성향의 사람인지, 스트레스를 받으면 왜 같은 행동이 자꾸 나타났는지, 내가 왜 무얼 할 때면 그렇게 준비하는 시간이 길고, 정보에 목말라하는지, 또 내가 어떤 성장 전략을 펼치고 있는지가 그대로 드러났다.

깜짝 놀랐다. 이건 뭔가 싶었다. 어떻게 이렇게 한순간에 나에 대해서 알 수가 있는 건지 궁금했다. 그리고 6유형인 나의 동반자는 '왜 그렇게 걱정이 많고 매사에 불안해했는지, 결정하기가 왜 어려워했는지, 왜 다른 사람의 칭찬도 의심했는지' 알게 됐다.

가장 먼저 '아, 그동안 얼마나 힘들어했을까'가 떠올랐다. 더불어 '어떻게 하면 자신을 믿고 자신감 있게 결정할 수 있게 도와줄까'를 생각하게 됐다.

큰딸이 왜 그렇게 사람들한테 집착하고 사람들 때문에 힘들어하는지도 알게 됐다. '이타적인 아이구나'라며 이해하게 됐다. 예술가적 기질을 타고난 둘째 딸은 '왜 그렇게 본인이 갖지 않은 것에 대한 부러움, 시기가 컸는지' 알 수 있었다. 그래서 '본인의 정체성을 찾으려고 부단히 노력하는 거였구나.'

'우리 어머니는 왜 나한테 그렇게 화를 많이 냈을까' '어머니는 왜 그렇게 사감 선생님처럼 완벽하려고 했을까' '왜 어머니한테는 깨끗함, 정리정돈이 그렇게 중요했을까'를 알게 된 것이다. 그러면서 '아하, 그게 1유형인 우리 어머니의 특성이기 때문'이라며 이해하게 됐다.

내가 누구인지 알자, 보이는 것 많아져
내가 누구인지를 모르고 각각의 가족 성향도 모르는 상태에서 부닥치기만 했으니, 삶이 얼마나 힘들었을까? 그제야 내가 보이고 상대가 보이기 시작했다. 자신의 성향을 알게 되고 가족이 서로의 성향을 이해하게 되자, 가족이 조금씩 변하고 있었다. '내가 누구인지'라는 호기심으로 시작한 에니어그램 스터디가 어머니, 집사람, 두 딸을 이해할 수 있게 되었다. 기뻤다.

무엇보다 나에 대한 탐구가 좀 더 잘 이루어지게 됐다는 점에서 흐뭇했다. 나는 내가 똑똑한 줄 알았다. 요즘 인기를 끄는 〈나는 반딧불〉이라는 노래처럼 '별인 줄 알았는데' 그게 아니었던 것이다. 다만 노래에서는 자신이 개똥벌레인 걸 알았지만 나는 나이 들면서 남들보다 그리 똑똑한 사람은 아니라는 사실을 그저 알았을 뿐이다. 하지만 괜찮았다. 그러나 노래에서 '눈부시니까' '빛날 테니까' '괜찮아'를 외치듯이 나는 유능해지려고 노력하는 사람이라는 것을 알았으니 괜찮았다.

에니어그램 공부 덕분이었다. 어느 날 에니어그램이 나에게 말을 걸어왔다.

"너는 똑똑하지 않지만, 유능해지려고 노력하는 사람이야."

이 말에 나는 '아, 그래 나는 똑똑이가 아니라, 유능이가 되고 싶은 사람이구나'를 알게 된 것이다. 그래서 '그동안 일을 하면서 자료를 수집하는 게 그토록 중요했구나'하고 이해하게 됐다.

'정보와 지식은 나의 유능감 추구를 드러내는 대표적인 단어였다. 그러면서 생각했다. '앞으로 코칭을 계속할 터인데, 정보와 지식을 어떻게 채우고 충족해 나아갈까?' 회사에서처럼 데이터베이스도 없는데 이것들을 어떻게 일정하게 공급받을 것인가?'

고민하다가 유튜브를 보는데 어느 서울대 교수가 '50·60대 읽어야 할 인생 책 3권'이라는 제목으로 방송하는 것을 보고 깨달았다. '아하, 내가 갈망하는 정보와 지식을 책에서 찾으면 되겠다'고 생각했다. 길을 찾은 듯했다. 그동안 읽은 책은 제목별로 정리한 다음 마인드맵으로 만들었다. 이를 모아 리소스(resource)라는 파일명으로 묶었다. 이제부터는 이게 나의 중요한 리소스가 될 것이다.

'감정 표현을 어떻게 하지'라는 고민에서 출발해 그 고개를 훌쩍 넘어서, 인생의 선언문과 삶의 목적까지 작성했다. 이와 함께 에니어그램 스터디로 내가 누구인지를 아는 것은 물론 앞으로 코치로써 삶과 코칭 리소스를 찾아내 나만의 자기화, 조직화 프로그램도 만들었다.

이뿐 아니다. 둘째 딸의 도움을 받아 프로그램 소개 브로슈어도 만들고 강점 강의와 KPC 자격 취득 트레이너 역할을 하게 됐다. 이럴 때 뭐라고 말해야 할까. '앗싸, 좋다, 좋아'

진짜 피드백이란 무엇일까

피드백이란 기계 시스템 내에서 에너지·운동량·신호 등의 산출물을 시작점으로 돌려보내는 방식을 뜻한다. 잘못을 바로잡기 위한 정보를 시작점에 전달하는 것이다. 여기서 시작점이란 당신이 될 수도, 조직에서 일하는 직원이 될 수도 있다.

피드백은 우리의 경험과 다른 사람들을 통해 우리 자신을 알아가는 방식, 즉 인생을 배워 나가는 방식을 뜻하기도 한다. 연례 업무 평가, 사내 분위기 조사, 현지 음식 비평가의 레스토랑 평가 등도 모두 피드백이다.

최근 딸들과 한 식당을 방문했다. 그들은 즉석에서 후기를 작성하고 콜라를 사은품으로 받았다. 후기 또한 피드백이 아닐까? 그러고 보면 우리의 일상 속의 SNS 답글 또한 짧은 피드백일 듯하다. 이뿐 아니다. 오랜만에 만난 친구가 '얼굴 좋아 보이네'하고, 옷 사러 갔을 때 직원이 '잘 어울리네요'하는 것, 또 집사람이 '그렇게밖에 못해'하는 것 모두 피드백일 수 있다. 이렇게 누군가를 평가하고, 의견을 표현하거나 하는 행위. 그것이 말이든, 글이든 되돌려주는 행위를 피드백이라 할 수 있다.

그렇다면 조충평판은 피드백과 어떤 차이가 있는 걸까? 자신이 경험을 바탕으로, 조언하고 충고하고, 그러면서 얻은 생각을 근거로, 누군가의 행위를 평가하고, 판단해서 되돌려주는 일련의 행위를 조충평판이라고 하는 것 같다. 즉 조충평판은 되돌려주는 행위 측면에서 보면 피드백의 일종이며 일부인 것이다.

긍정적 피드백을 주기 위해서는
조직 생활에서 업무 평가나 다면 평가를 하면 많은 구성원이 '부당하다'거나 '부정확하다'며 불만을 토로한다. 왜 이토록 불만이 있는 걸까? 평가받는 사람 입장에서 보면, 비교 평가 대상인 상대를 정하기 싫어하는 부분도 있다고 여겨진다.

피드백을 주는 사람을 화자라고 하고, 피드백을 받는 사람을 청자라고 하자. 이 두 사람의 공통 니즈는 무엇일까? 화자 입장에서는 자신의 피드백으로 청자가 변화되고 성장하길 바랄 것이다. 청자 입장에서도 자신이 변화하고 성장할 수 있는 피드백을 주길 원할 것이다. 도대체 무엇이 문제이기에 화자와 청자 둘 다 피드백에 만족하지 못하는 걸까?

인과는 알 수 없지만, 그것은 양측 태도의 문제인 것 같다. 화자가 일방적으로 지시하는 듯한 자세, 고압적이고 밀어붙이는 듯한 말투와 태도가 문제일 수 있다, 또 청자가 피드백을 적극 수용하지 않는 자세, 변명과 방어적인 말투와 태도 등도 장벽이다.

마음을 주고받기 이전에 눈앞에 보이는 현상을 피드백하면, 감정적 상처를 주고받게 되곤 한다. 어떻게 하면 긍정적인 피드백을 주고받을 수 있을까? 평가의 일부인 업무 평가는 이성적 영역이지만, 피드백은 감정의 영역이다. 그렇기에 먼저 서로의 감정과 욕구를 이해하려는 노력이 전제되어야 한다. 화자는 청자의 노력과 도전을 인정하고 칭찬해야 한다. 실수나 실패에서 배움의 기회를 얻은 것에 축하 보내고, 청자의 변화와 성장을 진심으로 원한다는 마음도 함께 전달해야 한다.

그래야 청자가 진정으로 하고 싶은 말, 청자의 과정에서 느낀 점, 배운 점을 이야기할 수 있다. 또한 청자 자신이 어떤 사람인지, 자신의 정체성을 파악해야 한다. 자신의 부족한 점을 수용하고 학습 기회를 갖게 될 것이다.

과정과 노력을 피드백하라

화자의 태도나 자세·말투가 긍정적인 피드백의 시작이다. 청자 입장이 아니라, 화자 입장에서 부정적인 감정 즉, 부정적인 피드백을 시도하려 할 때 우선 라떼(LATTE)의 법칙을 적용해 보라고 제안한다. 라테(LATTE) 법칙은 스타벅스 매장을 찾은 진상 고객을 대처하는 방법이다. 고객의 말을 귀담아듣고(Listen), 고객의 불만을 인정하며(Acknowledge), 문제 해결을 위해서 행동을 취하고(Take Action), 고객에게 감사하며(Thank), 그런 문제가 일어난 이유를 설명하라는 행동지침서와 같은 것이다. 간단히 말해 부정적인 감정, 부정적인 피드백을 피하려면 행동을 반복해 습관화하라는 뜻이다. 그렇게 회피하라는 의미이다.

예를 들면 화가 나려고 하면 '① 심호흡을 한다. ② 그 자리를 피한다. ③ 화난 이유에 대해서 생각해 본다.' 화가 날 때마다 자신만의 이런 3가지 행동을 반복적으로 한다면, 긍정적인 피드백을 하게 될 가능성이 높아질 것이다.

여기서 한 가지 제안이 있다. 결과 중심적인 인정·칭찬이 아닌 과정과 노력 중심의 인정·칭찬을 해보길 제안해 본다.

'네가 최고야!, 너밖에 없어, 멋지다, 훌륭하다, 드디어 해냈구나!' 이런 결과 중심적인 인정 칭찬 아니라 노력하는 마음, 도전하는 의지 및 자세에 대한 인정·칭찬을 '이렇게 애쓰는/노력하는 모습/마음 정말 멋지다.', '힘든 과정을 잘 이겨낸 모습/마음 정말 훌륭하다.' 즉 성장 마인드셋(Growth Mindset) 기반의 인정·칭찬으로 바꾸어 보길 제안하는 것이다. 코칭 세션 과정 중에 조충평판을 삼가라는 이유도 결과 중심이 아닌 과정과 노력이 더욱 중요하다는 인식에 따른 것이 아닐까?

"자신을 아는 게 성과를 내는 방법이다"

이번 학기 〈AI 기반의 4차 산업 혁명 인재론〉 강점 기반의 15주차 강의다. 나의 강의 첫 멘트는 부처님 말씀인 '천상천하 유아독존(天上天下 唯我獨尊)'이다. 세상에서 가장 존귀한 존재는 바로 당신 자신이다. 그러나 역설적으로 우리는 그 소중한 자신에 대해 충분히 알지 못한다.

고대 그리스 델포이 신전의 '너 자신을 알라(Nosce te ipsum)'는 글귀는 인류의 영원한 과제로 남아있다. 자기 인식의 여정은 단순한 자아성찰이 아닌, 진정한 성장과 성과의 근간이기 때문이다.

취약함을 인정하는 용기
자신을 아는 것의 출발점은 자신의 부족함을 인정하고 취약성을 드러내는 용기에서 시작된다. 얼마 전 대전에 있는 계족산을 다녀왔다. 계족산 황토 트레킹 할 때 양말 한 짝을 벗는 것조차 망설여졌다. 우리가 작은 취약함도 쉽게 드러내지 못함을 보여주는 대목이다. 진정한 자기 이해는 이런 모자람을 인정하고 도움을 청할 줄 아는 것이며, 가진 것을 나눌 줄 아는 배려에서 비롯된다.

강점 기반 접근법: 성과로 가는 지름길

자기 이해의 방법으로 '강점'에 집중하길 권한다. 왜 그래야 할까? 이는 궁극적으로 성과와 직결되기 때문이다. 진정한 성과는 개인의 뛰어남만으로는 불가능하다. 지피지기(知彼知己) 즉 자신을 알고 타인을 아는 상호 이해가 필수적이다.

사람마다 지문이 다르듯, 각자의 행동 방식, 감정 표현, 욕구와 스트레스 대응 방식은 다르다. 이러한 '다름'을 인정하는 것이 자기 이해의 첫걸음이다.

AI 시대에는 '소통과 협력'이 핵심 가치다. 이 또한 자신의 강점을 명확히 인식할 때 비로소 가능해질 것이다. 자신의 강점을 이해할 때, 타인의 강점도 알아볼 수 있고 이것을 근간으로 소통과 협력이 가능하다. 또 조직의 장·단점을 파악하고 효과적인 목표 달성 전략을 수립할 수 있게 된다.

강점의 습관화: 구체적인 접근법

갤럽이 제시한 '재능×투자/연습=강점'라는 공식은 매우 유용하다. 하지만 추상적이고 모호하다. '1만 시간의 법칙'도 마찬가지로 거대한 시간 투자를 강조하지만, 일상에서 실천하기에는 여전히 어렵다.

어떻게 하면 좋을까? 이에 대한 실용적 대안이 강점의 습관화이다. 연구에 따르면 새로운 행동이 습관으로 형성되는 데는 평균 66

일, 약 2개월이 소요된다고 한다. 이 기간에 TOP5 강점 중 하나를 매일 같은 시간, 같은 장소에서 의식적으로 실천하는 것이다. 이렇게 의도적으로 반복하다 보면, 강점은 점차 무의식적 반응, 즉 자연스러운 습관으로 자리 잡게 된다.

이는 갤럽의 '투자·연습' 개념을 일상에서 실천 가능한 형태로 구체화한 것이라 할 수 있다. 절차탁마(切磋琢磨)의 과정을 현대적 관점에서 재해석한 것이다. 옥을 다듬어 빛나게 하듯, 우리의 강점도 일상적 습관화로 빛을 발할 수 있다.

강점 코치의 역할: 잠재력을 일깨우는 동반자
강점 코치는 단순한 조언자가 아닌, 개인에게 내재된 강점을 발견하고 증폭시키는 촉매자이다. 진정한 강점 코치는 '가르치는 자'가 아닌 '함께 발견하는 자'로, 개인이 스스로 강점을 인식하고 활용할 수 있도록 안내해야 한다.

강점 코치의 핵심 역할은 크게 세 가지이다. 첫째, '강점 렌즈'를 제공하여 개인이 자신의 행동과 성과를 강점 관점에서 재해석할 수 있도록 도와야 한다. 둘째, '강점 증폭기'로서 개인이 자신의 강점을 극대화할 수 있는 환경과 기회를 창출해야 한다. 셋째, '강점 통합자'로 개인의 강점이 팀과 조직의 목표와 조화롭게 연결되도록 지원해야 한다.

진정성 있는 강점 코칭: 변화의 촉매제

진정성 있는 강점 코칭의 핵심은 '질문'과 '경청'에 있다. 답을 제시하기보다 강력한 질문으로 고객이 스스로 통찰을 얻도록 유도해야 한다.

"이 상황에서 당신의 어떤 강점이 도움이 될까요?", "그 강점을 어떻게 더 효과적으로 활용할 수 있을까요?"

이와 같은 개방형 질문은 자기성찰과 행동 변화의 계기가 된다.

또한, 적극적 경청으로 말하지 않은 내용까지 포착하는 '깊은 경청'이 중요하다. 고객의 언어적, 비언어적 메시지에 온전히 집중하여, 그들이 미처 인식하지 못한 강점의 패턴과 가능성을 발견하도록 도와야 한다.

효과적인 강점 코칭은 GROW 모델(Goal-Reality-Options-Will)을 강점 관점에서 재해석하여 적용할 수 있다.

- Goal : 강점을 활용한 명확한 목표 설정
- Reality : 현재 강점 활용 수준과 패턴 파악
- Options : 강점을 극대화할 수 있는 다양한 방법 탐색
- Will : 강점 기반의 구체적 실행계획과 의지 강화

자기 이해에서 성과로: 선순환의 고리

자신을 완벽하게 이해하는 것은 불가능할지 모른다. 하지만 자기 인식이 깊어질수록 타인에 대한 이해가 자연스럽게 깊어진다. 이러한 이해는 효과적인 소통으로 이어지고, 원활한 소통은 협력을 강화하며, 궁극적으로 우리가 추구하는 가시적 성과로 연결된다.

강점 기반의 코칭은 이 선순환의 고리를 강화하는 핵심 도구이다. 코치와 고객이 함께 강점의 발견, 개발, 적용의 여정을 함께 할 때, 개인의 성장은 물론 조직 전체의 변화와 성과 향상으로 이어질 것이다.

자기 이해의 여정은 단순한 내면 탐색을 넘어, 우리의 일과 관계, 그리고 삶의 모든 영역에서 실질적인 변화를 이끌어 내는 강력한 도구이다. 이것이 바로 '자신을 아는 것이 성과를 내는 것'이라는 주제의 본질이라 생각한다.

황인원 코치

-
-
-

한국코치협회 인증 코치(KPC), 갤럽 글로벌 강점 코치이다.
에니어그램 코칭 강사 및 FT, 버크만 코칭 FT, 통합예술 코칭 1급, NLP 스트레스 코칭 1급 자격도 가지고 있다.
1998년 성균관대 국문과에서 시 전공으로 박사 학위를 받았다. 중앙일보와 경향신문 기자로 오랜 세월을 보냈다. 학위를 받은 이후 대학 강의를 병행했다.
2007년부터 『이코노믹리뷰』 『동아비즈니스리뷰(DBR)』 등 여러 매체에 시와 경영이라는 칼럼을 연재하면서 돌풍을 일으켰다. 이후 시인들의 창의적 사고에서 기업에 필요한 사고 플랫폼을 처음으로 추출했다. 이를 활용해 기업에서 신제품 및 신상품 기획 아이디어, 융합과 역발상, 소통, 리더십에 적용할 수 있게 강의하고 있는 '시경영' 창시자다.
신문사 퇴직 이후 경기대 국문과 교수로 있다가, 현재는 〈문학경영연구원〉, 도서출판 〈넌참예뻐〉를 창업해 대표로 있다. 〈(사)지역문화소통연구원〉 이사장이기도 하다.
저서는 『무엇을 숨겼을까-황인원의 질문의 시』, 『감성의 끝에 서라』, 『시 한줄에서 통찰은 어떻게 시작되는가』, 『시에서 아이디어를 얻다』 등 30여 권이 있다.

변화의 시작은 코칭이었다

하늘이 깊었다. 한번 빠지면 다시는 헤어 나오지 못할 만큼 맑고 투명했다. 오래전 이런 날에는 커피 한 잔 마시면서 창밖으로 보이는 사람들에게 눈길을 주곤 했다. 그러면 눈 안에 머물던 눈빛이 밖으로 후다닥 달려 나가 그 사람들 마음속으로 들어가곤 했다.

무슨 생각을 할까? 어떤 마음일까? 한참을 그 사람들 마음속으로 돌아다니다 돌아오곤 했다. 마치 다른 사람 마음을 훤히 들여다보는 것 같았다. 뿌듯했다.

시간이 흘러 시(詩) 공부하면서 그것이 얼마나 오만한 생각이었는지를 알게 됐다. 시는 내 눈으로 그들을 보는 게 아니라 그들의 눈으로 세상을 보는 것이었다. 이를 깨달았을 때 나는 부끄러웠다.

고등학교 때 태권도 선수 생활을 했다. 1단 자격을 얻었을 때로 기억한다. 세상 모든 이가 한 수 아래로 보였다. 길을 지나면서 마주치는 사람을 대상으로 발차기를 상상했다. 이 사람은 앞차기, 저 사람은 옆차기, 그 뒤에 오는 사람은 뒤돌려차기, 오다가 멈칫하는 사람은 날아차기…. 그들은 하나같이 내 발차기에 쓰러졌다. 흐뭇했다.

단증이 2단, 3단으로 올라가면서 달라지기 시작했다. 마주치는 사람 모두가 나보다 더 높은 단증을 가진 고수로 보였다. 이제 내가 그들에게 발차기하는 게 아니라 그들의 공격을 막아야 했다. 아니, 그들이 공격하지 않도록 몸을 낮춰야 했다. 몸가짐이 달라지고 겸손해졌다.

부끄러움을 깨닫는다는 것, 겸손해진다는 것은 그만큼 성장을 했음을 의미한다. 하지만 이 성장은 진짜 성장이 아니었다.

코칭을 배우면서 진짜 성장 느껴

'아, 내가 진짜 성장하고 있구나' 혹은 스스로 '이제야 사람이 되고 있다'고 느낀 건 얼마 되지 않았다. 그런 기회를 얻은 건 참으로 행운이었다.

2023년 7월. 코칭 공부를 본격적으로 하면서부터 그 행운이 나에게 왔다. 거의 10여 년 전쯤 박창규 교수께 〈임파워링 코칭〉을, 고현숙 교수께는 〈GROW 모델〉로 코칭 공부를 했다. 하지만 그때는 내 강의에 보탬이 되려고 했을 뿐 전문적인 코치가 되려는 마음은 없었다. 그러다가 코로나19 팬데믹으로 강의를 못 하게 되면서 코칭을 다시 생각하게 됐다. '코로나19와 같은 상황이 언제든 일어날 수 있을 텐데, 그때마다 강의가 없어 백수가 될 수는 없다'가 그 이유였다.

그리고 시작한 BCM 과정. 이 과정은 나에게 엄청난 성장을 가져다줬다. 우선 내가 어떤 태도로 삶을 살았는가 되돌아보게 해줬다. 누군가와 대화할 때, 특히 가족 간의 대화에 경청은 없었다. 상대가 하는 말 속에 어떤 의도가 있는지를 생각했다. 그걸 능력이라고 생각했다. 질문도 온통 닫힌 질문뿐이었다. 내 주장만 하고 다른 사람 말은 틀렸다고 생각했다. 서로 그렇게 말하고 들었다. 대화가 아니었다.

코칭 공부를 하면서는 달랐다. 상대의 말을 끝까지 들었다. 의도를 추측하고, 판단하지도 않으려고 했다. 진정 올곧게 들으려 노력했다.

그것만으로도 엄청난 성장이었다. 내가 잘 들어주니 상대도 내 말을 잘 들어줬다.

더욱이 질문이 달라졌다. 질문하기에 앞서 '행동이나 말에는 반드시 이유가 있다'는 전제를 생각했다. '너 왜 그랬어?' '넌 왜 맨날 그래?'에서 '그렇게 한 이유가 있을 것이라고 생각해. 그 이유를 알려줄 수 있을까?' '그랬구나, 그렇게 하면 무엇이 좋아져?'라고 바뀌었다. 정말 희한하게 이런 질문으로 상대의 대답은 달라졌다.

아내와의 이야기도, 아들과의 대화도 그렇게 달라지고 있었다. 나에게 코칭은 고객의 변화보다 나를 변화시키는 도구가 됐다. 긍정적 변화였다. 문득 '내면이 성장하고 있구나'하고 느꼈다.

그런 이유가 반드시 있을 것이다
사실 이것보다 더 결정적 역할을 한 게 있다. 코칭 철학이다.

'모든 사람이 온전하다(holistic)는 것, 해답은 내부에 가지고 있다는 것, 창의적인 존재라는 것.' 이 철학은 내가 사람을 어떻게 대해야 하는지를 알게 해줬다. 여기서 온전하다는 것은 '잘못된 것이 없이 바르거나 옳다'는 의미다. 특히 영어의 홀리스틱(holistic)은 전체론을 의미한다. 부분이 아니고 전체를 다 가지고 있다는 것이다. 사람에게 적용할 때 전인적이라는 말과도 함께 쓰이곤 한다. 사람이 전인적이라고 할 때는 지(知)와 정(情)과 의(意)를 가지고 있다는 의미다. 즉 사람에게는 이성과 감성과 의지가 모두 존재한다는 것이다.

이처럼 사람은 모두 온전하기에 당연히 모든 문제의 해답을 내부에 가지고 있을 수밖에 없다. 뿐만 아니라 전인적이기에 창의적일 수

밖에 없기도 하다.

과연 나는 사람을 바라볼 때 이런 생각을 했을까. 전혀 아니었다. 돌이켜보면 코칭 철학과는 전혀 다른 생각과 태도를 유지했었다. 사람은 온전하지 않았다. 부족하기에 그 부족함을 메워줘야 했다. 그 방법은 혹독한 훈련이었다. 가족에게도 그것을 강요했다.

이 코칭 철학을 공부하고 느끼고 배운 결과, 조금 모자란 듯해도 기다려주고 스스로 해결할 수 있을 때까지 머무르게 됐다. 그러면서 되뇌는 말. '그렇게 한 이유가 반드시 있을 것이다'였다. 가족 간의 눈빛 교환이 훨씬 따뜻해졌다. 변화였다. 이 변화는 성장이었다. 변화의 기저에는 '관점 달리하기'가 있었다. 생각의 반대편을 바라보고, 이해하고, 행동의 변화를 주는 것, 그것이 삶의 자세를 바꾸는 방법이었다.

코칭 공부를 하고 KAC에서 KPC, 미 갤럽 강점 코치가 되면서 자격만큼이나 내가 세상을 온전히 살아가고 있다는 느낌. 비록 그것이 한 뼘의 작은 성장을 뜻한다 해도 지금 난 행복하다.

코칭에서 '본다는 것'의 의미

코칭 약속을 잡고 새내기 코치는 잔뜩 긴장한다. KAC 코치 자격도 얻은 지 얼마 되지 않은 그야말로 날 것의 코치. 그럼에도 과감히 CEO 코칭을 하기로 했다. 무려 10명이었다. 첫 시간이 다가오면서 이 새내기 코치는 머리가 복잡해진다. '잘할 수 있을까'하는 걱정으로 뇌가 마비되는 듯했다. '코칭을 한 번도 받아본 적이 없는 사람들인데 혹시 코칭을 잘못해 코칭 자체를 신뢰할 수 없게 하는 것 아닐까'하는 두려움이 가장 컸다.

한편으로는 '언제나 처음은 두렵다. 어차피 한번은 겪어야 할 일 아닌가. 이 두려움을 이겨내지 못하면 제대로 코치 역할을 하지 못할 것'이라고 생각했다.

코칭이 시작되면서 나는 스스로 '프로가 돼야 한다'고 다짐했다. '어떤 내용을 마주해도 당황해서는 안 된다'고 곱씹었다. 돈 받고 하는 코칭 아닌가. 여유 있는 프로 코치의 태도가 필요했다. 특히 이들 고객은 모두 나에게 CEO 교육을 받은 사람들이어서 이미 신뢰 관계가 형성돼 있었다. '강의는 잘 들었는데 코칭은 좀 아니다'라는 말을 들어서는 안 될 일이었다.

코칭 프로세스는 엄청난 도움이 됐다. '언제 어떤 상황에서든 프로세스를 온전히 활용하자'가 목표였다. 그러면서 프로세스와 하나가 됐다. 이거 하면 툭 터져 나왔고, 저거 하면 와르르 쏟아져 나왔다.

고객의 반응은 폭발적이었다. 당시 경영의 어려움을 겪고 있던 건설회사 CEO는 구조조정을 고민하고 있었다. 구조조정을 하자니 자신의 경영철학과 맞지 않고, 그냥 있자니 적자를 감당하기 힘들었다. 그는 코칭에서 구조조정을 결심했고, 다음 날에 '빠른 시일 내 재입사를 약속'하며 간부 10명을 퇴사시켰다. 코칭은 직원들에게 구조조정 이유와 방법, 이후 처리 방법 등까지 상세하게 진행됐다. 다음 세션에서 이 고객은 나에게 '고맙다'고 인사했다. 용기가 생겼다. 그렇게 몇 번의 코칭 고객을 대했을 때다.

처음으로 여성 CEO 고객과 마주했다. 첫 세션이었다. 라포 형성을 위해 이런저런 얘기를 나누다가 물었다.

당신을 잡기 위해서라는 말에 움찔
"코칭을 신청한 이유가 무엇인가요?"

이 질문에 고객은 눈빛이 변하는 게 보였다. 결의에 찬 눈빛. 그러면서도 약간 장난기 있는 입술. 그가 말했다. 깜짝 놀랐다. '전혀, 한 번도' 생각지 못한 답이 나온 것이다.

"이번에 교수님을 확실하게 잡기 위해서요."

어? 이게 무슨 말인가? 얼굴이 갑자기 흙빛으로 변하고 있다는 것을 스스로 느낄 수 있었다. 갑자기 숨이 막힐 것 같았다.

코로나 때 강의를 못해 완전 백수로 지내다가 코로나가 끝나면서 평택의 한 지역신문사와 함께, 평택에서 'Think Different 시인의 눈'

이라는 최고위 과정을 운영하게 됐다. 이 강좌는 시인들의 창작 사고 방법을 툴로 추출해, 이를 기업에서 창의력 향상, 소통, 리더십 등으로 발휘할 수 있게 내용이 구성돼 있다. 내가 만들고 나만이 강의할 수 있는 세상에서 유일한 강좌다.

코칭은 주로 이 과정을 마친 CEO를 대상으로 이뤄졌다. 하루 3시간, 10번의 과정이 끝나면 코칭받을 사람을 모집해, 4회차로 진행했다. 이 때문에 코칭 고객인 CEO들은 나를 '코치'로 부르지 않고 자기들에게 익숙한 '교수'라고 부른다.

그중 한 사람에게 코칭받는 목적이 '당신을 잡기 위해서'라는 말을 들은 것이다. 어느 누구도 이렇게 얘기하지 않았다. 듣는 순간 '이게 무슨 말인가'하며 그 의도를 파악해야만 했다.

'황인원이 최고위 과정을 운영하고 있고 돈 좀 있는 사업가를 많이 알고 있을 터이니, 이 사람을 확실히 내 편으로 만들어 잘만 활용하면 내 고객을 확보하는데 도움이 되겠다'는 의도라고 여겨졌다. 기분이 확 나빠졌다. 그의 말을 그렇게 해석하니, 다른 관점으로 그의 말을 살펴볼 여유는 조금도 존재하지 않았다.

선배 코치와의 코칭에서 깨달아

'나는 그런 능력도 없지만, 나를 그렇게 활용하려고 코칭을 신청했다면 이 코칭을 거부해야 하는 것 아닌가'라는 생각만 들었다. 나는 어떻게 반응해야 할지 몰라 그저 그의 얼굴을 바라보고 있었다. 반면 머릿속은 수많은 단어와 문장이 들어왔다 나갔다.

그가 불순하다고 여겨지자 코칭하기 싫어졌다. 하지만 최대한 아무렇지도 않은 척했다. 난 프로니까. 너무 당황하고 불쾌한 나머지 그 이유를 묻지도 않았다.

사실 기분이 나빠 그날은 어떻게 코칭을 진행했는지 기억이 없다. 그 잔상만 코칭 세션이 모두 끝날 때까지 남아있었다. 코칭이 끝날 때, 그의 반응은 나와 달랐다. "자신을 돌아보게 됐다"면서 "직면한 문제를 어떻게 해결해야 할지 확실하게 인지하게 됐다"고 했다.

몇 달 후, 슈퍼바이저 과정의 선배 코치에게 코칭을 받을 일이 있었다. 앙금이 남은 걸 털고 싶었다. 선배 코치에게 이 상황을 털어놨다. 선배 코치는 그때 당황했을 나의 마음을 위로해 주고는 이렇게 물었다.

"그 사람이 황 코치에게 진짜 바라는 것은 무엇이었을까요?"

당연한 질문이었다. 이 질문을 나는 당시에 스스로에게 했어야 옳았다. 경험 없는 새내기 코치는 이 질문 대신 '고약하다'고만 생각했다. 이미 편견과 선입견에 사로잡혀 고객의 마음을 전혀 보지 못한 것이다.

그동안 코치라고 자랑스러워했던 내 모습이 한순간 와르르 무너지는 듯했다. 아무리 초보라도 그렇지 어떻게 '그가 진정 내게 바라는 것이 무엇이었을까'라는 생각을 하지 못했을까.

진짜 마음을 보지 못하고 눈에 보이는 대로, 들리는 대로 판단하고 평가한 것이다. '이게 내가 사람들을 대하는 태도이자 모습 아닌가' '아직도 이런 모습을 고치지 못했단 말인가' 싶어 가슴이 철렁

내려앉았다.

선배 코치 질문에 답을 찾기 위해 한 발짝 물러나 생각하니, 그가 나를 자기 사업의 영업맨으로 활용하려 한 것은 아니었다. 그러면 무엇일까? 자기가 하는 독특한 사업(그는 정말 독특한 사업을 하고 있었다)에 대한 이해, 이런 사업을 하는 사람도 있다는 것을 다른 기수 수강자에게 알리는 정도? 이보다 더 원하는 것은 아닐 듯싶었다.

이 정도는 사실 얼마든지 가능했다. 굳이 누가 요구하지 않더라도 강의 중에 어느 기수의 누가 어떤 사업을 하는데 관련된 분은 서로 만나보라는 말을 많이 한다. 뿐만 아니라 기수별 모임도 있고 총동문 모임도 있고 하니 이 정도의 소개는 아무런 문제가 되지 않았다.

이런 생각에 이르니 자연스럽게 "다른 기수 사람들에게 자기를 소개하는 것 정도 아닐까요"라는 대답이 나왔다.

그러자 선배 코치는 이어 물었다.

"지금 기분은 어떤가요?"

"그 말이 그리 기분 나쁘지 않아졌어요."

이후 나는 다음 기수 강의를 하면서 "선배 기수 중에 이런 독특한 사업을 하는 분이 있다"고 강의 내용의 한 예로 말하기도 했다. 얼마간의 시간이 지나 그 사업가를 만날 기회가 있었다. 이때 "강의 중에 이렇게 대표님 얘기를 했답니다"하고 전했다. 그는 매우 좋아하면서 "교수님이 그리 해주실 줄 알았다"면서 "내가 바라던 것"이라고 감사 인사를 여러 번을 했다.

나는 시문학을 전공한 사람이다. 시 창작의 특징 중 하나는 시를 쓰고자 하는 시적 대상의 마음을 보고 읽는 것이다. 즉 꽃을 시로 쓰려면 꽃의 마음을 볼 줄 알아야 하고, 책상을 시로 쓰려면 책상의 마음을 봐야 한다. 40년 넘게 이런 작업을 했다. 후배들에게 "보이는 것만 보지 말고 잘 보이지 않는 행동이나 태도의 숨은 의미를 파악하라. 그리고 그것을 표현하면 시다"하고 얘기해 왔다. 더불어 코칭 공부를 해보니 '보이는 것만 보지 말라'는 것이 코치의 기본 자세이고 태도였다. 평생 시 공부를 해왔고, 코칭 공부한다고 남들에게 자랑하면서도 사람의 마음 하나도 제대로 보지 못했다. 나는 바보였다. 지금은 좀 나아졌을까?

경청, 진짜를 들어라

'망했다.' 코칭을 하는데 코치인 내가 별로 물어본 게 없다. 한마디 물으면 고객은 쉬지 않고 속내를 털어놓는다. 코치는 고객의 말을 끊을 수 없으니 전부 듣는다. 급기야 고객의 이야기는 옆길로 새어 육지를 떠나 바다로 향한다. 그러다 보면 바다 한가운데 있다. 다시 돌아오려니 너무 멀다.

그때 머리를 채운 생각. '이 양반은 이렇게 말이 많은 사람이 아닌데'였다. 2시간이 흘렀다. 코치인 내가 물어본 것은 몇 마디 없었다. 도대체 코칭 프로세스대로 되질 않는다. '오늘 어떤 이야기를 나눠볼까요?' '무엇을 얻고 싶으세요?' '그런 생각은 왜 하셨어요?' '어떻게 하고 싶으세요?' '예전에는 안 된 이유가 뭘까요?' 정도였다. 그저 고객의 말에 고개를 끄덕여주고, '그랬군요' '고생하셨겠어요' '그래서 어떻게 됐어요?' 하는 반응을 한 게 다였다.

끝날 때쯤 고객이 말했다.

"와, 속이 시원하네요. 이런 얘기를 어느 누구에게 하겠습니까? 처음 해봤습니다."

그럼에도 나는 그날처럼 '코칭이 망했다'고 생각한 적이 없다. 자괴감이 들 정도였다.

'망했다' 불구, 고객은 '너무 고맙다'

고객은 자수성가해 탄탄하게 기반을 잡은 사업가였다. 물론 이 고객도 내가 운영하는 최고위 과정을 공부한 사람이다. 이 과정을 끝낸 사람들은 기수별로 별도 모임을 갖는다. 별도 모임은 식사도 하고, 운동도 하고, 다음 기수 모집에도 도움을 주기 위한 회의도 한다.

코칭을 한 후 보름쯤 지났을 때였다. 이 고객의 기수 모임이 있었다. 식사 시간. 갑자기 이 고객이 일어서서 말한다.

"교수님께 코칭을 받았는데 그날 처음으로 아무 생각 없이 꿀잠을 잤습니다. 사업을 하면서 여태 이렇게 잠을 깨끗하게 잔 적이 없어요. 여러분도 꼭 교수님께 코칭을 받으시길 권합니다."

'망했다'고 생각했던 코칭이었는데, 생각지도 못한 일이 일어났다. 왜일까? 지금 와서 생각하면 그에게는 속말을 들어주는 사람이 없었다. '누군가 내 말을 들어주고 나는 속내를 털어놨다'는 그 하나로 속이 뻥 뚫린 것이다.

자기 살기 바빠서일까? 다른 사람의 말을 듣는 사람이 없어지고 있다. 싸움도 대체로 듣지 않아서 발생한다. 가정에서든, 회사에서든 불화가 일어나는 기저에는 상대의 말을 온전히 듣지 않고 자기 말만 하기 때문이다. 이들은 상대가 무슨 말을 할 때, 끝날 때까지 가만히 듣고 있는 경우도 드물다. 상대 말의 잘못된 부분을 찾고, 반박할 생각을 한다. 그러고는 바로 상대 말을 자르고 자기주장을 따발총 쏘듯 쏟아낸다. 아예 상대의 말을 들을 마음이 없는 것이다. 마음이 없으면 아무리 상대가 옳은 말을 해도 들을 수가 없다.

대학 정심장편에는 이런 말이 나온다. 심부재언(心不在焉)이면 시이불견(視而不見)하고 청이불문(聽而不聞)하며 식이부지기미(食而不知其味)라. 즉 '마음이 없으면 보아도 보지 못하고 들어도 듣지 못하며 먹어도 그 맛을 알지 못한다'는 것이다. 여기서의 '보고 듣는 것과 맛'은 실상 우리 인간의 모든 행위를 의미한다.

말을 들어줄 마음이 중요하다
그러니 우리가 살면서 가장 중요하게 여겨야 할 것 중 하나가 '의도된 마음'이다. 듣고자 하는 마음이 없으면 누군가 말을 해도 듣지를 못하는 것이다. 당연히 말을 하는 사람도 내 말을 들어주는 사람이 없다고 느낀다. 나아가 아예 말하기조차 싫어진다.

회사 대표가 "이런 얘기를 어느 누구에게 하겠습니까"라고 하는 것은 '최고경영자인 CEO가 함부로 자신의 감정을 드러내서는 안 된다'는 의지로도 보인다. 하지만 한편으로는 주변에 진심으로 자신의 얘기를 들어줄 사람이 없다는 말과 같기도 하다. 들어줄 마음이 없으니 얘기를 할 수 없다.

코칭 공부에서 경청의 중요성을 공부하면서 '끝까지 들어라' '들을 때 대답할 것을 생각하지 마라' '말하는 것 너머 무엇을 원하는지를 들어라' '입으로 들어라' 등이 늘 머릿속에 남아있었다. 아내가 얘기하고, 아이들이 얘기하면 최대한 이렇게 들으려고 했다. 그 하나로도 우리 집에서는 큰소리가 절대적으로 줄었다.

여기서도 듣는 방법보다 더 앞서야 하는 것은 들을 마음을 갖는 것 아니겠는가. 코칭을 배우고 '나 좀 성장한 것 같아'라고 느낄 때가 꽤 있었다. 내가 누군가의 말을 들어줄 마음이 생겼다는 게 큰 이유 중 하나다.

질문, 핵폭탄급 파괴력의 성과

버스 안에서의 일이다. 젊은 엄마와 다섯 살쯤 돼 보이는 아이가 앉아 있다. 밖을 한참 내다보던 아이가 물었다.
"엄마, 저건 뭐예요?"
엄마가 자상하게 답해준다.
"음, 그건 이런저런 거야."
아이가 또 묻는다.
"엄마, 그럼 저건 뭐예요?"
엄마는 또 대답한다.
그러자 아이가 한 번 더 묻는다.
그렇게 몇 번 반복되자, 엄마가 아이에게 한마디 한다.
"그만. 너 한 번만 더 질문하면 이제 혼낼 거야!"
아이가 입을 삐죽이며 울먹이려다 참고 고개를 숙인다.

지금은 옛날보다는 이런 엄마가 훨씬 적을 것이다. 우리의 어린 시절은 거의 이랬다. 질문하면 혼나는 일이라고 어린 마음속에 자리 잡았다.

학교에서도 마찬가지였다. 질문은 학습 내용을 이해하지 못한 아이들의 몫이라고 생각했다. 그러니 질문하는 것은 '공부 잘하지 못하는 아이'임을 드러내는 일이었다. 계속 질문하면 아이들 학습을 방해하는 것으로 여겨졌다.

우리는 사고(思考) 공부를 해보지 않았다. 외우는 게 전부였다. 모든 것을 외웠다. 영어도 외우고, 수학도 외우고, 국어도 외우고, 모든 과목이 외우는 것을 기본으로 여겼다. 이런 환경은 아이들에게 온전한 질문을 어떻게 하는 것인지 알려주질 못했다.

선생님이나 어른의 질문도 '그래? 안 그래?'처럼 자기주장을 강요하는 데 대부분이었다. 학교를 지각하면 지각한 것만 따졌다. '너, 왜 지각했어?' '왜 이렇게 게을러?' 학생의 말은 들으려고도 하지 않았다.

질문은 하면 안 되는 것이었다

지금도 생각나는 장면이 있다. 고등학교 2학년 때던가? 담임 선생님이 새로운 선생님을 모시고 교실로 들어왔다. 담임 선생님이 사정상 담임을 맡지 못하고 새로 전근한 선생님께 담임을 넘겨주기 위해 인사하는 자리였다. 한 학생이 새로운 선생님께 '질문 있다'면서 손을 들었다. 그러고는 "선생님은 어떤 분인가요?"라고 물었다. 정확하지는 않지만 이런 질문이었던 것으로 기억한다. 그러자 갑자기 담임 선생님이 그 학생을 앞으로 나오라고 했다. 학생이 일어서서 앞으로 나왔다. 나오는 학생을 향해 담임 선생님은 야구방망이 휘두르듯 손바닥으로 뺨을 후려쳤다. 퍽 소리가 나면서 학생이 쓰러졌.

담임 선생님이 큰 소리로 말했다. "선생님한테 건방 떨지 말아라."

생각해 보라. 지금 같으면 자연스럽게 물어볼 수 있는 질문 아닌가. '당신이 어떤 사람인지, 우리를 어떻게 지도할 것인지를 알려달라'는 질문이니 말이다. 70년대에는 이런 질문을 하면 '학생이 새로 담임을 맡을 선생님을 깔보고 놀린다'고 생각했다. 솔직히 그 학생 얼굴도 기억나지 않는다. 다만 이 학생은 이후 어떤 질문도 하지 않은 것으로 기억한다.

질문은 답을 듣기 위해서다. 그런데 질문을 '혼내는 용도'이거나 '건방 떠는 일'로 받아들였다. 상대가 어떤 답을 하는지, 왜 그런 질문을 했는지 들을 필요가 없는 것이다. 질문은 '해선 안 되는 혼나는 말'이었다. 질문이 없이 나이 먹는 일이 오래도록 계속됐다. 습관으로 굳어졌다. 질문을 할 줄 모르니 겨우 한다 해도 한꺼번에 여러 가지를 물어 초점을 알 수 없게 하거나, 닫힌 질문, 유도 질문, 부정 질문, 책임 추궁 질문이 대부분이었다.

질문, 자연스러울 때까지 외웠다

본격적으로 코칭을 접하면서, 갑자기 제대로 된 질문을 하려니 보통 어려운 게 아니었다. 자꾸 과거 습관이 툭툭 튀어나왔다. 그러나 어쩌랴. 해야 한다. 나는 코치 아닌가. 프로 아닌가. 우선 열린 질문, 긍정 질문, 중립 질문, 가능성 추구 질문의 예시를 꼼꼼히 읽고 외국어 공부하듯 저절로 입에서 튀어나올 때까지 외웠다. 질문할 때는 '어떤, 어떻게, 무엇'이라는 단어를 넣었다. '어떤 말, 어떤 시도, 어떤 생각, 어떻게 하면, 어떻게 생각, 어떻게 달리, 무엇을 하면, 무엇이 필요, 무엇이 가능' 등으로 서서히 나타나기 시작했다.

가장 먼저 반응을 보인 사람들은 가족이다. 코칭 대상은 대체로 기업 관련 종사자들이다. 이들은 코칭에서 코치 질문이 이런 방식으로 이뤄지는 것을 당연하다고 생각한다. 코치는 프로니까. 하지만 가족들은 다르다. 늘 보아오던 사람의 말투가 바뀌니 처음에는 이상하게 본다.

'어, 이 사람이 죽을 때가 됐나? 변하면 죽는다던데'하는 태도다. 어떤 때는 '왜 그래?'하고 묻기도 한다. 예전 사람이 아닌 것이다. 코칭을 배우고 눈에 띄게 좋아진 것은 바로 가족과의 관계다. 솔직히 고백하자면 코치로서의 성과보다 가족과의 관계 좋아짐이 훨씬 더 행복하다.

이보다 더 기쁜 일이 있다. 질문은 주로 상대가 있다. 말하자면 내가 밖의 누군가에게 묻는 것이다. 밖을 향하던 질문을 안으로 향하게 하니 생각지도 못한 일이 벌어진다. 나도 몰랐던 나를 알게 되고, 내가 어떻게 살아왔는가가 눈앞에 보였다. 내가 하는 일에도 그 의미를 달리할 수 있었다. '나는 누구인가?' '내 일은 어떤 의미를 갖고 있나?' '내가 진짜 원하는 것은 무엇인가?' '원하는 것을 하기 위해 지금 무엇을 해야 하나?' 등 하나하나 묻고 답하면서 그 어느 때보다 성장하고 있음을 느낀다. 눈물 나게 고마운 일이다.

어느 날 우리나라 코칭계의 구루인 박창규 코치가 물었다. '코칭 공부하니 어때요?' 난 서슴없이 말했다. "행복합니다." 내가 변하고 가족이 변하고 아주 미약하나마 사회 변화에 일조한다고 여겨지는데 어찌 코칭 공부가 행복하지 않겠는가.

코칭은 실상 나누는 것이었다

장면1

막내는 작은 것 하나도 혼자 먹지 않았다. 어머니를 졸라서 1원(60년대는 아이들이 부모에게 조를 때 1원만 달라며 졸랐다)을 받으면 가게로 달려가 주전부리를 사 왔다. 1원어치를 사 왔으니 먹을 양이 많지 않다. 우리는 그런 막내 얼굴을 뚫어지게 바라봤다. 무언의 압력이다. 막내는 주전부리를 입으로 가져가다가 두 명의 누나와 형 얼굴을 한 번씩 보고는 조금씩 나눠줬다. 원체 적은 양이라 이렇게 나눠주고 나면 자기가 먹을 수 있는 게 별로 없다. 몇 번 주전부리를 입에 넣고 조물딱거리다 보면 빈손이 됐다. 아무 생각 없이 형제들에게 나눠준 막내 눈에서 닭똥 같은 눈물이 뚝뚝 떨어졌다.

 누나와 형이 막내를 부추겼다. "또 돈 달라고 해." 막내는 다시 어머니에게 가 '돈 달라'고 조른다. 어머니는 '조금 전에 돈 줬는데 또 무슨 돈을 달라고 하느냐'며 막내를 혼냈다. 늘 그랬다. 막내는 나눠주고 혼났다. 그 장면을 잊을 수가 없다.

장면2

중학교 때로 기억한다. 친구와 함께 시험공부를 했다. 무슨 과목인지는 기억이 나질 않는다. 친구가 나에게 '한 문제가 잘 풀리지 않는다'

며 '알려달라'고 했다. 마침 내가 알고 있었던 지라 자세하게 알려줬다. 친구는 감탄했고, 나는 뿌듯했다.

시험을 보고 결과가 나왔다. 그 친구는 나보다 점수가 좋았다. 그때 든 생각. '나, 뭐니?'였다. 잘 난 척하고 알려줬는데 실은 그 친구보다 내가 공부를 더 못하는 아이였다. 창피했다. '너나 잘해'라는 생각이 들었다.

장면3
코칭 공부를 시작하고 선배 코치에게 첫 코칭을 받았을 때다. 선배 코치가 나에게 물었다. "오늘 어떤 일이 있었는지 나눠주시겠어요?" 깜짝 놀랐다. 나눠달라니. 지금까지 살아오면서 나눠달라는 말을 들어본 적이 별로 없다. 다른 사람에게 나눠달라고 한 기억도 없다.

코칭은 마음과 관심을 나누는 것
내 것 챙기기에도 어렵고 힘든 세월을 살았다. 누구에게 나눠주겠는가? 그렇다고 누구에게 나눔을 받기도 싫었다. 그들에게 폐를 끼치는 것이라 생각했다. 더욱이 장면 1과 장면 2에서처럼 무엇인가를 나눈다는 것은 주는 것이고, 주는 것은 손해라는 생각이 암묵적으로 내 삶을 지배했다. 내 삶의 흐름은 '나누지 않는다'는 무의식으로 팽팽했다.

그런데 이날 아주 오랜만에 '나눠주시겠어요'가 벼락처럼, 천둥처럼 아주 크게 귓속으로 떨어져 울렸다. 속으로 '가식'이라고 생각했다. "오늘 어떤 일이 있었는지 얘기해주시겠어요" 아니면 "오늘 어떤 일이 있으셨어요"라고 하면 될 것을 굳이 '나눠주겠느냐'라고 표현한 게 훨씬 부자연스럽다고 느껴져서다.

문제는 이후 이 말을 여러 코치에게 들었다는 점이다. 그렇다면 이 단어는 어느 한 코치의 가식이나 개인 습관의 언어가 아닌 게다. 이 때부터 코칭에서의 활용 단어 아닌가 싶어졌다.

시간은 제 몸을 흔들며 나를 코치로 만들었다. KAC를 거쳐 KPC가 되면서 나름의 코칭 개념을 갖게 됐을 즈음, 입가에 웃음이 피식 새어 나왔다. 코칭은 실상 나누는 것이었기 때문이다.

고객의 마음을 열게 하고, 마음 깊은 곳에 감춰둔 진짜 얼굴을 스스로 깨닫도록 질문하고, 그 마음과 얼굴을 코치가 온전히 받아들여 공감하고 인정하고, 새로운 방향으로 나아가도록 격려하는 게 코칭 아닌가. 그렇다면 고객의 마음을 열게 하기 위해서는 내 마음을 열어 나눠야 하고, 질문하기 위해서는 고객을 호기심으로 대해야 하는데 이 또한 나의 관심을 나누는 것 아닌가.

코칭은 처음부터 끝까지 나눔을 기본으로 하는 대화의 방법을 갖고 있었다. 그 속에서 코치는 성장할 수 있었다. 그러니 나눈다는 말은 누군가에게 주는 게 아니라 내가 성장의 재료를 받는 것이었다. 이것을 느끼는 순간 '아, 나는 왜 진작 이것을 알지 못했을까'라는 아쉬움이 일었다. 또 살면서 나눈다는 말의 의미를 좀 더 탐색하지 못하고, 과거 인식에서 헤어 나오지 못한 내가 미웠다. 수많은 반성 속에서도 으뜸의 반성이었다.

그래서 나는 오늘 코칭을 하면서 의도적으로 고객에게 말한다. "그동안 어떤 일이 있었는지 나눠주시겠어요?"

코칭에 살어리랏다

초판 1쇄 발행 2025년 8월 7일

지은이 　강혜옥 외 14인 지음
펴낸곳 　넌참예뻐
펴낸이 　황인원

출판등록번호 310-96-20852
주소 　04165 서울 마포구 마포대로 15 현대빌딩 909호
전화 　02-719-2946
팩스 　02-719-2947
E-mail 　moonk0306@naver.com
홈페이지 　www.moonkyung.co.kr

* 책 값은 뒤표지에 있습니다.
* 이 책의 판권은 넌참예뻐에 있습니다.
* 이 책은 저작권법에 따라 보호받는 저작물이므로 무단 복제와 전제를 금지하며, 이 책 내용의 전부 또는 일부를 재사용하려면 반드시 양측의 서면 동의를 받아야 합니다.

ISBN 979-11-990544-5-5

넌 참 예뻐는 내면의 아름다움을 끌어올리는 마중물이 되겠습니다.